本书为 2016 年度青岛市社科规划研究中心（文化中心）项目
"青岛文化专题研究"结项成果,得到青岛市社科规划办的资助

青岛文化研究

第一辑

刘怀荣◎主编

青岛地方文化研究中心◎编

人民出版社

前 言

刘怀荣

　　《青岛文化研究》是青岛地方文化研究中心和青岛市古典文学研究会共同主办的不定期读物。以挖掘青岛地方文化与历史，探讨青岛古今文化传统、文学典籍、文化名人、文化交流、文学艺术作品、地方历史、历史文化与城市发展等为宗旨。主要篇目有文化青岛、名人专论、家族稽考、史事钩沉、艺文品谭、宗教求真、文献探考、风俗实录、域外影响等，同时根据实际情况增设其他相关篇目。

　　本读物既强调文化源流的追踪，也关注地域传统对当代社会和城市发展的意义；既重视立足文献的考据，也把基础理论的发明、文学艺术名作的探索，历史的还原与保存、青岛与域外文化的交流等，作为重要内容。通过选载最新学术成果，展示青岛研究动态，力争办成宣传、介绍青岛地方历史文化的重要窗口，在贯通古今，古为今用的前提下，为青岛城市发展提供文化动力。

　　本辑为《青岛文化研究》第一辑，共收录论文21篇，其中既有对传统地方文化的梳理，对青岛本地名士张谦宜，胶州高氏、法氏、柯氏和即墨周氏等文化家族、即墨黄氏词人群体的探究，也有对崂山道教、即墨佛教发展的重新思考。现代著名诗人、学者闻一多，曾寓居青岛。2014年是闻先生诞辰115周年，本辑中特设"纪念闻一多诞辰115周年论文"专栏，以表纪念之情。

目　　录

家族稽考

艺文品谭

宗教求真

文化青岛

明清时期即墨文献与文化发展简论

窦秀艳

（青岛大学 文学院，山东 青岛 266071）

摘要： 文献是文化的载体，一个地区不同时期文献数量的多少与文化发展关系密切。据《青岛历代著述考》著录，明清时期即墨地区有近 270 位作者的 500 余部作品流传于世，我们对文献的作者、时代、内容等作了统计分析发现，明清即墨地区文化发展既与全国及齐鲁政治经济文化发展的大背景相呼应，又呈现出明显的地域特征：明清时期即墨文化发展大致经历了成化至嘉靖的兴起期、万历至顺治的上升期、康雍乾三代的兴盛期、嘉道至清末的回落低迷四个时期；在四个时期中，蓝、黄、周、杨、郭五大科举世家成为即墨文化主流并引领即墨文化发展的方向，是即墨文献的主要缔造者；即墨文献的主要以讴歌崂山沧海的自然风光、宫观楼榭所在超拔尘世的壮美为内容，形成了厚重而壮阔的山海气象。

关键词： 明清 即墨 文献 文化

即墨自公元前 567 年齐灭莱始建，至战国时期，即墨已成为东方齐国与国都临淄并峙的第二大富庶之邦，稷下学宫思辨的学风吹生了即墨文明的种子。在这块文明的沃土上，出现了刚正忧国的即墨三大夫、与即墨人民同仇敌忾大破五国联军的田单，即墨名扬天下。秦实行郡县制，即墨始定为县，成为胶东郡郡治所在，秦始皇亦曾登琅琊台求仙问道。西汉析胶东郡为胶东国和东莱郡，即墨成为胶东国治下 8 县之一，兼做胶东国国都，成为胶东国政治、经济、文化发展的中心区域。在刘氏王侯小朝廷稳定的统治下及齐鲁儒学兴盛的影响下，即墨名人辈出，成就显著。如西汉琅琊（今即墨市温泉镇）王吉（？—前 49）、王骏父子，明于吏治，皆为社稷骨鲠之臣。王吉是今文《尚书》和《易经》、《诗经》、《齐论语》等儒家经典的著名传授人；王骏少时师从著名易学大师梁邱贺学习《易经》，后治《论语》，有《鲁论说》二十卷传世。王吉父子与安平君田单、齐王田横、胶东相王成、不其令童恢及即墨三大夫，被后人誉为即墨九贤。西汉琅琊不其人房凤，以射策乙科为太史掌故。他博学多识，曾与古文经学家刘歆等共校中秘典籍，是《春秋穀梁传》的主要传授人，所治《穀梁传》被称为"房氏之学"。王莽篡位后，房凤归故里，常聚众讲学于不其山下，为即墨文化学术发展奠定了基础。东汉末年，著名学者郑玄"客耕东莱"，避黄巾之乱，又在崂山、不其授徒讲学，"文墨涵濡，草木为之秀异"。先贤坚贞傲岸的品德、渊深广博的知识，铸就了即墨丰富的文化底蕴，一直影响、鞭策即墨士人学子。

自两汉王国统治结束后，随着魏晋六朝战乱及政权南移，即墨偏安海隅，"俗尤朴鲁，人显文艺"，文明衰落。迄隋，划定即墨"三面环海，右伏马鞍，北住灵峰，二崂拱其南，天柱维其东"的疆域范围，这个行政区划一直延续到清末。然而在其后长达500余年的时空里，战乱频仍，即墨远离统治中心，人口锐减，土地荒芜，埋没于东海之滨。至元时，甚至户口不及两千，因而一度被废止过。有明一代，随着明政府的有效管理，及时代文化发展的推动下，即墨文明重新崛起，成为山东沿海发达的地区之一。

一、明清时期即墨文献与文化发展历程

明清时期即墨行政区划沿袭隋唐以来的建制，即隋开皇十六年（596）所划定的壮武、皋虞、不其三县（今之即墨市、崂山区、城阳区和青岛市内四区）的广袤地域，县治所在即墨。在明清近600年之间，即墨文化史上出现了由蓝、黄、周、杨、郭五大科举世家主宰即墨文坛、引领即墨文化发展的局面。据笔者所撰《青岛历代著述考》统计（以下文中的数据均据《著述考》统计），即墨地区历史上有著述流传的作家近270位，著述500余部（存147部），经部38部（存9部）、史部126部（存60部）、子部77部（存18部）、集部259部（存60部）。我们对文献的时代分布情况、数量变化、文献作者科举出身等方面作了统计研究，大致总结出明清时期即墨地区文化发展大致分为四个时期。

（一）兴起期：成化至嘉靖时期。

明朝始立，太祖朱元璋便下令恢复发展农业生产，减轻赋税、实行屯田、移民垦荒，于是，即墨地区从山西、云南、山东内地迁徙来大量移民，凋敝的人口得以补充繁衍，荒芜的土地大量开垦。经过洪武、永乐至成化近百年的有效治理，全国出现了"吏称其职，政得其平，纲纪修明，仓廪充羡，闾阎乐业，岁不能灾""民气渐舒，蒸然有治平之象"的局面。在重点恢复农业经济生产的同时，洪武二年（1369），朱元璋下诏令"天下郡县，并建学校，以作养士类"，除了国学外，在各地兴办学校，并将官学纳入科举取士体系之中，招徕贤才、隐士，出现了"科举

必由学校""学校则储才以应科目者也"的局面。① 随着学校教育的繁荣兴盛，书院教育逐渐恢复发展。即墨开明士绅蓝福盛于即墨县城东门外建东厓书院，蓝氏子弟读书课业于斯。耕读之家，终于收获硕果，明成化二十年（1484），蓝福盛之孙蓝章由此高中进士，其子蓝田亦于嘉靖二年（1523）中二甲进士。随着蓝氏家族科场捷报频传，黄氏家族、杨氏家族也在科举中崭露头角。这一时期，即墨文献数十部，作者十余人，其中进士3人、举人3人，余皆贡生。蓝氏家族2进士4贡生，文献数量占总数的三分之一强，蓝田的诗文创作数量最多，成就最大，蓝田也是与全国和山东文化名人交往最频繁的一位。可以说，蓝氏家族拉开了即墨文化发展的序幕。

（二）上升期：万历至顺治时期

明朝中后期，虽然朝政腐败，内忧外患，然而明代经济、文化不断向前发展。明末战乱对即墨波及较小，加之顺治时期对前朝取得功名的士人继续任用并很快恢复了明朝的科举制度，即墨士人基本不抗拒清王朝的科举取士，他们依然靠科举功名实现人生理想，因此，顺治年间就出现了黄贞麟等3名进士。在这种文化氛围下，即墨文学文化继续发展，即墨文坛依然以蓝氏、黄氏、杨氏家族为主流，这时周氏家族随着周如砥登上进士殿堂，开启了周氏家族在即墨文坛演进的历史。由于前一时期打下了良好的基础，这一时期文献数量大幅度增加，将近百部之多。即墨科举世家形成了即墨文化传承的血脉，出现了9名进士，举人及有朝代可考的贡生18人，文献数量之盛、作者地位之高，仅次于康雍乾时期。这一时期周氏家族成为即墨文坛耀眼的新星，如万历进士周如砥、周如伦、周士皋兄弟、父子三进士，作品14部。黄氏家族虽然没有周氏家族发展迅猛，而顺治进士黄贞麟也悄然绽放，其七子，二进士、三举人开创了康雍乾时期即墨科举文坛新局面。蓝氏家族继续延续发展，蓝田重孙蓝润科场凯旋，蟾宫折桂，蓝氏家族文献作品传世也有十余部之多。即墨科场的胜利，成就了即墨世家大族，推动了即墨文化教育的发展，即墨文化走向繁荣。

（三）勃兴期：康雍乾时期

康雍乾时期是清代，乃至中国封建社会较繁荣发展的时期。三位帝王皆励精图治，为了化解民族矛盾，平息反清情绪，调动汉人的积极性，大力加快文化建设，一方面继续以经典、辞赋开科取士，招选博学鸿儒，一方面广泛聘请全国著名学者，修纂清以前四部文献，各地修订地方史志。清前期康熙、乾隆皇帝汉文化底蕴较深、

---

① 张廷玉：《明史》，中华书局1974年版，第1675页。

文学素养较高，与汉族士人有共同语言，这些推动了康雍乾时期中国学术文化走向高峰。在全国文化兴盛的大背景带动下，即墨地区科举捷报频传，文献数量剧增，文化发展高潮迭起。这一时期有作品传世的进士16人，其中五大家族占13人；有年代可考的作者75人作品137部，其中五大家族59人111部。仅周氏家族就出现了6位文化进士，周祚显、周毓正、周来馨成就较大，杨氏、黄氏紧随其后，各出现了3位文化进士，如进士杨玠、举人黄立世是两大家族杰出人物。郭氏家族以郭琇、郭廷翕父子为代表，也取得了骄人的成就。郭琇的《华野疏稿》是即墨地区唯一被收入四库全书的作品，郭廷翕辑明清山左人手迹，成五六十巨册的《桑梓之遗》，为即墨书画艺术发展史上浓重的一笔。

（四）回落低迷时期：嘉道至清末

这一时期，清政府外受西方列强侵略，割地赔款不断，内有太平军、捻军、义和团等起义此起彼伏。同全国、全山东一样，即墨政治经济文化发展都遭受了巨大的冲击，百余年间即墨只有同治光绪间出现了3名进士，嘉道至光绪时期共出现9名举人，有时代可考的作者24人作品71部。这一时期，黄氏家族、周氏家族仍然是即墨文坛的主力，这两个家族有作者19人作品57部，占作者总人数的70%，占文献总数的64%。

综上所述，即墨文化发展的历史，既受全国政治经济文化发展影响，又与五大家族兴衰相始终。这些世家大族留给后人的不是他们尊贵的官位、贵族的生活方式，而是他们的思想精华，延续了家族声誉，演绎了即墨文化兴衰的历史。

二、明清时期即墨文献与即墨科举文化世家

自明初，随着即墨城市繁荣、经济发展、人口的增加，文化、教育发展，两千年的文化积淀开始复苏，蓝氏家族、黄氏家族、杨氏家族、周氏家族、郭氏家族率先打开仕进之路，并主导了即墨科举市场400余年。他们姻亲相续、相互扶持，不但成为即墨社会达官名流，而且诗书立家，交游唱和，代际传承不断。陈寅恪先生说"文化关系民族的盛衰"。从五大家族发展的历史我们深切地感受到"文化关系家族的盛衰"，家族没有文化传承，也就断了血脉。五大家族在延续了家族政治辉煌的同时，也成为即墨文化发展的中流砥柱，与即墨文化发展相始终。翻开即墨文献发展的历史可知，五大家族的文献总量占即墨文献总量的四分之三；明清两朝即墨地区文武进士70位，其中有作品流传于世的34位，五大家族占据26席，因此说，研究即墨文化发展的历史，首先要研究五大家族与即墨文化的密切关系。

（一）蓝氏家族

蓝氏家族是明清时期最早由科举立家，以诗文传家的文化科举世家。蓝氏家族世居即墨，蓝章祖父蓝福盛时，"率子弟力田治生，以訾雄本邑""以农业致富，甲于一方"。[①] 蓝福盛从家族长远发展着想，建成了莱州府最早的书院——东崖书院，聘请硕儒，教育族中子弟。梦想不久成为现实，从此走出了进士蓝章、蓝田父子——即墨文化领军人物。《著述考》收入蓝氏家族 26 位文化名人的作品 46 部，其中进士 3 人、举人 3 人，贡生诸生等 20 人。蓝章（1453—1525），字文绣，成化二十年（1484）进士，为官有政声，不避权贵，历官陕西巡抚、南京刑部右侍郎兼左金都御史，正德十二年（1517）辞官归隐崂山，自号"大劳山人"，所撰诗文收入《大劳山人遗稿》中。蓝章归里后，在华阳山下建华阳书院，为蓝氏子弟"谈经地"、修身之所，聘请名儒教授子弟，清初墨邑名儒冯文炌就曾主讲华阳书院，蓝田、蓝困、蓝因——蓝氏三凤从这里起飞。

诗歌是蓝氏家学的主要内容。蓝氏家族中文学成就最突出、最高的是蓝田（1477—1555）。蓝田也是明清即墨文人中作品数量、质量、文学声誉极高的，有"万言倚马才"之誉，诗歌以赠答、山水田园、咏怀、题画为内容。他的《北泉集》、《北泉文集》、《蓝侍御集》、《北泉草堂诗集》均被收入《四库全书总目》。蓝田也是早期即墨文人与邑外文人郊游最广的一位。在蓝章为京官时期，蓝田蛰居京城，正德元年（1506）与杨慎、刘澄甫等结"丽泽会"，诗酒唱和，诗文收入《东归唱和》集中，成为我们了解"丽泽会"诗社活动的一个窗口，也对研究杨慎、张含、刘澄甫等明中期诗人早期创作情况大有裨益。明嘉靖十四年至十六年期间，蓝田罢官居乡，于后花园筑"可止轩"，日与黄作孚、杨盐等吟哦其间。嘉靖末，蓝田晚年曾客居青州，与青州府石存礼、冯裕、刘澄甫、陈经等六进士一举人在古城青州组织诗社，歌咏山水、田园之美，怀古忧民。诗以感情率真、闲雅为特征，有《海岱会集》十二卷存世，《四库全书总目·海岱会集》给予高度评价，称"八人诗皆清雅可观，无三杨台阁之习，亦无七子慕拟之弊"。御史蔡经、胡缵宗等曾赞扬蓝田，称"文行无愧于上世，声光有益于东莱"。蓝田徜徉于崂山东海之间，留下了大量诗篇。同治《即墨县志》、乾隆《莱州府志》载有蓝田《巨峰白云洞记》.该文是现存第一篇记述崂山渊源的游记。还有《高提颂》、《登华楼》、《赋送邹令君西归》、《鹤山洞》、《宿巨峰白云洞》、《三标山》、《登狮子峰》、《慧炬院》等诗文。蓝田在书画上也有相当高的造诣。今即墨博物馆藏有蓝田的《花卉图》，为镇馆之宝。入

[①] 蓝章：《先大父赠侍郎公家传》，《蓝司寇公劳山遗稿》，《四库未收书辑刊》第 5 辑第 18 册，北京出版社 2000 年版，第 11 页。

清以后，蓝氏家族进士及第者罕，然而仍然以诗书传家，代不乏人，对即墨文化教育产生了重要的影响。

（二）黄氏家族

黄氏家族自明永乐年间由青州迁居即墨，自一世祖黄景升至五世祖黄正，"世业农，间亦服商"[①]，家境殷实，经济条件较好，至第六代黄作孚起，由农耕之家成为科举之家。从此黄氏家族登上即墨政治、文化舞台，科举蝉联、簪缨继世四百余年，直到清末。《著述考》收录即墨黄氏文化名人70人作品125部，存世35部，其中进士8人，举人12人，贡生诸生50人。在即墨五大家族中，是作者人数、作品总量、存世作品最多的家族。在家族文献的整理、刻印和收藏方面做得最好，代代相传，迤逦至今。清乾隆时期的黄簪世收集明嘉靖至清乾隆时期200年间17位诗人的诗作，刊刻成《即墨黄氏诗钞》；清道光时期黄守平对黄簪世的《即墨黄氏诗钞》进行补编，收即墨黄氏一门300年间的诗作，自明嘉靖三十二年（1553）进士黄作孚起至清中叶黄守思止，共72人，诗作3997首；继黄守平以后，又有《黄氏诗续钞》、《黄氏诗钞续集》、《黄氏诗钞再续集》等。黄氏家族在经学研究方面成就较突出，如黄守平在《周易》研究方面较有影响，有《易象集解》十卷存世，今收入《续修四库全书》及《山东文献集成》；乾隆年间恩贡黄植著作有《周易浅说》《论语汇说》《学庸记疑》《孟子析疑》《诗经参考》《春秋大义》二卷、《四书思问录》十卷等，成果之多，在即墨文化史上不多见。黄氏家族对崂山文化研究贡献巨大。黄宗昌是明天启二年（1622）进士，明亡后隐居崂山，写下了大量吟咏崂山诗篇，收在《恒山游草》、《于斯堂诗集》、《黄长倩诗》、《和韵诗》等诗集中，又与其子黄坦修撰编定《崂山志》八卷，共约6万余字，依次为：考古、本志、名胜、栖隐、仙释、物产、别墅、游观，是第一部全面记述崂山的志书，开启了崂山文化研究的先声。清末黄肇颚又撰《崂山艺文志》十卷30万字。该志介绍崂山名胜140余处、景点200多个，收录了历代238位文人吟咏崂山的诗文1500余篇。今存世的《黄氏诗钞》大多数诗篇都是歌咏、赞美即墨山水。这些都成为后人研究即墨文化的珍贵遗产。

（三）周氏家族

周氏家族陡兴于万历年间，周如砥兄弟科场凯旋，周如砥职官祭酒，文章名

---

① 黄宗崇：《先曾祖明赠光禄大夫太子太保兵部尚书黄公纪略》，《黄氏家乘》，《山东文献集成》第1辑第18册，山东大学出版社2006年版，第15页。

天下。至清末，周氏家族出现了 51 位文化名人，其中进士 11 人，举人 3 人，诸生贡士 23 人，作品 89 部，是五大家族中文人进士最多的家族。周氏家族在家族谱系及即墨方志的修订方面成果较多，家谱修纂自明崇祯时期的周日熙至民国时期的周浩业、周正岐一直延续未断。周氏族谱从明代的一世周伯荣至民国周可朋历经 21 世，今存世族谱有 7 部，藏于即墨市图书馆、青岛市图书馆。周氏家族文学创作颇丰，有诗文集 41 部，大多吟咏崂山之作，对于崂山文化及崂山旅游都有重要意义。如明周如锦《紫霞阁集》（八卷，今存）、清周知佺《二劳山人诗稿》（二卷）、周思璇《松壑诗稿》（四卷）、周绅《中溪诗集》（一卷）等。在周氏家族中，万历国子祭酒周如砥，今存世著作 6 部，在经学研究和文学创作方面成果显著，其《论语讲义》今有孤本存世，《道德经集义》亦收入《四库未收书辑刊》。该书广引先贤时哲以及历代注释《道德经》之作，并下己意，保存了明万历以前失存的《道德经》注释之作，具有很大的研究价值。《周季平先生青藜馆集》是周如砥诗文合集，诗 103 首诗、文章 163 篇，收入《四库全书集部存目》中。今同治《即墨县志》收其《重修鹤山遇真庵碑》有"泰山虽云高，不如东海崂"语，成为古今传颂的赞美崂山的名言佳句。相比之下，周锡鑨的成就及影响不如周如砥，但周锡鑨在即墨方志、墨人诗集、墨水文钞的编纂上对即墨地区文化发展贡献较大。周氏家族最后一位文化名人周至元（1910—1962）在崂山诗文整理方面成就最大。周至元撰《崂山志》八卷，近 30 万字，详尽记述了崂山的历史沿革、名胜古迹和人文景观等，特别是周至元手录的摩崖、碑刻全文，成为今天人们研究崂山的重要资料，为崂山文化研究做出了巨大的贡献。

（四）杨氏家族

杨氏家族自明宣德成化间开始在即墨政坛崭露头角，杨良臣祖父杨泽、父杨荣以岁贡出宰江南、直隶，杨良臣（1461—1529）于弘治十一年（1498）成举人，有政声，又与蓝章结为儿女姻亲，自此以后杨氏家族书香旺盛，瓜瓞绵绵，成为即墨名门望族。明中后期至清代，见诸《著述考》的杨氏家族文化名人有 32 位，作品 51 部，其中有 3 位进士、3 位举人、12 位贡生。纵观杨氏家族文献，在今存世的 13 部作品中，家谱占了 7 部，可见，杨氏家族重视家族史乘的编纂工作。杨玠的作品存世最多，其中家谱 1 部、杂著 1 部、文集 4 部，其《即墨节妇考》可"观风化之醇"，对研究明清时期即墨地区妇女生活有一定的参考价值。杨盐为康熙三十九年进士，他的作品对于研究清初即墨政治、文化以及杨氏家族历史都是极为珍贵的材料；杨兆鲲四子杨遇吉、进吉、连吉、还吉在明亡后，隐居崂山北

---

① 周氏家族，包括周鸿图家族及其他周姓文化名人，但这两类为数较少，约占 8%。

九水之乌衣巷，诗歌以吟咏即墨山水名胜及乌衣八景为主，充满了对乌衣巷的眷恋与热爱。杨氏家族也出现了杨方桎这样四部兼治的学者，惜其作品未有传世者。虽然杨氏家族的创作在即墨文学文化发展中特色不鲜明，成就一般，但杨氏家族文化自明中期一直延续到乾嘉时期 200 余年，为即墨文学文化发展做出了贡献。

（五）郭氏家族

即墨郭氏家族无论是科举还是文化学术成就都不能与其他四大家族相比，然而郭氏家族是即墨书香世家，较有文化底蕴，又通过与四大家族联姻，鼎足于即墨上流社会。郭氏家族明永乐二年（1404）迁自青州，定居即墨城南郭家巷。郭琇祖父郭师仲博学高才，登门受业者颇众，父郭景昌学识奇伟，工诗善赋。郭琇康熙九年（1670）高中进士，官至都察院左都御史，直言敢谏，为官有政绩，被康熙帝誉为"思一人代之不可得"之人才，曾以《参河臣疏》、《纠大臣疏》、《参近臣疏》三疏威震朝野。他的《华野疏稿》五卷收入《四库全书·史部》，因此郭琇也成为即墨地区唯一一位有作品收入《四库全书》的人。郭琇二子，长子之子郭廷翕，乾隆六年举人，工诗擅画，告官归乡后与即墨名士江如瑛、蓝中珪、蓝中高等结成诗社，赋诗论文，一生著述很多，《稂庵诗稿》、《二劳遗文》、《西南行诗草》、《崂山名胜志略》等，今青岛市图书馆还藏有《郭廷翕墨迹》一卷，成为国宝级文物。郭廷翕有藏书楼名"慕云楼"，藏书近万册，曾编纂《桑梓之遗续编》八十三册，为增补清初胶州书画家高凤翰的《桑梓之遗》而作。高凤翰、郭廷翕二人均为书画名家，他们选编、搜集的《桑梓之遗》、《桑植之遗续编》对其后青岛地区书画艺术发展有很大的影响，是毋庸置疑的。

三、明清时期即墨文献以讴歌即墨山水为特征

文献内容与地域关系密切，正如孔尚任所说："盖山川风土者，诗人性情之根柢也。得其云霞则灵，得其泉脉则秀，得其冈陵则厚，得其林莽则健。凡人不为诗则已，若为之，必有一得焉。"[①] 即墨三面环海，崂山纵贯其境。崂山固以山海奇观著称于世，素有"海上名山第一"的美誉，古语云"泰山虽云高，不如东海崂"。崂山"蒸云变霞，酝灵蓄秀"，孕育了即墨地区无数"才哲国华"，缔造了崂山厚重的山海文化。崂山也被称为"神窟仙宅"，成为中华文化名山、中国道教文化发祥地之一，"自汉以来，修真守静之流，多依于此"[②]。宋末元初，全真教七子中的

---

① 孔尚任：《古铁斋诗序》，《孔尚任诗文集》，中华书局 1962 年版，第 475 页。
② 顾炎武：《劳山图志序》，《顾亭林诗文集》，中华书局 1983 年版，第 39 页。

马钰、刘处玄、丘处机、王处一曾来到崂山传教修真，门人弟子广布道观山庵之间。丘处机有歌咏崂山之诗四十余首，其诗"鳌山三面海浮空，日出扶桑照海红。浩渺碧波千万里，尽成金色满山东"，赞美了崂山东海壮美的自然风光；又有"五岳曾经四岳游，群山未必可相传。只因海角天涯背，不得高名贯九州"之句，抒发了崂山因偏安海隅未能成为天下知名的游览胜地的遗憾。

在明清数百年的历史时空里，即墨士子文人，徜徉于崂山、东海之间，饱览山海美景，感受道教文明，吟咏崂山自然风光和人文景观成为他们创作的重要题材。这一时期近 300 部诗文别集大都是歌咏即墨山水的著作。这些著作大多亡佚不存，现在能见到的主要是黄氏家族的《黄氏诗钞》及个别文人文集，再就是即墨古方志、五大家族的家乘。从存世的作品内容看：

（一）描写崂山山、水、泉、瀑布、草木等自然景观

如蓝章的《劳山》、蓝田《三标山》、周如锦《书带草》、范养蒙《游飞虹涧》、黄体中《崂山》《鱼鳞口瀑布》、黄玉衡《九水》、黄宗崇《九日同游九水二首》《白鹤峪悬泉咏》、周毓正《山居》《书带草赋》、周绅《九水》、黄垍《白鹤峪悬泉歌》、蓝中硅《九水瀑布》，等等。如蓝章的《劳山》诗："遥望山色层层碧，渐觉溪流汨汨深。匹马逐寻萧寺树，老僧应识野人心。行云何意遮奇石，啼鸟多情和苦吟。不是将身许明代，便从逢子老山岑。"通过山色、寺树、行云、奇石、啼鸟情随物移，抒写了对故乡崂山的眷恋之情。即墨杨氏家族杨进吉、杨连吉、杨遇吉三兄弟，明亡后隐居崂山乌衣巷，寄情九水间，徜徉于四围青嶂、莺语梨花、避暑岩潭、墨矶垂钓、东山待月、长河秋涨、千林红叶、雪满群山八景间。如杨连吉的《还山》诗："九月下山三月还，门庭如故草芊芊。东风吹绽杏花色，始悔域中又半年。"表达了对尘世生活的厌倦和对崂山景色的情有独钟。黄玉衡游崂山有七言古诗《九水》，用 322 字描绘了北九水一至九水的奇景。张铉，乾隆三十九年（1774）举人，四十七年辞官归乡，在崂山北九水筑大劳草堂居住，号"大劳山一人"，撰有文《大劳草堂记》《九水纪游并序》存世。

（二）描写道观宫庵、楼阁亭榭景色之美

崂山是道教文化发祥地之一，道教全盛时期曾有"九宫八观七十庵"之称，如太平宫、上清宫、太清宫、华楼宫、聚仙宫、黄石宫、白云观、明道观、太和观。崂山也有佛教寺庵，如遇真庵、醒睡庵、修真庵、蔚竹庵、百福庵等。这些道观佛寺多建于风光旖旎、清净秀丽之地，实际上也是崂山自然山水的一部分。如蓝田《宿巨峰白云洞》《秋日同翟中丞青石登华楼次韵》、杨舟《太平宫》《仙宫远眺》、周如锦《胡京兆乌衣巷诗》、杨泽《黄石宫》《游华楼》、黄宗臣《游上宫》、黄宗庠《镜岩楼》、江如瑛《吊憨山海印寺废址》、《棋盘山》、《登那罗延窟》、《吊海印寺故址》、周绅《华楼》、《华严庵》、周知侁《黄石宫》、《华楼》、黄坦《宿修真庵》、黄念昀《八仙墩》、《童公祠》、《崂山述游草》、周抡文《太清宫》、周思璇《太清宫》、《华楼》、《山家》，等等。这些诗作并非歌颂道教教义，也不重视对亭台楼阁的摹写，而是着重刻画道观、楼阁所在的景色之美，抒发作者超拔尘世的感悟与幽邈的情怀。如杨舟的《太平宫》诗云："三月春将暮，重游览物华。云开山见骨，潮长海上花。嫩竹生寒玉，夭桃灿晚霞。尘间无此境，知是羽人家。"三月暮春时节，旧地重游，云开雾散，但见青山的峭拔，潮花怒放，嫩竹亭立，桃花竞放，有如晚霞辉映。作者描绘出一幅超俗脱尘、色彩明丽、富有生机的道宫暮春风物图。面对如此美景，诗人不由发出"尘间无此境，知是羽人家"的慨叹。

（三）反映道士生活、交往

崂山是道教名山，道教兴盛时期道士多达千人，一些修为较高的道士与文人往来颇多，在即墨望族、士人的诗篇中反映较多，有道士生活场景的描写，有道士生活习俗的记载、有歌颂与道士间深厚友谊的，如蓝田的《太清宫次邱长春韵》、蓝史孙《送戴道人入崂山》、黄嘉善《谢憨山上人过访》、《怀达观禅师西游和憨山韵》（4首）、黄宗扬《赠崂山道人》、黄坦有《赠李一壶道人》2首、《题方壶道人》2首、《方壶道人赏花行》、《方壶道士歌》6首、杨嘉祜《大劳观留赠宋道人》，等等。如明代蓝史孙《送戴道人入崂山》诗云："领略青山今有主，白云曾许等闲居。分泉洗钵烹灵剂，就石支床看道书。风入古松轩常乐，月窥春洞化人庐。日长漫作餐霞计，橘井丹炉却是余。"从"分泉洗钵烹灵剂""橘井丹炉却是余"来看，崂山道士以泉烹茶就饮，茶能涤荡性灵，使内心宁静清纯，沉浸于放达逸乐的生活之中，即使"橘井丹炉"也是多余。

康熙二年（1663）举人黄坦与崂山道士交往频繁，其中与李一壶道人交往最多，有关一壶道士的诗文竟有十篇之多，如《方壶道士歌》记述了一位"不炼丹砂不辟谷，渴饮香醪饥食肉。青蛇在手气犹豪，白眼看天歌且哭。醉卧炉头人不识，鼾鼾如雷彻四壁。夜阑酒醒月当空，笑倚东风吹铁笛"的洒脱不羁的道士形象。

（四）歌颂海洋的自然风光、人文景观及海域风情

自古以来，大海就以其浩瀚无垠、亦真亦幻的神秘莫测吸引着骚人墨客，吟咏出风格各异的诗篇。即墨三面环海，"形胜为东方之冠"，即墨文人诗作吟咏了即墨海的静谧祥和、波澜壮阔，或峥嵘飞动，或变幻莫测，记载了丰富的海洋神话、人文故实，充满浪漫色彩。诗篇中所蕴含的海洋元素、海洋气息，与其他文学体裁相比，具有鲜明独特的艺术特征。如周如锦的《小蓬莱观海》、杨连吉《海上》、

黄埌《小蓬莱望海》、黄宗辅《劳山观潮》、黄玉瑚《海上渔家》、周缃《夜游下宫海上》、周思璇《在太清宫观海吟诗》、《观海》、《渔村》、黄玉瑚《海上渔家》、江如瑛《青山道中》、王六谦《女姑港观渔》，等等。如周如锦的《小蓬莱观海》:"大海无波碧似银，潮来惟见水粼粼。平铺万里天关静，倒印长空碧镜新。"描写了无波的大海波光粼粼、澄碧似银、平铺如镜的景象，再现了大海柔美之态。又如黄体中《徐福岛》:"东海茫茫万里长，天水何处是扶桑。海船一去无消息，徐福当年赚始皇。"徐福东渡故事，与长生不老、成仙、航海事等息息相关，带有浓重的道教文化色彩。诗人态度鲜明，直指徐福欺骗始皇，表达了神仙之说虚妄不实的主旨。再如周思璇的《渔村》:"斥卤无禾稼，老农殊不嫌。人家多晒网，村落半烧盐。潮退滩逾阔，鸥飞意自恬。坐看烟起处，斜日入西崦。"作者以写实白描的手法，叙写了即墨海滨多盐碱地，少耕田的现实，勾画出百姓从事渔业、烧盐的生活场景，描绘了即墨百姓悠然自适的恬淡生活。①

作者简介：窦秀艳，蒙古族，吉林白城人，青岛大学文学院教授，博士，主要从事文献整理、传统文化、汉语史的教学与研究。

---

① 参见韩梅:《明清山左即墨地区望族文化与诗歌研究》第二章的第一节、第二节，山东大学博士论文，2013年。

董理与再塑——论青岛文化资源的挖掘与整理[①]

魏学宝　杨武成　沈壮娟

（中国石油大学（华东）文学院，山东　青岛　266588）

摘要：文化青岛建设不能仅仅将目光局限于近现代和现世的文化建设，还要包含放在一个悠久的历史背景下在大青岛（七区五市）范围展开文化的溯源。青岛的方志有重要的历史文化价值，通过方志及其他文献又可以看到历史上尤其是明清两朝青岛籍学人著述颇丰。对历史文献的董理与再塑可以重塑历史，为青岛文化建设寻根，为民族文化建设添彩。

关键词：大青岛　文化资源　方志　青岛籍学人

刚刚闭幕的十七届六中全会上，中共中央讨论了如何深化文化体制改革，推动社会主义文化大发展大繁荣。全会通过《中共中央关于深化文化体制改革，推动社会主义文化大发展大繁荣若干重大问题的决定》，提出"文化是民族的血脉，是人民的精神家园"，认为"文化在综合国力竞争中的地位和作用更加突出，维护国家文化安全任务更加艰巨，增强国家文化软实力、中华文化国际影响力要求更加紧迫"。这是国家意志层面对文化的认识、诉求。同理，一个地方、一个城市的文化建设一方面为国家分忧，另一方面也是充实自身软实力，在激烈的竞争中脱颖而出的重要保障。

一、"文化青岛"之内涵与文化资源之定位

青岛市历来重视文化建设，特别是值青岛建制 120 周年之际，提出"文化青岛"的概念让人振奋。2011 年，市里提出"建设创新青岛、文化青岛、和谐青岛、开放青岛、宜居青岛，是我们这座城市发展的美好愿景"；"要建设文化青岛，坚持社会主义先进文化前进方向，以满足人民群众精神文化需求为出发点和落脚点，

---

① 参见韩梅：《明清山左即墨地区望族文化与诗歌研究》第二章的第一节、第二节，山东大学博士论文，2013 年。

推动文化全方位融入经济、政治、社会以及生态文明建设等各个方面，更好地用文化引导社会、教育群众、推动发展，让文化更加深入地融入城市生活，融入市民心灵，让文化成为青岛显著而独特的城市标志，努力形成积极、健康、向上的社会风气，创建学习型城市，提升整个城市的人文气质和内涵。"

众所周知，"文化"是一个非常宽泛的概念，目前关于青岛文化建设的话题很多，像民俗文化、啤酒文化、帆船文化等，同时从"精神财富"层面考虑，青岛这片地域创造的历史文化应是文化建设的重要内容，因为这一文化才是青岛得天独厚、体现青岛对民族文化贡献的内容，同时这也是青岛文化最重要的内涵之一。

今年恰逢青岛建制120周年，文化寻源与文化建设将是纪念这座城市120岁生日时不可回避的话题。但应当看到青岛市所涵盖的即墨、胶州、平度等地区都有着悠久的历史，往上追溯，最著名的莫过于田单依附即墨孤城复齐的传奇。以即墨、胶州为例，据同治《即墨县志》卷一《沿革》载："周烈王七年，齐封即墨大夫烹阿大夫，即墨之名始著。"是为公元前369年，以此来算，即墨已经有2370年的历史了；据《胶州志》（张同声修、李图等纂，道光二十五年刊本）卷二《沿革表》，春秋时胶州称介、计、介根，秦时称黔陬，"元始置胶州于胶西，统三县"，《元史·地理志》益都路胶州条载："唐初为胶西县，宋置临海军，属密州。元太祖于县置胶州，领三县。"成吉思汗卒于1227年，由此来算，胶州建制也至少有780余年的历史。

在近现代史上，青岛由于得天独厚的条件，诸多的学者像康有为、闻一多、沈从文都在这里留下过足迹，留下过宝贵的文化遗产，成为青岛市的自豪和骄傲。关于近现代史上文化名人在青岛的活动、著述目前研究非常多，成果也比较丰富。青岛百花苑为青岛籍及寓居青岛的文化名人树立塑像便是这一成果的具体显现，可以说近现代史上的文化名人及其成果的研究为青岛增加了浓厚的历史文化底蕴，成为青岛市的亮丽名片。

但是应当看到相对于百余年的近现代史，青岛——当然是包括胶州、即墨、平度等在内的大青岛——拥有着悠久的历史和浓厚的历史文化底蕴。历史上，青岛地区没有和今天完全等同的建制，青岛地区基本上隶属于东莱州（汉代）或登州、莱州、密州，但是在相对应的今天县市级别方面，胶州、即墨、平度很早有着建制。在这片土地上，我们的先人通过辛勤的劳动和不凡的智慧塑造了这一地区的历史、文化。目前关于这方面的爬梳与董理相对而言是落后的，青岛的历史文化底蕴是比较丰厚的，我们有必要重视这方面的整理工作，并且在整理过程中再塑青岛文化与文明。唯有历史的重塑，现代文明才能找到皈依；唯有现代文明的弘扬，传统文化才能切实找到实现的依托。毫无疑问，这方面青岛地区的高校应承担起这一光荣使命，因为一方面学校依托城市而发展，自然需要融入并在传承、创新、引领城市文化方面做出贡献；另一方面高校高知群体聚集，相关领域的专家学者聚集，承担文化传承创新的使命既是自我的期许，也是社会对高校的期待。

二、青岛方志之价值

从浩如烟海的典籍中寻求点点滴滴关于青岛的记载是一件非常费力的事情，并且这种努力也无必要，因为前人已经为我们做了这项工作，青岛的方志便是做这项研究的最好典籍。目前可以见到的大型方志丛书有两种，一是台湾成文出版社影印出版的《中国方志丛书》，一是凤凰出版社 2004 年影印出版的《中国地方志集成·山东府县志辑》。《中国方志丛书》（下文简称《丛书》）中关于青岛地区的方志及其情况如下。

续平度县志十四卷　民国.丁世平等修，尚庆翰等纂　民国二十五年铅印本；

胶澳志十二卷附图八幅　民国.赵琪修，袁荣叟等纂　民国十七年铅印本；

即墨县志十三卷　清.林溥修，周翕等纂　清同治十一年刊本；

胶州志四十卷　清.张同声修，李图等纂　清道光二十五年刊本。

《中国地方志集成·山东府县志辑》（下文简称《集成》）收录青岛地区的方志如下：

第三十九册　道光重修胶州志　乾隆昌邑县志　光绪昌邑县续志；

第四十二册　民国增修胶志；

第四十三册　道光重修平度州志　民国平度县续志；

第四十七册　同治即墨县志　顺治招远县志　道光招远县续志。

这两种方志集成中所收录的方志有所重叠，据笔者目前所见，《丛书》之《即墨县志》即《集成》之同治《即墨县志》，《丛书》之《胶州志》即《集成》之道光《重修胶州志》，此外《丛书》之《续平度县志》即《集成》之民国《平度县续志》，列表说明如下：

	《中国方志丛书》	《中国地方志集成·山东府县志辑》
青岛	胶澳志	
平度		道光重修平度州志
	续平度县志	民国平度县续志

续表

	《中国方志丛书》	《中国地方志集成·山东府县志辑》
胶州	胶州志	道光重修胶州志
		民国增修胶志
即墨	即墨县志	同治即墨县志

　　此中《胶澳志》成书于民国十七年（1928），"是开埠至建国前一段时期，记述反映青岛历史最为详细的一部志书"[①]，也是目前看到关于专指目前市区的"青岛"的唯一一部志书。其余的虽然是目前青岛所辖的县级市的方志，但这也是"大青岛"的历史文化记载，弥足珍贵。

　　以道光年间《重修胶州志》为例，该志共四十卷，一图、十一表、十志、十三传、三记、四考[②]，对从春秋到清末胶州的疆域、沿革、建制、风俗、事迹、人物、礼法、教育、兵防等方方面面做了翔实的记载。再以《集成》所录同治《即墨县志》为例，该志十二卷和卷首一卷（《即墨县志图》），分别为方舆志、建置志、学校志、武备志、赋役志、职官制、选举制、名宦志、人物志、艺文志、大事志、杂稽志，同样对即墨的方方面面进行了翔实的记载。

　　青岛地区的方志同全国的方志是类似的，虽然不排除因掺入修纂者情感色彩而对相关人物、大事拔高、溢美或有意识删汰的情况，但应该看到方志的修纂者基本上本着忠于史实的态度广征博引，其可征性、可信度是没有太大问题的。这些方志在今天有着极大的价值，主要体现在以下几个方面。

　　（一）根据笔者所见之道光《重修胶州志》和同治《即墨县志》，这两志都对所记载的地方历史沿革、建置变迁及方舆疆域有详细的记载，并佐以翔实的地图记录。这对于青岛地区的历史变迁沿革研究具有重大的价值，通过这些文献可以勾勒青岛地区发展的历史轨迹，并借此寻找相关的历史遗址。这在青岛文化建设方面自然是非常有价值的事情。

　　（二）这些方志对青岛地区的政治、经济、社会、文化进行了详细的描述，对这些方志的研究可以还原历史的部分原貌，更好地为文化青岛建设寻找历史根源。诚然有关青岛市区的《胶澳志》所辑录历史时间有限，但是考虑到生活在青岛市区的民众祖籍胶州、即墨、平度的占了相当大的比重。对这些方志的董理与再塑可以进一步强化市民的本根意识，进一步增强对青岛的归属感、认同感和自豪感；同时这种研究对于侨寓在外的青岛人同样是一种感召，促进全国及海内外青岛人关注家乡。总之历史的还原是青岛文化建设的重要方面，可以起到凝心聚力之作用。

---

　　① 青岛档案馆：《胶澳志》，http：//www.qdda.gov.cn/front/tecangshi/preview.jsp？ subjectid=12259376317812597001&rootID=&ID=28071。

　　② 这些内容并非和该志的分卷一一对应，其中卷十一含表十《本朝选举》和表十一《诰敕》。

（三）近现代史上，青岛对民族文化建设做出了突出的贡献，这点有目共睹。通过方志研究，我们还要看到，青岛在历史上对华夏民族文化的构建同样做出了不可磨灭的贡献。如经学家郑玄曾侨寓即墨不其山（今崂山铁骑山），学徒相随者数百千人。① 即便本土学者也著述颇丰。因此对方志的整理与研究可以进一步夯实文化青岛建设的历史基础，并对青岛文化在历史上在东夷文化、齐文化乃至华夏文明构建过程中的地位、作用予以清晰的厘定。

青岛地方志的价值不言而喻，但是应当看到对历史文化遗产的保护和抢救工作是落后于我们这种认识的。目前即墨市做得相当出色，1991 年编纂出版了《即墨县志》，获得了"全国地方志优秀成果一等奖"。这 150 万字的巨著一方面对原有的方志进行校勘整理，另一方面又整合近现代史的资料予以融合汇通。其他几部方志基本上沉睡于档案馆。即墨的经验可以推广，对于青岛市高校而言，也许对地方近现代史的史料掌握方面远不如地方政府全面，但是在整理古籍文献方面应该说是有所专长的。我们有必要对《胶澳志》《胶州志》《平度志》进行爬梳和董理。首先将这些方志做校勘工作，为了研究和普及的需要，可以尝试出版校点本和简体本两种，对后者予以简要的注释。文献整理是进一步研究的基础，在文献整理工作进行的同时，高校社科工作者结合自己专业所长，从人文地理、风土人情、历史文化等方方面面展开研究，进一步深入挖掘青岛的历史资源。

三、青岛籍学人著述之考索

书籍文献是文化的重要载体，文化正是赖以书籍文献得以薪火相传。以胶州籍学人为例，《四库总目提要》题录了明人赵完璧《海壑吟稿》（十一卷）、高宏图《太谷堂集》（二卷），清人法若真《黄山诗畱》（十六卷）、张谦宜《絸斋诗选》（二卷）和高凤翰《南阜山人诗集》（七卷）。这五部题录的诗文集唯《海壑吟稿》被《文渊阁四库全书》著录，其余均是存目。

若单纯从《四库总目提要》来看，乾隆中期前胶州籍著者著述规模不大，但应当看到《四库全书》的编载并非全国文献的穷尽性收集，而是带有编纂者意志的筛选。从有关方志记载来看，青岛籍和寓居青岛的学人著述颇丰，经史子集均有重要著述，这些著述在方志中有明确记载，但是应当看到限于体例和篇幅，方

---

① 《后汉书》卷三十五《郑玄传》："玄自游学，十余年乃归乡里。家贫，客耕东莱，学徒相随已数百千人。"《三国志》卷十二《魏书·崔琰传》："（崔琰）至年二十九，乃结公孙方等就郑玄受学。学末期徐州黄巾贼攻破北海，玄与门人到不其山避难。"（唐）李吉甫《元和郡县志》卷十三《河南道》八《莱州》："（即墨县）大劳山、小劳山，在县东南三十八里。……昔郑康成领徒于此。"

志不可能全文收录相关著述。以道光《重修胶州志》为例，卷二十《艺文志》收录 216 名著者的 352 种著述，其中收录王克揆著述 14 种，为著者之最，其次是张宾雁和张谦宜，各 12 种。王克揆在乾隆四十二年（1777）中举，此后隐居著述授徒，因其时间较晚，故《四库总目提要》不遑提及。此外《四库总目提要》（下文简称《提要》）和《胶州志·艺文志》（下文简称《胶州志》）的记载也有较大出入，《四库总目提要》题录赵完璧《海壑吟稿》十一卷，但《胶州志·艺文志》载赵完璧著述两种，分别是《海壑诗文集》和《海鹤吟柒》，未标明卷数；《提要》题录高宏图《太谷堂集》二卷，《胶州志》载《太谷堂集》一卷，此外还载高宏图《易解》、《史记论事》（一卷）、《纲目别见》、《奏疏》（一卷）、《老氏解》、《杂著尺牍》、《画衣记》等七种；提要题录法若真《黄山诗䨇》十六卷，《胶州志》载《诗䨇》二十卷，二者应是一部诗集，此外还载《谏垣诗稿》、《黄山文䨇》（四卷）、《驱病足文》三种；《提要》题录张谦宜《絸斋诗选》二卷，《胶州志》无《絸斋诗选》，有《絸斋诗》三卷，此外还载有《尚书说略》、《四书广注》、《质言疏义》、《甲申群盗记》、《胶镇志》、《修史议》、《州志别本》、《絸斋论文》（二卷）、《诗谈》（二卷）、《山农文集》（八卷）、《铜声集》等十一种；《提要》题录高凤翰《南阜山人诗集》（七卷），《胶州志》未载此集，而载《南阜类稿》，可能二者有一定关系，此外尚载有《杂著》、《砚谱》、《印谱》三种。

从以上的比较可以看到若真正了解青岛籍学人著述，单纯依靠《四库总目提要》和《续修四库总目提要》是远远不够的，还需要借助各地的方志。当然就每一个著者而言，方志记载也未必翔实。就张谦宜而言，《胶州志》虽载有十二种，但是今天所能看到的文献远远不止这一些。目前张谦宜著作可见的如下。

（一）丛书

1.《家学堂遗书二种》十四卷，清乾隆法辉祖刻本，清华大学图书馆、中国社科院图书馆、广东省图书馆有藏；

2.《家学堂遗书二种》十四卷，清乾隆法辉祖刻本（清李文湘批识、李文藻跋），国家图书馆藏。

（二）诗文集

1.《絸斋诗集》不分卷《焚余》一卷：《北京师范大学图书馆藏〈稀见清人别集丛刊〉》第三一五册，广西师范大学出版社，2007 年；

2.《絸斋诗选》二卷《补遗》一卷：《四库全书存目丛书》集 263 影印清乾隆二十四年刻本，齐鲁书社 1997 年；

3.《张稚松先生文集》二卷（清抄本），中国科学院图书馆藏。

（三）诗话

1.《絸斋诗谈》八卷 :《续修四库全书》，影印上海图书馆

2.《絸斋诗谈》四卷　国家图书馆；

3.《诗谈》一卷（稿本），湖北图书馆藏。张颀校抄本；

4.《诗谈》一卷（清抄本），上海图书馆藏；

5.《絸斋诗谈》八卷,《清诗话续编》郭绍虞编选;富寿荪点校;上海古籍出版社,1983 年；

6.《絸斋论文》六卷 :《续修四库全书》1714，上海古籍出版社 2002 影印国家图书馆藏清乾隆二十三年法辉祖刻《家学堂遗书二种》本　国家图书馆；

7.《絸斋论文》六卷,《历代文话》第四册，复旦大学出版社。

（四）经学著作

《四书广注》三十六卷 :《四库未收书辑刊》7 辑 2 册影印清康熙刻本，北京出版社，2000 年。

（五）评点

1.张谦宜评、题诗张符骧《衣归草》十八卷、《自长吟》十二卷，全国图书馆文献缩微中心，1996 年；

2.张谦宜批校、跋周正《取此居文集》二卷,全国图书馆文献缩微中心,1993 年；

3.张谦宜批校（宋）李佑武辑《宋朝道学名臣言行录外集》十七卷（明万历三十五年刻本，周菊伍跋），全国图书馆文献缩微中心，1990 年；

4.张谦宜批校《昌黎先生诗集注》十一卷（清顾嗣立删补）年谱一卷（清康熙三十八年顾氏秀野草堂刻本）山东图书馆；

5.张谦宜选评、平山和尚撰《柯村诗集》；张谦宜选评、（清）李大村撰《嬴隐初集》。均附于（清）高凤翰《南阜文钞》抄本，国家图书馆。

由此可见青岛籍学人的著述是一个蕴藏丰富的文化资源。毋庸讳言，20 世纪 90 年代时，青岛有文化沙漠之称，但是当了解到大青岛有如此的文化矿藏的时候，谁又能违心认为青岛没有文化呢？

当然面临这笔宝贵的文化财富，作为高校社科工作者应该如何去做呢？笔者认为首先应明确一种穷尽性整理研究的思想。诚然并非所有青岛籍学人的所有著述都有文化价值，但是价值有无不能凭空而断，因为目前各种文献记载的青岛籍学人绝大多数为明清时人，尤其以清人居多，他们距离我们生活的时代比较近，因此历史验证淘汰的功能并不能充分发挥。因此有必要对青岛籍学人著述进行穷

尽性整理。这种整理可以先从方志着手，弄清楚方志所载之著述目前存录之状况。同时可以借助地方政府的力量，多方走访，尤其是一些历史上人才辈出的书香门第，比如即墨蓝氏、胶州张氏等，通过其后人进一步了解著述情况。

其次校勘整理并结集出版青岛籍学人著述。大部分著述在经过整理做出价值判断之后可以出版影印文本以保留流传，但对于一些在文化史上影响甚著的著述应该校勘整理，出点校的文本，以利于进一步的研究；对于具有极大普及价值的著述应该通过校勘、点校、注释出横排简体的文本，以利于民众的阅读与接受；对于文化影响甚大的著作应该下大力气校勘并作出详注。

再次，在文献爬梳董理的基础上，对一些有价值著述应展开深入的研究，并形成有一定影响力的成果。目前学界对张谦宜的诗论有所探讨，并出现持续深入的趋势，①青岛高校在这方面有着天然的优势和光荣的使命，这方面研究的深入开展是青岛高校为青岛文化建设贡献力量的切实体现。

文化青岛建设不能仅仅停留在近现代文化的研究与复现，也不能仅仅停留在世俗文化、现世文化的总结与整理，文化青岛需要历史的底蕴作为支撑，因此青岛的方志和青岛籍学人著述是非常重要的文化资源。现在我们面临着非常好的历史契机，应该抓住机会，踏踏实实地做一些整理研究工作，既可以更好地继承先人，又可以更好地教育子孙。对于青岛而言，自身历史文化的挖掘应该提到议事日程了。

作者简介：魏学宝（1979—　），男，中国石油大学（华东）文学院，讲师，研究方向：中国古代文学、中国诗学；杨武成（1969—　），男，中国石油大学（华东）文学院，副研究员，研究方向：校园文化建设；沈壮娟（1977—），女，中国石油大学（华东）文学院，副教授，研究方向：中国文论、文艺学。

---

① 目前关于张谦宜诗论的研究文章如下：王英志《张谦宜论诗之"意"》，《东岳论丛》1986年第2期；王美秀《〈絸斋诗谈〉中的诗论》，台湾《云林科技大学通识论坛》第2期，1999年6月；蒋寅《张谦宜〈絸斋诗谈〉与清初格调诗学的承传》，《北京大学学报》（哲学社会科学版）2011年第3期。

论青岛历史文化名人与城市文化建设

潘文竹

（青岛大学　学报部，山东　青岛　266071）

摘要：青岛历史上涌现了的本土历史文化名人大致可分为坚守自己人生理想和人生准则者、具有文化向心力和凝聚力者、能继承先祖遗风并弘扬家族风尚者三类。他们的人格魅力和精神力量不仅在当时发挥过作用，在今天的城市文化进程中也具有积极作用。要充分发挥本土历史文化名人的文化刺激作用，需要多部门从多方面合力进行。

关键词：历史文化名人　区域文化　城市形象

历史文化名人，在某种意义上说，是一座城市、一个地区甚至一个国家文化的标志。作为楷模，他们往往会影响广大民众的行为方式和人生价值观，进而影响整个城市或区域甚至国家文化建设的进程。中国文联原副主席李准以为："历史文化名人的作品和他们的高尚人格是传承和弘扬民族优秀文化的重要载体，也是建立文化自信、塑造国家形象和推动文化创新的重要基础和支撑点。"[①] 现代学者褚云茂则强调："一流的城市文化名人不仅仅是城市文化形象的重要标志，某种意义他们还是整个城市形象的代表，甚至是国家形象的象征。"[②] 因此，世界各国、各地都非常重视发掘并推广自己的历史文化名人，以树立自己的文化形象，提升国际知名度。近年来，随着国际文化事业的繁荣和我国"文化强国"战略的提出，国内各地开始重视历史文化名人在当地文化形象建设进程中的作用，甚至出现了争夺历史文化名人的现象，从炎帝、老子、曹操、诸葛亮、李白等历史名人，到西门庆、孙悟空等小说人物，所谓的名人故里之争在中华大地连续多年屡演不疲。其实，一方水土养一方人。在中华文明数千年的演进过程中，各地都形成了独具特色又丰富多彩的历史名人宝库。只要善于发掘和弘扬，本土历史文化名人定会

---

① 韩业庭、马姗姗：《历史文化名人的新诠释 —— 从电视剧〈苏东坡〉说起》，《光明日报》2012年12月3日。

② 褚云茂：《国际大都市的文化形象：必须有一流文化名人》，《文汇报》2004年6月16日。

在各地文化建设进程中发挥不可轻视的作用。本文拟以青岛地区明清时期出现的文化名人为例，简要分析此问题。

一、明清时期青岛的本土文化名人

青岛的人文历史虽然短暂，却也曾涌现出无数富有本土传统和本土精神的文化名人，尤其是离我们比较近且有资料可查的明清时期。这些青岛历史上涌现出的本土文化名人的精神力量，是我们不能也不应放弃的一笔精神财富。大致而言，明清时期青岛地区的本土文化名人可分为以下三方面。

（一）坚守自己人生理想和人生准则的历史文化名人

明清时期的青岛地区拥有大批这样的本土名士，如不阿附权贵、终生著述不辍的即墨人蓝田①，淡泊名利、甘主诗坛的即墨人黄埠②，才学兼优、善于教子育人的即墨人黄贞麟③，博览群书、以教授乡里为生的即墨人范养蒙④，力学自奋、至老不辍的即墨人冯文炌⑤，耿直无忌、一生三罢三复的胶州人高宏图⑥，智勇双全、奋斗不息的清代第一个汉人将军胶州人高文熠⑦，为政务持大体、一生富有传奇色彩、并以书画能诗闻名于世的胶州人法若真⑧，……此类文化名人有的为官，有的为儒，

---

① 蓝田（1477—1555）：字玉甫，号北泉，历河南、陕西道御史等职，晚年归乡建“可止轩”，著述而终。详见窦秀艳等《青岛历代著述考》（中国社会科学出版社2010年版）第167页。

② 黄埠：字子厚，号澄庵，一生以诗书自娱，书法出入晋唐，诗、词皆雄深雅健，为同邑诗人之冠，主即墨诗坛数十年。事见同治《即墨县志》、《青岛历代著述考》第157—158页等。

③ 黄贞麟（1630—1694）：字方振，号振侯，清初即墨人。黄贞麟生有七子，“皆以才华闻于时”，二子中进士，三子中举人，余二子亦为贡生。详见《青岛历代著述考》第66页。

④ 范养蒙：字正甫，号觉我，明代即墨人，曾官沾化训导，一生博览群书，于文学、经济无所不究，游学其门者甚众。事见同治《即墨县志》、《青岛历代著述考》第266页等。

⑤ 冯文炌：字伯章，号素斋，清代即墨人，毕生未从官，多在华阳书院执教，著有《墨志稿存》、《柏荫堂集》、《韩先生传》等作。事见同治《即墨县志》、《青岛历代著述考》第67页等。

⑥ 高宏图（1583—1645）：本名弘图，因避讳而改，字子犹，一字研文，号硁斋，历陕西道监察御使、太仆寺卿、工部侍郎、户部尚书等职，明亡后不食而亡，事见道光《重修胶州志》、民国《增修胶志》、《青岛历代著述考》第1页等。

⑦ 高文熠（1633—1722），字焕然，号旦复，少从武，屡建奇勋，以军功历广东右翼左营游击、江南提标参将、广西柳庆营副将、天津总兵官事、西安府驻防副都统等职，是清初第一个汉人都统。事见宣统《山东通志》、道光《重修胶州志》、张谦宜《高氏传家录》、《青岛历代著述考》第53页等。

⑧ 法若真（1608—1691）：字汉儒，号黄山、黄石等，清初胶州（今胶南尚庄村）人，官至安徽布政使，长于诗书画，著有《黄山诗留》、《黄山文留》等。事见宣统《山东通志》、道光《重修胶州志》、民国《增修胶志》、《青岛历代著述考》第58—59页等。

有的为民，但无论为官、为儒、为民，他们都始终坚守自己的人生信条。他们的人格精神、人格魅力都曾感动过时人，因而他们的事迹留在相关的史志、地方志或族谱、家谱中，留在人们口耳相传的记忆里。

（二）具有文化向心力和凝聚力的历史文化名人

明清时期青岛地区的此类历史文化名人也为数不少，胶州人中即有：在兵警蜂起之际振臂高呼、率众守御的谈必扬①，竭尽一己之力、奋身救助亡师家眷的赵文焯②，教诲诸生如子弟、成就人才无算的高曰恭③，主讲珠山书院、一州士子多有成就的纪圣谟④，年过八旬犹能读经枕上且以蝇头小楷著述不辍的匡文昺⑤，为给母亲治病而潜心研究《黄帝内经》遂精通岐黄之术的逄克家⑥……这些在当时即有文化凝聚力的本土名士的人格魅力，即使是在今天也仍然光芒四射，也仍然具有很强的感召力。

（三）继承先祖遗风、弘扬家族风尚的历史文化名人

明清时期的青岛地区还涌现出众多文化家族，如胶州有以法若真、法坤宏⑦为

---

① 谈必扬：字晹若，明末胶州人，其父谈震采为万历四十四年（1616）武进士，清兵于崇祯十五年（1642）攻胶时，谈必扬从其父率众守城，事见道光《重修胶州志》、民国《增修胶志》等。

② 赵文焯：字玉藻，号铁源，清代胶州人，曾官翰林院侍讲，著有《鹤园草》、《粤游草》等。雍正十四年（1749年），文焯至豫章时，知已故会试时房师潘某家属为流寇所掠，乃尽行赎回，并为置田产，祭告后而去。事见道光《重修胶州志》、民国《增修胶志》等。

③ 高曰恭：字作肃，号梅野，别号雪怀居士，胶州文人高凤翰之父，历诸城、淄川两县教谕。其离淄川归里之时，生徒数百人，设帐十余里，各为诗以送之，此后书问起居者不绝。事见道光《重修胶州志》、民国《增修胶志》等。

④ 纪圣谟：字尧谷，清代胶州人，少时曾北游燕赵、南下吴越，归乡后知州张玉树聘其主讲珠山书院，教授一州士子。事见道光《重修胶州志》、宣统《山东通志》、民国《增修胶志》等。

⑤ 匡文昺：字淑辰，清代胶州人，历官湖北保康县知县、襄阳天门县知县，辞归后与故友约为藜羹之会，力学著述不倦。事见宣统《山东通志》、民国《增修胶志》等。

⑥ 逄克家：字季绳，一字介民，清代胶州人，初为诸生，屡不售，后因母病而通医术，并以此养家。事见道光《重修胶州志》、民国《增修胶志》等。

⑦ 法坤宏（1699—1786）：字直方，一字镜野，号迂斋，年届七旬仍参加会试而赐大理寺评事职，著有《法氏诗闻》、《墨水传经录》、《迂斋学古编》等。事见道光《重修胶州志·人物》、《青岛历代著述考》第26页等。

代表的法氏家族，以高宏图、高凤翰 ① 为代表的高氏家族，以柯蘅 ②、柯培元 ③、柯
邵忞 ④ 为代表的柯氏家族，以李世镐 ⑤、李之雍 ⑥ 为代表的李氏家族，以宋言扬 ⑦、宋
云会 ⑧ 为代表的宋氏家族，以王克揆 ⑨、王葆崇 ⑩ 为代表的王氏家族，以赵慎修 ⑪、赵
熙奭 ⑫ 为代表的赵氏家族，以张宾雁 ⑬、张懋煌 ⑭、张谦宜为代表的张氏家族，等等；

---

① 高凤翰（1683—1749）：字西园，一字南阜，胶州高曰恭之子，历安徽歙县县丞、歙县知县、
绩溪知县等职，性嗜砚、印，长于诗歌、书法、绘画，著有《砚史》、《印谱》、《高西园诗画录》、《赈
荒八议》等。详见《青岛历代著述考》第61页。

② 柯蘅：字我兰，号佩韦，胶州柯培元之子、柯邵忞之父，长于经史、文学，著有《汉书七表
校补》、《春雨草堂诗选》、《杏花春雨堂诗集》等。事见《清史稿》列传二六九、《青岛历代著述考》第
44页等。

③ 柯培元：字易堂，号复生（一说字复子，号易堂），胶州文人柯蘅之父、柯邵忞之祖，历福
建瓯宁县知县、龙岩直隶州知州、台湾噶玛兰通判等职，善诗文，著有《黄华山馆日记》、《石耳山人
诗集》等。事见《青岛历代著述考》第43—44页。

④ 柯邵忞（1848—1933）：字凤荪，又字凤笙，号蓼园，胶州文人柯蘅、李长霞之子，历任翰
林院庶吉士、编修、湖南学正、国子监司业等职，精于经史、词章、小学、天文、历算、金石等，曾
主持编纂《清史稿》，并参与编撰《续修四库全书总目提要》，著有《新元史》、《文献通考校注》等。
详见《青岛历代著述考》第28页。

⑤ 李世镐：字西京，清顺治三年（1646）丙戌与弟李世铎同中进士，官刑部主事，28岁时卒
于省亲途中，著有《懒吟园古诗》、《瑞杏园诗集》。事见道光《重修胶州志·人物》、法坤厚《瑞杏园
集序》等。

⑥ 李之雍：字砚泉，号莲舟，胶州文人李鸣谦（1765—1812）之子，清道光二十六年（1846）参
与撰修《重修胶州志》，著有《增补胶谚征字》、《砚泉杂著》、《胶迹纪近吟》、《山东先哲遗著录》等。

⑦ 宋言扬：字春农，又字春麓，著有《鸿泥集》、《胶州宋氏箕裘集》、《本草便记歌》等。

⑧ 宋云会：字沛苍，号梦溪，别号淡秋，清雍正四年（1726）丙午科进士，历浙江云和知县、
江山知县、杭州府海防通判等职，卒于官。事见道光《重修胶州志·人物》。

⑨ 王克揆：字幼藻，一字至泉，清乾隆四十二年（1777）丁酉科举人，殚心经史，著述甚丰，
有《读史杂录》、《楚辞考义》、《至泉诗古文遗集》等20余种，多散佚不传。事见民国《增修胶志·人
物》、《青岛历代著述考》第4—5页等。

⑩ 王葆崇：字小姚，一字孙锻，号次山，清末光绪时附贡，曾官鸿胪寺序班，一生著述甚丰，
计有33种，然多散佚。事见其子王鸿图编《助息园遗书目录》、《青岛历代著述考》第41—41页等。

⑪ 赵慎修：字敬思，一字清廓，胶州文人赵完璧之子，明嘉靖四十四年（1565）进士，历盐城
知县、兵部主事、扬州知府、河南副按察使等职，著有《清廓诗稿》，编有万历《胶州志》。事见道光
《重修胶州志》、《青岛历代著述考》第98—100页等。

⑫ 赵熙奭：字帝载（一说为"帝哉"），一字白松，别号云鹤，胶州文人赵文奭之弟，著有《云
鹤古文稿》、《清籁词》等。事见道光《重修胶州志·人物》、《青岛历代著述考》第209页等。

⑬ 张宾雁：字秋臣，一字雪爪，号悔堂，清嘉庆二年（1797）选兖州府训导，后历青州府训导、
泺源书院院监、莱芜县训导、江南和江宁府经历等职，著有《春秋传通释》、《诗古音》、《石鼓斋笔记》
等。事见道光《重修胶州志·人物》、《青岛历代著述考》第19页等。

⑭ 张懋煌：张懋煌，字子辉（又作子辉），号石闾，胶州文人张谦宜父，清康熙十九年（1680）
任山西长子县县丞，后改潞城县知县，精于诗文，有"州中文献"之称，著有《胶西科目志》、《松麓
吟诗刻》、《张家渊源》等。事见民国《山东通志·艺文志》。

即墨有以蓝章①、蓝田为代表的蓝氏家族，以黄嘉善②、黄宗昌③为代表的黄氏家族，以周如砥④、周翕鐄⑤为代表的周氏家族，以郭琇⑥、郭廷翕⑦为代表的郭氏家族，以杨良臣⑧、杨还吉⑨为代表的杨氏家族，等等。这些文化家族在当地大都极具影响力。它们的影响力来自那些能够继承先祖遗风、弘扬家族风尚的一代又一代的优秀子孙。

明清时期青岛地区的本土文化名人为数众多，此仅列举其中少数极具代表性者。他们或英勇无畏、勇于牺牲，或自强不息、奋斗不止，或系心天下、忧国忧民，或文采卓异、歌咏家国……每个人都以独有风采留名于青岛史册，传扬于家乡大地。

二、本土历史文化名人的文化作用

青岛历史上尤其是明清时期涌现出的、有史料可查的这些本土文化名人，在今天的城市文化建设进程中具有极其重要的作用。

---

① 蓝章：字文绣，自号大劳山人，即墨名人蓝田之父，明成化二十年（1484）进士，历婺源县令、贵州道监察御史、陕西巡按都御史、南京刑部侍郎、两淮盐法都御史等职，致仕归里后于崂山建华阳书院，著书教子，著有《大劳山人遗稿》、《八阵合变图说》等。

② 黄嘉善（1549—1624）：字惟尚，号梓山明万历五年（1577）丁丑科进士，累官至兵部尚书兼京营戎政，著有《总督奏议》、《大司马奏议》、《黄氏家乘》、《见山楼诗草》等。事见同治《即墨县志·人物》。

③ 黄宗昌：字长倩，号鹤岭，明天启二年（1622）壬戌进士，历雄县知县、河北清苑令、山西道御史等职，明亡后隐居崂山，著有《崂山志》、《崂山名胜志略》、《恒山游草》等。事见同治《即墨县志·人物》、《明史·毛羽健传》等。

④ 周如砥（1550—1615）：字季平，号砺斋，谥文穆，明万历十七年（1589）己丑科进士，累官到国子监祭酒，卒赠礼部右侍郎，著有《论语讲义》、《青藜馆集》、《周太史文集》等。事见同治《即墨县志·人物》。

⑤ 周翕鐄：字韵若，一字敬斋，号雪亭，清咸丰四年（1854）甲寅恩贡，总纂同治版《即墨县志》，著有《拾遗草文集》、《拾遗草诗集》等，辑有《即墨诗乘》、《墨水文钞》等。

⑥ 郭琇（1638—1715）：字瑞甫，又字瑞卿，号华野，清康熙九年（1670）庚戌进士，历江南道监察御史、左金都御史、都察院左都御史等职，后罢归乡，著有《华野疏稿》等。事见同治《即墨县志·人物》。

⑦ 郭廷翕（1710—1785）：字虞受，号冷亭，一号根庵，郭琇季子，历宜春、南城县令等职，归乡后与名士江梅岑等结社赋诗论文，著有《崂山名胜志略注》、《根庵诗稿》等。事见同治《即墨县志·人物》。

⑧ 杨良臣（1461—1529？）：字舜卿，号南庄，明弘治十一年（1498）举人，历山西黎城县、太原通判等职，卒于官，著有《南庄遗诗》。事见同治《即墨县志·人物》、乾隆《莱州府志·人物》、雍正《山西通志·名宦》。

⑨ 杨还吉（1626—1700）：字启旋，号充庵，即墨文人杨兆鲲第三子，清康熙二十六年（1687）岁贡，著有《燕台集》、《云门草》等。事见同治《即墨县志·人物》。

（一）本土历史文化名人的人格魅力可增强现代市民的文化凝聚力

市民对本土历史文化的集体自豪感，是现代城市文化是否具有向心力和凝聚力的最生动外在指标。而本土历史文化名人的存在，正是增强现代市民文化自豪感的关键所在。如果一个城市的全体市民都对自己家乡的历史文化名人如数家珍、如获至宝，那这所城市就已经形成了自己特有的文化色彩，具有了自己的文化向心力和凝聚力。当前，青岛在文化建设方面已取得了可喜的成绩，青岛市民一直以现代、新潮的形象展现在世人面前，可以说已拥有一种文化自豪感。但与北京、上海、天津等现代城市相比，在历史人文方面，青岛市民却始终有一种抹不掉的"自惭形秽"的感觉。对历史上这些本土名士的事迹加以整理、介绍，要全面进行青岛的文化形象建设，就不能不彻底清除大多数青岛市民心中这块若隐若现的阴影，培养青岛市民对本土历史文化的高度自豪感。

（二）本土历史名人的人格精神可充实现代市民的个体精神修养

就一个城市而言，市民的整体精神面貌是其文化形象的重要象征，其内在的精神修养比城市建筑、娱乐设施等外在形象能更准确地反映一个城市的文化品位。不能否认，当前青岛市民的精神修养是比较现代、比较超前的，但与北京、西安、南京等历史文化古城的市民相比，总感觉少了些许深厚、凝重，多了几分浅薄、浮躁。而青岛历史上尤其是明清时期的本土文化名人所呈现的传统人格精神等恰好能弥补这一点。在建设现代城市文化的进程中，如果我们能够继承并弘扬这些本土历史文化名人或勇于牺牲，或甘于奉献，或自强不息，或爱国爱家的人格精神，对我们市民的整体精神修养的提高有一个大的促进。

（三）与本土历史文化名人有关的文化遗迹可增加城市的文化经济效益

在现代城市的建设进程中，本土历史文化名人的价值不仅体现在城市精神文化建设方面，还体现在城市经济建设方面。以青岛为例，本土历史文化名人在青岛遗留下大量的文化遗迹，前文列举明清时期青岛的文化名人多有诗作、文章传世，与他们相关的建筑遗迹、传说故事、文献记载、景观碑刻等也有很多，如即墨蓝氏家族即在崂山遗留有书院遗迹、胶州高凤翰故居至今仍有遗存，而《黄贞麟年谱》、《户部公纪年》、《蓝氏先绩叙略》等有关文献至今仍在民间流传。有关这些本土历史文化名人的文化遗存都是不可再生的宝贵财富。合理开发、利用这些文化遗存的经济价值，如开展文化旅游或开发相关纪念品、画册等，既可促进对它们的保护，也可获得可观的经济效益，为青岛的经济建设增光添彩。

总之，青岛历史上涌现出的本土文化名人，是我们珍贵的精神文化财富；他们在丰富青岛市民个体精神修养、培养青岛市民文化凝聚力、提升青岛文化旅游形象等方面，都具有重要的现实意义。

三、历史文化名人与城市文化形象的提升

如何有效利用本土历史文化名人宝库以充分发挥其在当前文化建设进程中的作用，是当前许多城市都在思索的问题。如昆山、长春等城市五六年前即已开始探讨具体做法[①]，南京市则在 2014 年 3 月 24 日的政协南京市第十三届委员会第五次常务委员会会议上通过了《关于弘扬历史名人文化　打造独具魅力的世界历史文化名城的建议案》。这些城市的做法都已不再局限于本文开头提及的对历史文化名人故居的开发和建设，而是以大手笔、新思维、多角度的方式进行综合研究。结合他们的做法，可以发现，利用这笔财富的关键，不在物质方面修建多少所谓的"故居""遗迹""遗址"，而在如何弘扬和传承这些本土历史文化名人的人格魅力和精神力量。

（一）做好对本土历史文化名人的文化遗存的搜集、整理工作。如前所述，这些文化遗存大多保留在相关的典籍中，尤其是方志、族谱、家谱等文献中，而现存的碑文、题记、考古资料等也不容忽视，当地人民津津乐道的传说、故事更有其可信之处。另外，青岛历史上尤其是明清时期出现的本土文化名人大多有著述传世，及时收集、整理、宣传这些著述，对救护本土文化遗产、提升城市文化形象等都有不可估量的价值。只有全面查找、准确梳理这些青岛本土名士的相关资料，才有可能为更好地利用青岛本土人文历史资源建设全新的青岛城市文化形象打下坚实的基础。当前，由中国作家协会主持的国家级文化工程《中国历史文化名人传》丛书首批十部已于 2013 年底完成，我们完全可以仿此模式设立自己城市的"历史文化名人传记"丛书工程，倾全城之力对本土历史文化名人的文化遗存进行一次新世纪的大搜集、大整理。

（二）做好对本土历史文化名人的发掘和宣传工作。这一工作也需要多部门的合作。依托政府和本地高校之力，诚邀各领域的专家、学者，集中优势力量出版、发行有关本土历史文化名人的小说、歌曲、音乐、论著、影视片等，发掘蕴藏于本土历史文化名人中的人文精神，提高青岛本土名士影响力，打造青岛文化形象。近年来，青岛在编修史志方面取得了显著成绩，各区、市大都已建立起自己的志书，

---

① 详见魏巍等：《挖掘历史文化名人　弘扬城市文化底蕴——纪念长春建城210年》，载《长春日报》2010年7月8日第11版；王晓阳：《用名人文化营销现代城市形象》，《昆山文化研究》2009年第5期。

不少街道办事处、村镇也在编修自己的处志、村志。如《即墨人物志》[①]一书共收录了84位即墨本籍或客籍人士，包括即墨历史上影响较大的周、黄、蓝、杨、郭五大家族的代表人物，对今人了解即墨本土人物、激发本土自豪感起到了很好的作用。但这些志书因为讲究面面俱到，尤其侧重于对现当代史志的编修，因而对普通市民了解和接受传统历史文化名人并无多大影响。因而，青岛本土历史文化名人，大多数虽有著作流传和史籍记载，但因年代久远等因素，已很难为今天的普通市民了解。另有少数虽既没有著作流传，也没有史籍记载，在民间却一直流传有许多生动的传说故事，如胶南薛家岛人薛禄和人称"崔葫芦"的胶州歪才崔吾庐。如果我们能整合多方面力量进行积极的发掘和抢救，如创作出为广大民众喜闻乐见的小说、歌曲、动漫、影视作品等，就一定会使这些历史文化名人在当前的城市文化建设进程中发挥更好的作用。

（三）做好本土历史文化名人走进校园、走进社区、走进每一个青岛市民心中的工作。依靠政府和教育部门之力，使本土历史文化名人走进中小学的课堂和课外读本，走进社区的宣传栏和宣传海报，直至走进每一个青岛市民的心中，培养起青岛市民对吾乡吾土吾人的热爱之情。近年来，我们青岛市在小学教育中增设了"地方课程"，侧重对青岛风土人情的介绍，是一门有利于培养本土自豪感、提升青岛文化形象的课程。如果能在中小学都开设此课程，每一年级的教材中都增设介绍、宣传本土历史文化名人的章节，就一定会让未来的青岛市民从小就培养起以青岛的人文历史为荣、以青岛本土人物为人生楷模的情感。

（四）激发广大民众自主的爱家乡、爱先贤热情。编修家谱、族谱，继承家族传统，是中华民族传承和弘扬本土历史文化名人精神的传统方式，至今还在青岛大地流传。借助因特网可以发现，青岛胶州张氏、高氏、王氏等家族一直不停地丰富、完善自己的族谱，其中张氏族谱对其家族的历史文化名人保存得最为详备。自元末明初的张缉、张绅一直到清末的张谦宜、张兆惠等，所列人物不分身份高低，也不论学识深浅，但凡有益于家国的均列入其中。这样一份族谱的意义，对其族人自是不言而喻，对青岛市民、市政府而言也是大有裨益。此外，自发整理、出版族人或乡贤遗著，是中华民族传统的传承和弘扬本土历史文化名人精神的传统方式。如前两年，即墨流亭大儒胡峄阳[②]后人及其乡邻因敬其为人与学识，自发组织整理、出版胡氏遗作《竹庐家聒》、《友义》等，这对提高胡峄阳的现代知名度、

---

① 即墨市史志办公室编：《即墨人物志》，中国和平出版社2005年版。

② 胡峄阳：初名良桐，后更名翔瀛，字峄阳，清初即墨流亭人，终身不试，以教书授徒为业，著有《易象授蒙》、《易经征实解》、《解指蒙图说》、《柳溪碎语》、《寒夜集》、《竹庐家聒》等多部作品。事见乾隆《即墨县志》。

宣传胡峄阳的为人处世态度等，都有积极作用。凡此种种，都是应积极倡导和大力鼓励的事件。

（五）举办各种有关本土历史文化名人的旅游活动。文化旅游是提高本土名士知名度、实现精神文化遗存经济价值的最有效策略，目前已有不少城市借助此活动成功提升了自己城市新形象。如成都于2007年开始举办的"人日游草堂""成都大庙会"全民参与性文化旅游盛会[①]，既开发利用了当地以杜甫、诸葛亮等为代表的"诗歌文化""三国文化"两大历史文化宝藏，实现了文化旅游的经济价值，又在世人面前展现了自己关注文化建设的城市新形象。我们本土那些"生于斯、长于斯、贡献于斯"的历史文化名人虽不如杜甫、诸葛亮等有名气，但只要推广开来，就一定会对激发本地市民的爱乡情、提升我们的城市文化形象有帮助。

有学者说："历史上每一位文化名人都用他们独特的文化艺术作品和高超的艺术修养、人格理想、思想境界等影响着他们所在的时代，成为引领时代文明进步的使者。"[②]的确，如果我们能在政府主管部门的主导下，有效利用驻青高校雄厚师资和本地文化专家的笔耕之力，再借助文化新闻出版部门（包括广播、电视、网络、报纸、出版社等）和教育部门的宣传之功，就一定能够在介绍、研究、宣传、弘扬本土历史文化名人方面取得佳绩，使这些曾经"引领时代文明进步的使者"在今天也发挥其刺激作用。

作者简介：潘文竹，青岛大学学报部编辑，主要从事中国古典文学和文献学研究。

---

① 参见《成都旅游刮起文化风》，《人民日报》（海外版）2007年3月28日。
② 陈卓威：《人物传播学视域下文化名人形象的传播策略研究 —— 以张大千为例》，《戏剧之家》（上半月）2014年第5期。

纪念闻一多诞辰115周年论文选

闻一多与国立青岛大学

刘怀荣

（青岛大学　文学院，山东　青岛，266071）

摘要：1930 年 9 月至 1932 年 7 月期间，闻一多被聘为国立青岛大学教授、文学院院长，兼中文系主任。在这短短的两年时间里，闻一多为青岛大学文学院延揽了方令孺、游国恩、沈从文等诸多名家，并开始了自己从诗人到学者的转变历程，还与梁实秋、杨振声、黄际遇等人因"酒"而结下了深厚的友谊；同时也遇到了令人郁闷的 3 次学潮，并最终因学潮而辞职。追怀这段历史，想象闻一多当年的悲喜与无奈，不能不生出无限的感慨。

关键词：闻一多　国立青岛大学　学潮

1930 年 6 月，闻一多先生辞去武汉大学文学院院长之职。8 月受新建的国立青岛大学校长杨振声的邀请，来到青岛大学，9 月被正式聘任为教授、文学院院长，兼中文系主任。这一年他只有 32 岁。1932 年 7 月青岛大学被解散，闻一多也于 8 月间，受聘为国立清华大学中文系教授。作为国立青岛大学唯一的一位文学院院长，他在这两年里，有成绩，也有遗憾；有快意，也有无奈。追怀这一段历史，让我们生出无限的感慨。

一

1930 年 8 月，闻一多应国立校长杨振声之邀，与梁实秋一起来到青岛大学。9 月他被正式聘为文学院院长，兼国文系主任。在主持院务工作期间，在延揽人才方面颇有成绩。梁实秋在《谈闻一多》中说：

> 一多除了国文系主任之外，还担任文学院院长。在中国文学系里，一多罗致

了不少人才，如方令孺、游国恩、丁山、姜叔明、张煦、谭戒甫等。①

《青岛大学一览·职教员录》也记载：

> 这学年（笔者按：指1931年），青岛大学文学院新聘讲师有赵少侯、游国恩、杨筠如、梁启勋、沈从文、费鉴照，兼任讲师有孙承谟、苏保志、孙方扬、张金梁、刘崇玑，教员有谭纫就。②

上述诸人中，游国恩（1899—1978）为著名楚辞学家，张煦（1893—1983）是著名藏学家、语言文字学家，丁山（1901—1952）是著名史学家、古文字学家，沈从文是著名小说家，都是为人熟知的大家。其他人在各自的领域也多卓有建树。兹择要简述如下：

方令孺（1897—1976），著名诗人、散文家。1923年留学美国，在华盛顿州立大学和威斯康星大学攻读西方文学。1929年回国后，在青岛大学国文系任教，并开始创作新诗，与林徽因同为"新月派"著名的两大女诗人。

姜叔明（1897—1945），名忠奎，字叔明，1918年他毕业于北平大学中国文学系，曾任河南中州大学教授、北平大学教授，长于诸子和文字学，擅画，著有《儒学》四卷《说文转注考》《纬史论微》凡十二卷《说文声转表》《荀子性善证》三卷等。

谭戒甫（1887—1974），湖南省湘乡县（今涟源市）人，长于先秦诸子、楚辞、金文。著有《墨辩发微》、《公孙龙子形名发微》、《墨经分类译注》、《庄子天下篇校释》、《校吕遗谊》等。

杨筠如（1904—1946），毕业于清华大学国学研究院，师从王国维，著有《九品中正与六朝门阀》（上海商务印书馆1930版）、《荀子研究》（上海商务印书馆1933年版）、《尚书覈诂》（上海商务印书馆1934版）等。

梁启勋（1879—1965），字仲策，梁启超大弟弟，毕业于哥伦比亚大学，专业为经济学。长于填词，是著名词学家，著有《词学》、《词学铨衡》、《中国韵文概论》、《稼轩词疏证》六卷、《曼殊室随笔》五卷等，《海波词》是其咏梅专集。

费鉴照，闻一多在国立第四中山大学（后改名为中央大学）外文系任教时的学生，著有《现代英国诗人》（新月书店1933年2月出版）和《浪漫运动》（商务印书馆1933年版），闻一多曾为他的前一部书写过序。

---

① 梁实秋：《谈闻一多》，台北传记文学出版社1987年版，第83页。丁山、张煦来校或在闻一多去职之后，但按照梁实秋的说法，他们的到来，也应与闻一多任院长时所做的工作有关。

② 闻黎明：《闻一多年谱长编》，湖北人民出版社1994年版，第415页。

青岛大学文学院能在较短的时间内延揽这么多的名家，与闻一多个人的影响力显然分不开，这对于后来在青岛大学基础上建设的山东大学而言，其重要性不言而喻，对我们今天的学科建设也是极富启发意义的。

二

不少介绍闻一多的文章，都说他在青岛才完成了从诗人到学者的转型。其实闻一多的学术研究开始得很早，1926年5月，他发表《诗的格律》，从传统律诗与新诗的关系探讨新诗理论，已初步显示出向古典的回归。1928年在武汉大学任教期间，他先后发表过《杜甫》(传记,引言部分)①、《杜少陵年谱会笺》②，他还对《庄子》进行了校释，并发表了论文《庄子》③。

此外，有关唐代研究的一系列工作，在武汉大学时也已经开始。有的学者以为，闻一多存世手稿如《唐代文学年表》、《初唐大事记》、《全唐诗人小传》、《全唐诗人补传》、《唐诗笺证》、《全唐诗选》、《见存唐人著述目录》、《唐代遗书撰人考》、《唐初四杰合谱》、《新旧唐书人名引得》、《唐代研究用书举要》、《全唐文选》、《唐人小说琉证》、《唐器物著录考》,《说杜丛钞》、《唐诗人生卒年考》、《长安风俗志》《少陵先生交游考略》(手稿)等，大约是从1929年就已开始整理编写。④ 而《庄子思想的背景》、《庄子校释》、《庄子校补》、《庄子札记》、《庄子人名考》(手稿)，约写于1930年⑤。

但梁实秋在《谈闻一多》中说："一多在武汉时即已对杜诗下了一番功夫，到青岛以后便开始扩大研究的计划，他说要理解杜诗需要理解整个的唐诗，要理解唐诗需先了然于唐代诗人的生平，于是他开始草写唐代诗人列传，积稿不少，但未完成。他的主旨是想借对于作者群之生活状态去揣摩作品的涵意。"⑥ 所谓"草写唐代诗人列传"，当指《全唐诗人小传》、《全唐诗人补传》。可见，至少这两项成果，或者前一项，是在青岛大学任教时开始的。上述学术工作始于何时，已很难准确考查。但至少有相当一部分是在青岛大学时期完成、继续深化或开始的。把这一时期看作是闻先生重点研究唐诗的一个阶段，应该是没有问题的。

这一时期，闻先生还开始了对诗经、楚辞的研究。"他决心要把《诗经》这一

① 《新月》月刊第1卷第6号，1928年8月10日。
② 武汉大学《文哲季刊》第1卷第1期，1930年4月，连载至第4期。
③ 《新月》第2卷第9号，1929年11月。
④ 许毓峰、徐文斗等编：《闻一多研究资料》，北岳文艺出版社1986年版，第894页。
⑤ 许毓峰、徐文斗等编：《闻一多研究资料》，北岳文艺出版社1986年版，第895页。
⑥ 梁实秋：《谈闻一多》，台北传记文学出版社1987年版，第85页。

部最古的文学作品彻底地整理一下，他从此埋头苦干，真到了忘寝废食的地步……他的研究的初步成绩便是后来发表的《匡斋尺牍》。在《诗经》研究上，这是一个划时代的作品。"[①]当然，闻先生在这方面的研究，大多是离开青岛大学之后才陆续完成和发表的。1932年8月开始，他在北京清华大学任教五年，先后讲授过的课程有：大一国文、王维及其同派诗人、杜甫、先秦汉魏六朝诗、诗经、楚辞、杜诗、唐诗、乐府研究、中国古代神话研究等。而他陆续发表于《清华学报》等刊物的《岑嘉州系年考证》《〈天问〉释天》《高唐神女传说之分析》《〈诗·新台〉"鸿"字说》、《〈离骚〉解诂》《〈诗经〉新义》等重要论文，大多方法新颖，思路独特，以卓越的见识受到学界的称赞。

闻先生的这些成绩，与他在青岛时期的努力当然分不开。尤其可贵的是，他对教学与研究的完美结合，正如梁实秋所说，"他不是'温故而支薪'的教书匠，他是随时随刻地汲取新知。真正做到教学相长的地步。"[②]这在今天也依然是值得我们学习的。

三

1930年前后的青岛，文化的落寞与今天无法相比。梁实秋就说过："青岛虽是一个摩登的都市，究竟是个海陬小邑，这里没有南京的夫子庙，更没有北京的琉璃厂，一多形容之为'没有文化'"[③]但就当年闻先生的同事们来说，有几点却是我们今天的大学教授们无法比拟的。一是他们每月400多大洋的薪水；二是他们的年龄；三是他们多是能文之士，无论所学是什么专业，国学功底都很深厚。这大约正是当时出现"酒中八仙"的三大原因。我们不妨把这"八仙"在1930年的年龄罗列如下：

姓名	年龄	姓名	年龄
杨振声（1890—1956）	41	邓仲纯	待考
陈命凡	待考	刘康甫（1892—1968）	39
赵太侔（1889—1968）	33	方令孺（1897—1976）	34
闻一多（1899—1946）	32	梁实秋（1903—1987）	28

其中，邓仲纯，是著名教育家邓艺孙的次子（其弟邓以蛰即邓稼先之父），他与陈独秀为怀宁同乡，也是情同手足的世交，早年曾一同留学日本，与著名诗僧苏曼殊关系密切。邓仲纯在日本学的是医学，但因有家学渊源，对国学也有很深

---

① 梁实秋：《谈闻一多》，台北传记文学出版社1987年版，第85—86页。

② 梁实秋：《谈闻一多》，台北传记文学出版社1987年版，第101页。

③ 梁实秋：《谈闻一多》，台北传记文学出版社1987年版，第97页。

的造诣，当时在青岛大学做校医兼任国文系讲师。后来与老舍、台静农也是非常要好的朋友。他弟弟邓以蛰生于1892年，因此，1930年他当在40以上。陈命凡年龄不详，他是学校秘书长，校长的得力助手，年龄当小于杨振声。还有一个重要的原因，杨振声、赵太侔家眷均不在青岛，闻一多的妻子在1931年暑假回到了湖北老家，方令孺也是一人在青岛。这也是造就"酒中八仙"的主要原因之一。

梁实秋说："此地虽无文化，无妨饮食征逐。杨金甫、赵太侔、陈季超、刘康甫、邓仲存、方令孺，加上一多和我，戏称'酒中八仙'，三日一小饮，五日一大宴，不是顺兴楼，就是厚德福，三十斤一坛的花雕搬到席前，罄之而后已，薄暮入席，深夜始散。"①

在另外的记载中，黄际遇（1885—1945）也是"酒中八仙"的主要人物之一。他是理学院院长，专业是数学，但国学功底很深，尤长于骈文和弈棋，并数十年坚持记日记。他在青岛的日记尚有《万年山中日记》24册、《不其山馆日记》3册存世。其中，有很多关于同人饮酒的记载。

> 晚应杜毅伯、闻一多之招饮于顺兴楼。同席陈季超、梁实秋、杨金甫、赵太侔、黄仲诚、吴子春、谭葆慎、刘康甫。七时许入座，觥筹交错，庄谐横生，应召顿洗，信友朋之欢娱，尤旅羁之慰藉也。同游者皆曰：久无此乐矣。洗盏更到巳交子刻，归思浩然，急召车返。被酒甚，不能阅书矣。（《万年山中日记》第一册1932年6月18日）

> 晚赴顺兴楼，嘉宾莅止，肴馔亦精，大学同人，素负豪酒之名。今则东邑几空，雅会不常，非复旧时丝竹矣。诸客犹举籍籍之名，来相纵史，只可鼓其余勇，以与周旋。终席酣藏，迭为射覆，笑谑间作，酪酊尽欢。偕太侔、毅伯诣宋树三处品茗。迨以车来，先生已颓然横卧，不能夜坐矣。（《万年山中日记》1932年10月15日）

以上两次宴饮都在顺兴楼，前一次在闻一多离开青岛大学之前，后一次则在闻一多已去清华之后。所谓"久无此乐矣""今则东邑几空，雅会不常，非复旧时丝竹矣"，都透露出此前类似的活动是很多的。"庄谐横生""笑谑间作"，可见，"大学同人，素负豪酒之名"，良非虚言。当时诸贤，雅集尽欢，及校长与诸位教授的交谊之深，从中可见一斑。

---

① 梁实秋：《谈闻一多》，台北传记文学出版社1987年版，第97页。

四

作为新月派的主要代表诗人，闻一多北上后，不仅与远在上海的徐志摩、饶孟侃等人联系频繁。在他身边，也有梁实秋、方令孺、沈从文、臧克家、陈梦家[①]等新月诗人。费鉴照、赵少侯等也是《新月》的作者。青岛大学俨然成了新月的一个重要阵地。陈梦家、臧克家素有"闻门二家"之称，是闻一多引以为自豪的两大弟子。曹未风曾说："闻氏在青岛的书斋里．桌子上放了两张相片，他时常对客人说：我'左有梦家，右有克家'，言下不胜得意之至。"[②]在中国海洋大学一多楼东面，臧克家撰写的闻一多纪念碑碑文中有："先生在校，为时仅二年，春风化雨，为国育才。"对闻先生在培养人才方面的贡献做了简要的总结。诸位当然也应该包括对学生及晚辈的奖掖和扶持。

但遗憾的是，来青之后，诗人闻一多已基本"金盆洗手"，退出了诗坛。作于1930年，发表于《诗刊》1931年1月创刊号的《奇迹》，堪称"一篇《锦瑟》解人难"，被认为是他的封笔之作。尽管经学者们考定，发现在此诗之外，他还有以"沙蕾"的笔名在1935年3月22日《武汉日报·现代文艺》第6期发表的《我懂得》，以及一直为梁实秋所保存的《凭藉》[③]。但1930年以后，闻一多的确不再创作新诗。有人猜测，方令孺的《灵奇》《诗一首》[④]，有可能是对闻一多《奇迹》的回答[⑤]。不过这也仅仅是猜测而已，文学作品，尤其是中国古典诗词，原本就以多义性为佳，这与"诗无达诂"的传统，形成天然的呼应。关于这几首诗的公案，也许正当作如是观，而不应刻意索隐。

20世纪30年代，中国政局混乱，各大军阀之间、政党和派系之间的关系错综复杂，进而也影响到青年学生。闻一多在青大短短的两年居然遇到三次学潮，可见罢课和反抗在那个年代的流行程度。而1932年6月爆发的第三次学潮，则将矛盾直接指向了他。学生的《驱闻宣言》里，不仅有"闻一多纠集新月派霸占学校领导权"的控诉，闻一多也被扣上了"不学无术"的帽子。梁实秋感叹说："在整个风潮里，一多也是最受攻击的对象之一。有一个学生日后回忆说：'记得当时偶尔走经青岛大学旁的山石边时，便看见过一条刺目的标语：驱逐不学无术的闻

---

① 陈梦家于1932年3月到青岛大学做闻一多助教。
② 曹未风：《辜勒律己与闻一多》，《文汇报》1947年4月10日。
③ 陈子善：《闻一多集外情诗》，《书城》第二十期，2008年1月号。
④ 《诗一首》发表于《诗刊》1931年1月创刊号，《灵奇》发表于《诗刊》1931年10月第3期。
⑤ 孙玉石：《闻一多〈奇迹〉本事及解读》，《北华大学学报》2000年第1期；桑农《本事新词定有无——方令孺与闻一多》，《书屋》2008年年第6期。

一多。''不学无术'四个字可以加在一多身上,真是不可思议!'"①学潮的后果,不仅仅是直接促成了杨振声和闻一多的辞职,也结束了国立青岛大学的短暂历史。1932 年 7 月 3 日,国民政府教育部电令解散青岛大学,不久即改为国立山东大学。黄际遇在学校被解散的第二天写道:"晚饭后仍往一多处茗谈,泽丞(游国恩字)在座,实秋后至。一多志笃学高,去世绝远,蒙兹奇诟,势不得不他就矣。"(《万年山中日记》第一册 1932 年 7 月 4 日)革命精神终于革了国立青岛大学的命,这也许就是这所大学在那个时代的宿命,"去世绝远"的闻一多又如何可以避开?但如果不是平白地"蒙兹奇诟",也许清华园里会少一份精彩,而追寻诗骚、神话秘密的那些力作,依然会以如此神采存留于世吗?这似乎已经超出了我们的想象范围。

追怀闻先生在青岛的遭遇,想象他当年的悲喜与无奈,再看看他在《青岛》一文中的一段话:"那儿再有伸出海面的栈桥,去站着望天上的云,海天的云彩永远是清澄无比,夕阳快下山时,西边浮起几道鲜丽耀眼的光,在别处你永远看不见的。"我们或许会疑惑:那"几道鲜丽耀眼的光",真的"在别处你永远看不见"吗?不禁想到老杜"鸡虫得失无了时,注目寒江倚山阁"(《缚鸡行》)的话来,黄山谷所谓"坐对真成被花恼,出门一笑大江横"(《王充道送水仙花五十枝欣然会心为之作咏》)的句子,真的是别有会心。历史从来不可以假设,何况我们都是俗人。

作者简介:刘怀荣,青岛大学文学院教授、院长,青岛市古典文学研究会会长,主要从事中国古典诗歌与诗学、魏晋南北朝唐代文学及传统文化研究。

---

① 梁实秋:《谈闻一多》,台北传记文学出版社 1987 年版,第 99 页。

闻一多青岛时期的学术研究及其评价

杨洪勋

（中国海洋大学　档案馆，山东　青岛　266071）

摘要：在中国文化史上，闻一多堪称通才。他对于诗歌、戏剧、绘画、文学评论和古典文学研究，都有很深造诣。诗，是他一生活动的一个中心点。他不仅是我国现代文学史上的著名诗人，而且是一位独步古今的国学大师，其研究包括唐诗、楚辞、诗经、古代神话等领域。青岛的两年，在闻一多的学术研究生涯中，有举足轻重的意义。经过八年的学术起步，他完成了从诗人向学者的转变，全面展开了古典文学的研究，确定了研究的方法，对以后的学术研究产生了深远的影响。

关键词：闻一多　青岛　学术研究　《唐诗》《匡斋尺牍》

闻一多（1899—1946）湖北浠水人，我国著名的诗人、学者和民主斗士。作为诗人，他在 20 世纪 20 年代出版的诗集《红烛》、《死水》，在全国产生了很大的影响，由此奠定了他在中国文学史上的地位，其作品成为中国现代诗歌中杰出的代表；作为战士，在中华民族危难存亡之际，他"走下楼"来，投身于爱国民主运动，并为之悲壮殉身；作为学者，他是一位独步古今的国学大师，其研究范围涉足诗经、楚辞、唐诗、乐府、古代神话、古文字领域，且屡有建树。诗人、学者、战士构成了他完整的一生，形成了他崇高的人格。闻一多先生"学者的时期最长，斗士的时期最短，然而他始终不失为一个诗人；而在诗人和学者时期，他始终不失为一个斗士"[①]。闻一多先生的挚友，著名美学家朱自清高度评价了他的一生。

作为诗人和民主斗士的闻一多，为社会所广泛传诵。即使不知道"新月派"，也知道《红烛》、《死水》的作者是爱国主义诗人，也知道闻一多先生是为民主运动而献身的，他的死使善良的人们看清了国民党反动派的真实面貌。毛泽东同志的赞扬，使多数人从人民英烈的角度知道闻一多。相比之下，作为学者的闻一多却鲜为人知或知之甚少。能读懂他的著作的只是为数很少的读者。

---

① 邓乔彬、赵晓岚：《学者闻一多》，学林出版社 2001 年版，第 1 页。

闻一多先生是学贯中西、独步古今的国学大师。郭沫若先生在《闻一多全集》（开明版）的序中说："在这里面关于文化遗产的部分要占四分之三，关于近代学识、特别是参加民主运动以来的著述，仅占极少数。""一多对于文化遗产的整理工作，内容很广泛，但他所致力的对象是秦以前和唐代的诗与诗人。关于秦以前的东西除掉一部分神话传说的再建之外，他对于《周易》、《诗经》、《庄子》、《楚辞》这四种古籍，实实在在下了惊人的很大功夫。就他所已成就的而言，我自己这样感觉着，他那眼光的犀利，考证的赅博，立说的新颖而翔实，不仅是前无古人，恐怕是后无来者的。"[1]。我国著名社会学家费孝通先生在闻一多先生诞辰95周年纪念大会暨闻一多国际学术研讨会上这样评价闻一多先生："闻一多是近代现代中西文化大交汇、大碰撞中成长起来的一位学贯中西、博古通今的大家，他首先以独具特色的诗人闻名于世。""闻一多先生由一位诗人转而研究中国古代文学，并能取得超出前人和同辈人的成就"[2]。

"千古文章未尽才。"这是民族英雄夏完淳哭其内兄的一句诗，用在闻一多先生身上，可谓恰如其分。闻一多在他短暂四十七个春秋中，留给了我们一百多万字的文字，这是一笔宝贵的文化遗产。据开明版的《闻一多全集》所载，闻一多先生一生大约写作共有一百五十多万字，其中，文化遗产的部分占四分之三，关于近代学识，特别是参加民主运动以来的著述仅占少数。而1993年湖北人民出版社的全集，除第1卷（诗）、第11卷（美术）、第12卷（书信、日记、附录），以及第2卷（文艺评论、散文、杂文）的部分涉及文化遗产外，其余各卷，均为古代典籍研究，换言之，研究古代的学术成果占了四分之三。

闻一多学贯中西，具有多种学科的广博知识，对我国文史古籍涉及甚广，他的研究领域以中国古代文学为中心但又不以此为限，在中国古代文学领域以唐诗研究为重点，而又涉及其他作家作品和文学史问题。具言之，闻一多以唐诗研究为重点，研究领域遍及神话、诗经、庄子、周易、乐府诗、文学史等。文学家朱自清为他的全集写的序言，很精当地概括了他的学术研究道路："他在'故纸堆里讨生活'。第一步还得走正统的道路，就是语史学和历史学的道路，也就是还得从训诂学和史料的考据下手。在青岛大学任教的时候，他已经开始研究唐诗；他本是个诗人，从诗到诗是近便的路。那时工作的重心在历史的考据。后来又从唐诗扩展到《诗经》、《楚辞》，也还是从诗到诗。然而他得弄语史学了。他于是读卜辞，读铜器铭义，在这里找训诂的源头。一战以后他又从《诗经》《楚辞》跨到了《周易》和《庄子》；他要探求原始社会的生活，他研究神话，——他不但研究文化人类学，

---

① 闻一多：《闻一多全集》第十二卷，湖北人民出版社1993年版，第431—432页。
② 邓乔彬、赵晓岚：《学者闻一多》，学林出版社2001年版，第430—431页。

还研究弗罗伊德的心理分析学来照明原始社会这个对象。从集体到人民，从男女到饮食，只要再跨上一步；所以他终于要研究起唯物史观来了，要在这个基础上建筑中国文学史。"[①]

作为学者的闻一多，其学术生涯至少有十五年。朱自清认为，诗人、学者和民主斗士，这三种人格集合在他身上，因时期的不同而或隐或现。从 1925 年他参加《北平晨报》的诗刊到 1930 年任教于国立青岛大学，是他的诗人时期，这以后到 1944 年参加昆明西南联合大学的五四历史晚会，可以说是他的学者时期，再以后这两年多，是他的斗士时期。闻一多十五年的学术研究生涯相对于他四十七年的生命历程计，确实并不长，或者可以说是很短，而他所留下的研究成果，所跨越的研究领域，较之本世纪的许多著名学者，是毫不相让的，甚至更为超越、卓越的。闻一多是一代通才，是现代学术研究史上的一座高山。

从朱自清先生的论述中可以看出，国立青岛大学时期是闻一多先生一生中非常重要的转折点，它既是闻一多诗人生涯的结束，又是闻一多学术研究生涯的开始。那么如何评价闻一多在国立青岛大学时期的学术研究？闻一多先生在青岛进行了那些学术研究？对今后学术研究的影响如何？这是本文所要探讨的问题。

一、经过八年的学术起步，闻一多在青岛 完成了从诗人向学者的转变

1930 年国立青岛大学成立，著名文学家、教育家杨振声出任校长。他采用"兼容并包、民主办学"的方针，延聘大批名人学者来校任教，使国立青岛大学在短时期内，呈现出鼎盛的局面。闻一多先生被聘为文学院院长兼中国文学系主任，讲授《中国文学史》、《唐史》、《名著选读》和《英诗入门》等课程。

1930 年至 1932 年这两年的时间是闻一多一生中非常重要的时期。闻一多在青岛的这段时光，是他苦心孤诣地要"弄清我们这民族，这文化的病症"的"钻入故纸堆中"的时期。他说："我始终没有忘记除了我们的今天外，还有那两千年前的昨天"；他钻研古典，"不是当一个蠹鱼，而是一个杀蠹鱼的芸香"，这种"知古鉴今""古为今用"的严肃治学态度，对于奠定他的学术上辉煌成就的基础，无疑是很重要的。

为了探讨青岛两年在闻一多先生学术生涯中的意义，我们不妨寻求一下闻一多从诗人向学者转变的轨迹。闻一多从事学术研究，最早可以追溯到 1922 年。1922 年 2 月寒假，闻一多回湖北浠水老家完婚，在蜜月中完成了论文《律诗的研究》，

---

① 闻一多：《闻一多全集》第十二卷，湖北人民出版社 1993 年版，第 443—446 页。

3 月脱稿。有人认为此文"可能是五四运动以后，较早用新的方法，系统研究中国诗歌民族传统的长篇著作"。6 月，闻一多校订增广《律诗的研究》，作《义山诗目题要》；并研读李白、陆游，离开清华赴美留学。8 月，抵达美国芝加哥美术学院留学，并研读韩愈等人作品。此后至 1925 年归国，在学习美术同时，一直在进行诗歌理论、新诗创作的研究，亦未放弃对古典文学的爱好和研读。1926 年 5 月，发表《诗的格律》，从传统律诗与新诗的关系探讨新诗理论。6 月，发表《英译的李太白》。1927 年 7 月，发表学术论文《诗经的性欲观》，这是最早运用文化人类学来研究《诗经》。闻一多是《诗经》研究专家。此文是闻一多研究《诗经》的牛刀初试。1928 年 7 月，闻一多出任武汉大学文学院院长。8 月，发表散文《杜甫》传记，前半部分发表于《新月》第一卷第六号），为诗圣描绘了一幅肖像。1929 年 10 月，论文《庄子》发表在第二卷第九号。1930 年 4 月，发表《杜少陵先生年谱会笺》(在武汉大学《文哲季刊》第一卷第一期，至第四期载完)，这是他第一项公开发表的研究古典文学的成果。同时，进行杜甫研究的一系列工作。1930 年 9 月，任国立青岛大学教授兼文学院院长。

由此可以看出两个问题，一是从 1922 年至 1930 年，长达 8 年的时间，闻一多一直没有中断古典文学研究，且屡有成果发表；二是研究的重点是唐诗。这就为闻一多在青岛全面展开唐诗研究创造了条件；为闻一多完成从诗人向学者的转变奠定了基础。

1931 年暑假，闻一多将行将分娩的夫人高孝贞送回家乡后，回来以后就搬到学校的第八校舍（今一多楼），全面展开了酝酿已久的有关唐诗的研究工作。项目如下[①]：

传记方面有：《全唐诗人小传》；

疏证方面有：《唐诗笺证》、《唐诗教校读法举例》、《全唐诗辨证》、《全唐诗校勘记》；

表谱方面：《唐文学年表》、《唐诗人生卒考》(附进士登第年龄考)、《新旧唐书人名引得》、《初唐四杰合谱》等；

史料方面有：《唐诗大系》、《全唐诗补传》、《全唐诗续补》、《全唐诗汇补》；

札记方面有：《唐风楼捃录》、《璞堂杂记》、《唐诗要略》、《全唐诗汇补》。

其时有草拟的《拟思唐宝聚著目录》，包括：《唐代文学年表》、《唐两京城坊考续补》、《唐代遗书目录标注》、《唐代九种名著述论》、《唐代诗人补传》、《全唐诗校勘记》、《少陵先生年谱会笺》、《少陵先生交游考略》、《说杜丛钞》、《全唐诗续补》、《全唐诗人生卒年考》、《嘉州系年考证》、《嘉州交游事辑》、《唐文别裁集》等。

---

① 邓乔彬、赵晓岚：《学者闻一多》，学林出版社 2001 年版，第444页。

闻一多的中国古典文学研究,是从唐诗起步的。他为何选择唐诗开始研究呢?他在《律诗的研究》中早就指出过:"律诗在中国诗中做的最多,几乎占全体半数。他的发展最盛时是在唐朝——中国诗最发达的时代。他是中国诗底艺术最高水涨标。他是纯粹的中国艺术的代表。因为首首律诗里有个中国式的人格在。在闻一多看来,唐诗是中国诗的高峰,也是世界诗的高峰;反过来说,一个民族如果文化被淘汰,这个民族就灭亡了。"①

闻一多研究唐诗,首先从研究杜甫开始的。原因是"杜甫是诗中之圣"。在评论作家时,闻一多主张人格与诗才并重;而杜甫正是被他称为有"伟大的人格,伟大的天才。"在武汉大学时,闻一多就已经对杜诗下了一番功夫,到青岛以后便开始扩大研究计划。但在研究杜诗的方法上,他是从杜甫生活的时代背景开始入手的。"他说要理解杜诗,需要理解整个唐诗;要理解唐诗,需先了然于唐代诗人的生平。于是他开始草写唐代诗人列传,积稿不少,但未完成。"②(梁实秋《忆青大 念一多》)基于这种考虑,他首先撰写《全唐诗人小传》,这项艰巨的工作涉及306位与杜甫有交往的唐代诗人,有关他们的小传或原始素材被分门别类地誊写在四个大本子和五个小本子上。臧克家回忆说,这时候,他正在致力于唐诗,长方本子一个又一个,写得密密麻麻,看了叫人吃惊。关于杜甫的一个本子,连他的朋友也特别划列成了目录,题目:《杜甫交游录》。还有一个抄本,是唐诗摘句,至今还记得上面一个句子是"蝇鼻落灯花"。在这将近60万字的手稿中,闻一多还留有大量的朱笔批语。虽然由于闻一多英年早逝,没有来得及做得更多,但有这么多的材料做后盾,整个唐代诗歌和诗人世界在他的脑海中清晰起来,形成了一个有机的整体。有了这样高屋建瓴的认识,他后来写《唐诗杂论》,编《唐诗大系》才能那样游刃有余,屡有创见。对于闻一多的唐诗研究,尽管学术界有不同的看法,但谁也不能否认,闻一多用诗人的才气,用学者的严谨,用诗的语言,为唐诗研究构筑了一个宏大的格局。

唐诗是他持续时间最长、成果最为丰硕的学术领域。杜甫研究是闻一多唐诗研究的起点,也是他下力气最大,著述最多的一个诗人,先后著《杜甫》(传记)、《少陵先生年谱会笺》《少陵先生交游考》《说杜丛钞》等。"差不多杜甫每一首诗,他都给考定了著作的年月"(朱湘《闻一多与〈死水〉》)。闻一多在青岛时期研究杜甫公开发表的成果主要有《杜少陵年谱会笺》,分3次发表在武汉大学《文哲季刊》上,即1930年第1期、第3期和1931年第4期。

---

① 刘志权:《闻一多传》,团结出版社1999年版,第56页。
② 山东省政协文史资料委员会编:《悠悠岁月桃李情——山东大学九十年》,中国文史出版社1991年版,第82页。

在青岛，闻一多还将研究范围扩大到《诗经》和《楚辞》。闻一多在《诗经》研究方面，也充分显示出了自己的独创性，提出了新的研究方法，取得了丰硕的学术成果，全面提高了当时学术界《诗经》研究水平，为中国现代诗经学做出了奠基性的贡献。他认为中国文学研究往往空有丰美的内容，却缺少相得益彰的先进研究方法，决心要以全新的视野对这部分最为古老的汉字作品彻底加以梳理。他以诗的眼光研究《诗经》，以诗人的独特思维方式重新关注《诗经》。他的研究，没有再走腐儒们烦琐考证的老路，没有被那些古奥艰涩的文字所束缚——这些固然也是他所要解决的目标——而是第一个使用了全新的西洋近代社会科学的利器，他重新解剖了中国这一最古老的作品。

《诗经》研究，很快有了成果，这就是《匡斋尺牍》。通过《匡斋尺牍》里《芣苢》、《狼跋》、《兔罝》这些文章所诏示的崭新思想在当时尚不能被人们立即领略，但他的确为后人开辟了一个崭新的《诗经》研究通道。梁实秋在其《忆青大 念一多》一文中说："在《诗经》研究上，这是一个划时代的作品，他用现代的科学方法解释《诗经》。他自己从来没有夸述过他对《诗经》研究的贡献，但是作品具在，其价值是大家公认的——。"[1]此著本着要"真"不要"神圣"，了解"诗人"而非"圣人"之旨，论《芣苢》、《狼跋》、《兔罝》三诗，这是在训诂基础上的文学的研究；是对文学的文化学、社会学的研究，体现了闻一多《诗经》研究的独创性。《匡斋尺牍》发表于《学文月刊》1934年第一卷第1、3期，它标志着闻一多的研究由唐诗上溯至《诗经》，自此构成了他研究较为完备的格局，而且带有研究方法意义上的"宣言"性质，其重要性不容忽视。

《楚辞》是继《诗经》之后我国文学史、文化史上的一座丰碑。闻一多研究中国古典文学，以研究《楚辞》的影响最大，用力最多，成绩也最突出，研究方法更纯熟，可以说达到了当时的最高学术水准。在"五四"以后《楚辞》研究史上具有开拓性的地位。五四运动以后，研究《楚辞》的学者有王国维、梁启超、胡适、郭沫若、游国恩、陆侃如、刘永济、姜亮夫、刘盼遂、朱季海以及文字学家于省吾。闻一多承继前贤，独辟蹊径，成为当时成绩卓著的《楚辞》研究专家。闻一多"以研究《楚辞》的影响最大，用力最多，成绩也最突出，研究方法更纯熟，可以说达到了当时的最高学术水准。在'五四'以后的《楚辞》研究史上具有开拓性的地位。"[2]。闻一多研究《楚辞》始于1930年。他是受游国恩先生的影响开始研究楚辞的。在国立青岛大学，二人同属中国文学系，且同住一楼，常切磋《楚辞》，为

---

① 山东省政协文史资料委员会编：《悠悠岁月桃李情——山东大学九十年》，中国文史出版社1991年版，第85页。

② 王瑶：《中国文学研究现代化进程》，北京大学出版社1996年版，第468页。

他以后开展《楚辞》研究奠定了基础。1933 年闻一多在清华大学任教时，已开设《楚辞》课了。闻一多和游国恩在《楚辞》研究中，建立了深厚的友谊，一位是"可以说达到了当时的最高学术水准"，一位是"现代《楚辞》学的集大成者"[①]。

闻一多先生在青岛全面开展《唐诗》研究，兼及《诗经》和《楚辞》，其研究成果，或完成于青岛或开始于青岛。从《闻一多全集》所收集的文章来看，关于《唐诗》《诗经》和《楚辞》研究的文章，于 1933 至 1937 年多发表在《清华学报》《清华周刊》上。主要有：《嘉州交游事辑》（《清华周刊》（1933 年第 8 期文史专号）、《嘉州系年考证》（《清华学报》1933 年第 2 期）、《匡斋尺牍》（1934 年《学文》创刊号《苤苢篇》、第 3 期《狼跋篇》）、《天问·释天》（《清华学报》1934 年第 4 期）、《离骚解诂》（《清华学报》1936 年第 1 期）、《邶风》（《清华学报》1935 年第 3 期）、《召南》（《清华学报》1936 年第 1 期）、《诗经新译》（《清华学报》1937 年第 1 期）等等。从发表时间来看，大多集中在 1933 年至 1937 年之间。换言之，就是闻一多离开青岛，重新回清华园以后。我们知道，一篇高质量的学术论文的发表，没有充分的酝酿和准备时间是不可能的，且发表的文章很多是在青岛拟订的研究项目。

综上所述，闻一多从 1922 年至 1930 年间经过 8 年的学术起步阶段，在青岛全面展开了《唐诗》、《诗经》和《楚辞》研究，完成了从诗人向学者的转变过程，且对以后的学术研究奠定了基础。唐诗研究项目的制订是闻一多完成从诗人向学者转变的标志。

二、闻一多从诗人向学者转变的动因

（一）闻一多完成从诗人向学者转变的原因之一，是源于他所具备的多种潜质

闻一多生于世代耕读之家，先世业儒、祖父尤嗜书。闻一多六岁入塾，读《三字经》、《幼学琼林》、《尔雅》、《四书》等。七岁延师来家课读，学国文、历史、博物，修养等课，开始接触新思潮。十四岁考取清华学校后，每年暑假读书二月，名书庐为"二月庐"。喜读梁启超的文章，圈点《史记》、《汉书》，又喜读诗词。从小爱好美术，喜剪纸，武昌起义时，画过成套的革命故事。早年自传《闻多》云："好文学及美术，独拙于科学，亦未尝强求之——闲为古文辞，喜敷陈奇义，不屑于浅显。暇则歌啸或奏笛以为娱，多宫商之音。"[②] 可见，他原本具有多向

---

① 王瑶：《中国文学研究现代化进程》，北京大学出版社 1996 年版，第 454 页。
② 邓乔彬、赵晓岚：《学者闻一多》，学林出版社 2001 年版，第 3 页。

性的发展潜质。

闻一多17岁发表旧体诗,1920年将所作古文、诗词收为一集,名曰《古瓦集》。1922年,在清华学校九年,毕业后赴美国学习美术。他学的是美术,却志在文学。至以前,已出版了《红烛》《死水》两本诗集,从而奠定了他在中国诗歌界的地位。1927年,闻一多在在致饶孟侃的信中,以轻松幽默的笔调:"绘画本是我的元配夫人,海外归来,梭巡两载,发妻背世,诗升正室。我最近又置了一个妙龄的姬人——篆刻是也。"①

闻一多先生由一位诗人转而研究中国古代文学,并且取得了超出前人和同辈人的成就,决不是偶然的。费孝通说:"他自幼喜爱诗赋古文,具有坚实的国学基础,在研究中既继承了我国朴学注重物训考据的传统,又广泛吸收现代西方社会学说,如文艺学、语言学、历史学、考古学、社会学、民俗学、文化人类学、心理学等新理论和方法。"②

(二)闻一多完成从诗人向学者转变转变的根本原因是对祖国传统文化的挚爱

闻一多在评论郭沫若的《女神》时说:现在的新诗有的洋名词,"但是,我们中国在那里? 我们四千年的华胄在哪里? 哪里是我们的大江、黄河、昆仑、泰山、洞庭、西子? 又哪里是我们的《三百篇》、《楚辞》、李、杜、苏、陆? "又说:"《女神》底作者对于中国,只看见他的坏处,看不见他的好处。他并不是不爱中国,而他确实不爱中国的文化。我个人同《女神》底作者底态度不同之处是在:我爱中国固因他是我的祖国,而尤因他是有那种可敬爱的文化的国家;——爱祖国是情绪的事,爱文化是理智底事。"③闻一多先生写诗是表现爱国主义感情,转而研究古典文学,同样有一酬爱国夙愿之原因在。臧克家在《闻一多先生纪念碑文》中说:"先生爱国忧民,埋头学术研究,从唐诗入手,决心为颓废之中华民族,寻求一个起死回生之文化良方。"唐诗研究是闻一多从事学术研究起点。由于时代的更加动荡,他也更加敬爱着杜甫,连续出了3篇研杜作品。

(三)不能适应环境,是闻一多完成从诗人向学者转变的外在原因

闻一多将自己所从事的艺术研究——诗歌、绘画等,称为向外走,将从事学术研究称为向内走。闻一多在向外走的道路上,怀着艺术救国的满腔热忱,以诗和画投入开拓新艺术的事业中去,然而,时局的变化使他失望,北洋军阀的残暴

---

① 邓乔彬、赵晓岚:《学者闻一多》,学林出版社2001年版,第6页。

② 邓乔彬、赵晓岚:《学者闻一多》,学林出版社2001年版,第430页。

③ 邓乔彬、赵晓岚:《学者闻一多》,学林出版社2001年版,第5页。

统治，"三·一八"惨案，"四·一二"政变，国共两党斗争的复杂……这一切，煎熬着闻一多那颗忧国忧民的心。朱自清说："他爱的是一个理想完整的中国，也是一个理想的完美的中国。"现实让他失望："我来了，我喊一声，迸着血泪，'这不是我的中华，不对，不对！'"任教武汉大学时，受到学生攻击。这一切，似乎成为他不能适应环境的明证。1933 年，他在致饶孟侃的信中，谈到自己思想上的苦闷："总括的讲，我最近最痛苦的是发现了自己的缺陷，一种最根本的缺憾——不能适应环境。因为这样，向外发展的路既走不通，我就不能不转向内走。"①

（四）对新诗创作状态不满，是闻一多完成从诗人向学者转变的直接原因

1930 年冬天，任教于国立青岛大学不久的闻一多，写下了他诗歌压卷之作《奇迹》。这是继《红烛》、《死水》两个诗集外的一篇浪漫主义色彩浓厚的力作。他的诗友们都说这首诗是他"三年不鸣，一鸣惊人"之作，是"《奇迹》中的奇迹"。从此，闻一多把精力，全部用在学术研究上。为什么闻先生再没有创作新诗？闻一多的学生臧克家分析说：一是闻一多在中国诗歌界崇高的地位已经奠定，由于成就已高，所以对自己要求很严，不肯轻易动笔。二是社会偏见，扼杀了他诗兴。"新月派"是中国诗歌界一个非常重要的流派，但社会上很多人对此有不同的看法。当臧克家劝他继续写诗时，闻一多不无牢骚地说："还写什么诗？'新月派'给你把帽子一戴，什么也就不值一看了。""一多先生诗的绝产，最重要的最基本的，还是应归到他的生活上去。""诗是离不开生活的，在生活萎缩的时候，诗也萎缩了。"臧克家说："一多对于《新月》月刊的态度和徐志摩的生活态度，始终是：严肃，认真，刻苦，努力去追求的。但是，当个人生活不能和时代沟通，不能和大多数人连接的时候，思想便成了没有血肉的东西，热情也落空了。""在动荡的大时代里，一多先生把自己关在书斋里；在整个中国急剧蜕变的时候，一多先生唱着：'秩序不在我的范围以内'（见《死水》《闻一多先生的书桌》)，虽然一多先生要的不是'咫尺之内的和平'，到底四堵墙壁把他和世界隔绝了。因而，在他的思想失掉具体内容的时候，他的人也成了找不到出口的火山，因而，他也没有诗了"。②

---

①　闻一多：《闻一多全集》，第十二卷湖北人民出版社1993年版，第265页。

②　山东省政协文史资料委员会编：《悠悠岁月桃李情——山东大学九十年》，中国文史出版社1991年版，第91页。

三、在从诗人向学者的转变过程中，
闻一多确定了"求真""求美""求善"的研究原则

求真、求美、求善，三者合一，贯穿于闻一多古典文学研究的始终，是闻一多毕生的追求。闻一多完成从诗人向学者的转变过程，也是他求真、求美、求善原则的确立过程。我们以闻一多创作于青岛的《匡斋尺牍》为例。闻一多在《匡斋尺牍》中深刻指出：

> 在今天要看到《诗经》的真面目，是颇不容易的，尤其那圣人或"圣人们"赐给它的点化，最是我们的障碍。当儒家道统面前的香火正盛时，自然《诗经》的面目正因其不是真的，才更庄严，更神圣。但在今天，我们要的恐怕是真，不是神圣。——读诗时，我们要了解的是诗人，不是圣人。①

这段引文是说，是闻一多宣告自己的研究目的，是要将"圣人""点化"而成的"经"，还原为诗人所作之"诗"。因为《诗经》被历代经生儒士阐释得走了样，求真的实质是文化还原，闻一多所倡与所行，都是这样做的。他说："我一壁想多多恢复诗经中的诗，使它名实相副，一壁又常常担心把诗经解得又太像我们的诗了。"② 闻一多自己对《诗经》所作的字义训诂，就体现出文化还原的精神。闻一多先生的《楚辞》研究，同样是以求真为要旨。他认为《楚辞》等较古的文学作品难读是三种原因造成的，即时代背景与作者个人意识形态难于了解，易使读者陷入多歧亡羊的苦境，以及传本的讹误。针对这三点，他在研究《楚辞》时，立下了三项课题：说明背景，诠释词义，校正文字。

同样，闻一多在《诗经》研究中，"如果与那求善的古人相对照，你便说我这希求用'《诗经》时代'的眼光读《诗经》，其用'诗'的眼光读《诗经》，是求真求美，亦无不可"③。这就明确无误地表示，自己要用"《诗经》时代"的眼光读《诗经》，以求其"真"；用"诗"的眼光读《诗经》，以求其"美"。求真、求美，是闻一多古典文学研究一以贯之的原则，既是目标追求，又是方法准则。闻一多说"求得真（科学精神），自与善合。"看来，求善是求真的必然结果。

闻一多先生确立的求真、求美、求善的研究原则、方法。初成于从诗人向学者转变的青岛时期，但在不同的历史时期，又有所侧重。闻一多的一生分成诗人、

---

① 闻一多：《闻一多全集》第三卷，湖北人民出版社1993年版，第199页。
② 闻一多：《卷耳》，载天津《大公报》"文艺"副刊第9期。
③ 闻一多：《闻一多全集》第三卷，湖北人民出版社1993年版，第214—215页。

学者、斗士三个时期，这三个阶段的人生追求又分别侧重于真、善、美。综观闻一多学术研究的轨迹，也可以看出这样的特点：与他的人生追求和角色转换相对应，他的学术研究也有前期偏于美、中期偏于真，后期偏于善的特点。

2015 年 4 月 30 日改定

作者简介：杨洪勋（1964—），男，山东莱州人，中国海洋大学副研究馆员，致力于中国海洋大学校史和青岛文化研究，出版有专著《闻一多：从诗人到学者》、《文学家与海大园》和《文化名人的青岛时光》，发表研究文章近 200 篇。

论闻一多《唐诗大系》的书籍史意义

张　佳

（青岛大学　文学院，山东　青岛，266071）

摘要：《唐诗大系》是闻一多先生编选的一部重要的唐诗选本，是他在系统研究《全唐诗》的方方面面并进而遴选出来的侧重艺术成就的一本专书。本文从它的成书背景、选诗偏向及学术史影响诸层面予以综合考察，并探讨其史料来源、注本得失等等，揭示其书籍史意义。

关键词：闻一多　唐诗大系　书籍史

闻一多（1899—1946），湖北浠水人，近代著名学者与爱国人士、文学史研究专家，青岛文化名人之一。1928 年任国立武汉大学首任文学院院长，到 1930 年 8 月应杨振声校长之聘转任国立青岛大学文学院院长兼国文系主任，直到 1932 年夏秋之季离开青岛受聘任清华大学中文系教授，辗转南北，治学不辍，一生"在故纸堆中讨生活"。据闻黎明、侯菊坤编著的《闻一多年谱长编》（湖北人民出版社，1994）一书统计，从 1928 年到 1932 年这五年间，闻一多在这两所大学开展了系统的唐代文学研究（甚至转到了先唐），出现了一系列"窄而深"的成果，尤其是他到青岛工作后全面铺开了对整个唐诗的研究工作，开始撰写《全唐诗人小传》《全唐诗校勘记》等，还编写《唐文学年表》、选编《唐诗大系》等等，取得了十分丰硕而厚重的成绩。本文以闻一多《唐诗大系》为着眼点，来具体分析这个选本产生的时代背景、选诗偏向及其学术史影响。

一、成书背景

闻一多《唐诗大系》收入《闻·多全集》的辛集，开明书店 1948 年出版，古籍出版社 1956 年抽出单行本刊印。后来改名出书，《闻一多选唐诗》，张志浩等注释，岳麓书社 1986 年 11 月版；《闻一多选唐诗一千首》，东方出版社 1995 年版；《唐诗大系》，海南国际新闻出版中心 1997 年版。此后就很少见到单行本与研究专书了，在中国知网上对《唐诗大系》的研究也是屈指可数。

闻一多的《唐诗大系》是在特定的时代背景中生成的，有着当时时代的明显痕迹。很显然，它是为了教学需要，综合自己在唐诗研究领域的考证成果如《唐文学年表》、《唐诗人生卒年考》、《全唐诗人小传》、《全唐诗辨》等集结在一起的一个别具特色的唐诗选本。它的成书，伴随着闻一多多年来的唐诗研究的宏观思路，从他在1930年前后在武汉大学《文哲季刊》上连载刊发杜甫年谱考证的文章开始，随后的许多年间或者在课堂上或者在研究室里孜孜不倦地爬梳各种唐诗文献，想要做一个不一样的选本出来，以显示他自己诗人的天分和明敏。一直到闻一多移砚青岛大学（1930—1932），改辙清华大学，甚至流离到西南边陲的西南联大，在昆明仍在讲唐诗，编唐诗（即《唐诗大系》），在炮火轰隆中都没有让他停下手中的工作，竭力从清人御编的《全唐诗》中找到有用的文本材料[1]。据在西南联大中文系毕业后留校任过助教的詹锳回忆说"当年在西南联大时自己曾抱着闻一多先生的《唐诗大系》手稿跑过警报"[2]。其情其景，可以想见其一斑。

二、选本偏向

所谓"选本偏向"就是选编者在选诗方面的一种综合考量，在选本中蕴含着作者的喜好与批评眼光。1933年，鲁迅先生在《集外集·选本》一文中说："选者可以借古人的文章，寓自己的意见"，"如此则读者虽读古人书，却得了选者之意，意见也就逐渐和选者接近，终于就范了"。由此可见，一部选本往往能见出选编者的心意和偏向。放到闻一多的《唐诗大系》上来看，这部选本在选诗尺度和标准上就很是严格，这具体体现在以下几个方面：

唐人的诗史观及今人的吸纳与借鉴问题。在这一点上，闻一多有着慎重的考虑，什么是唐人的诗史观，什么是今人的进化的诗史观，闻一多在他的文章《文学史的历史动向》中有所阐述。他努力要做的是对唐诗和唐史的打通与合观，从而给诗史互证留下一定的空间，努力让读者从唐人的诗中看出史的影子、心灵的影子。

以艺术标准取胜，压倒对诗歌的政治性解读。闻一多的新诗曾被卞之琳等人称为"技巧专家"，尽管闻氏自己不乐意，但这也从反方面告诉我们，在闻一多的诗学观念里，艺术标准是排在第一位的，他自己也说"没有艺术就不能叫诗。"在闻一多的那个时代，"为人生而艺术"与"为艺术而艺术"是取径完全不同的，闻

① 详见陶敏《闻一多唐诗文献研究的学术史批评》（载《云梦学刊》2008年第2期）："真正认识到《全唐诗》的缺陷并着手对它进行全面整理和研究的，闻一多先生是第一人。"

② 陈海儒：《"跑警报"背景下的西南联大教授》，《重庆交通大学学报》2007年第4期。

一多走的是后者的路线，他要通过唐诗选本来体现和映射唐诗艺术自身的发展变化过程。

古诗与新诗的对照、互参问题。我们说闻一多是一个通人，主要侧重于说明他的创作不分今古，新旧皆擅，还更在于借古人创作的历史经验来给当时的新诗写作铺路、做旗、提供养分、指引方向。也就是人们常说的"吹进了一股新鲜的风和空气。"

从这几个方面，我们可以看到《唐诗大系》的选本特色。

首先，该选本选诗人263家，诗作1393首，作家作品编次顺序不以时间来分（即四唐分段法），不以体裁分，而是以闻一多自己对唐人生卒年考证的具体研究成果为依据，既有时间序列上的唐人先后顺序，也有唐人当时交际圈子的集中亮相。这个选本对213位作家考订生卒年，给后人研究提供了许多参考。如朱自清先生在《中国学术界的大损失——悼闻一多先生》一文中说道："他注重诗人的年代和诗的年代"，"他曾将唐代一部分诗人生卒年可考者制成一幅幅图表，谁看了都会一目了然。"① 很明显的是，闻一多的这个唐诗选本对唐代诗人交游圈子与历史舞台的变更、场景转换、人物登场与退场都有一些良好的揭示。

其次，有意凸显唐人抒情诗的比重与偏向，关涉当时的时代丕变、诗风嬗变与审美风尚的转移情况。闻一多在多年的新创作中总结过一个经验，"诗该有音乐的美，绘画的美，建筑的美"，其实还应该笼统地加上一个"抒情的美"。通观《唐诗大系》的选诗偏好，可以见出闻一多鲜明的选学主张，那就是对唐代的抒情诗与叙事诗的喜好出现了很大的差别。②

再次，有意突出作品的艺术标准与艺术倾向性，在艺术第一还是思想政治第一的拉锯战中，优先考虑前者。闻一多一贯以来凭借他"诗人的天分和明敏"，立足于唐诗的艺术成就来评选诗作，选杜甫诗99首，王维诗50首，李白诗49首，三者选诗最多。其次就是选白居易诗34首，李商隐诗24首，然后是陈子昂16首，王昌龄17首，韩愈22首，刘禹锡22首，曹唐22首。这样的数据分布有一定的合理性，能见出唐人诗歌创作艺术水准的线性差异，也能看到闻一多尽量在尊重事实的前提下别出新意，给二三流的诗人以亮相和展示的机会，肯定二三流作家的艺术才华，如晚唐诗人曹唐的作品，大小《游仙诗》的大量流传即是一个明显例子。至于为什么选王维诗的数量超过了李白，我们从闻一多的《唐诗杂论》中

---

① 《闻一多纪念文集》，三联书店1980年版，第220页。

② 杨景龙《闻一多与中国古典诗学》（《河北学刊》2014年第4期）："闻一多的新格律诗创作和理论倡导、对诗艺和诗美的经营与追求，诗歌中的爱国情感和悲悯情怀，都直接承传了中国古典诗学。"

也可以看到答案，他自己就说："王维为中国诗定下了地道的中国诗的传统"①，而李白则是"专仗着灵感作诗的诗人，粗率的作品是少不了的"②。也正因为闻一多选诗取的是艺术上的独创性，他才顺理成章地让杜甫坐了头一把交椅。

最后，考据批评占主体。闻一多先生在他的《楚辞校补·引言》一书中提到了他想做的三项课题："说明背景、诠释词义、校正文字"，这是以科学方法和实证主义立场整理研究古籍的一个宏伟蓝图，他毕其功于一役，一直在这么做，并运用到唐诗选本研究中来了③。这部唐诗选本也正是按照这些设想来编选的，尤其重在校勘考证方法，对诗人生活的时代及其社会关系进行比证、对文本异同加以勘正、对附属材料有选择地加以引录，重在笺而不在注，重在考而不在究。

三、学术史影响及其比较问题

唐诗是闻一多先生研究古典文学的起点，甚至是半个终点，直到死前都在整理唐代文献。他有写一部贯通的《唐诗史》和《中国文学史稿》的想法，并为之做了大量的准备工作。闻一多的学问，集中表现在他对古典文献所做的具体而微的考订工作④。叶兆言有一篇文章《"鱼雷"闻一多》还专门谈到：郭沫若对闻一多先生有个很新奇的比喻，说他虽然在古典文献里游泳，但不是作为一条鱼，而是作为一枚鱼雷，目的是批判"古代"，钻进"古代"的肚子，将"古代，炸个稀巴烂。"从一开始他就把唐朝的诗看作"诗的唐朝"，寄予了诗人满腔的研究热情，我们从闻一多的唐研究中可以一以贯之地看出这一点。

《唐诗大系》的选诗虽然仍把杜甫作为重头戏，但它似乎也在透露出一个信息，那就是它有意在模仿宋人王安石的《唐百家诗选》、《四家诗选》的做法，积极关注那些二三流诗人拿得出手的诗歌作品，给他们露脸的机会，展示的舞台，诗艺的较量。这种"偏艺术"的眼光是值得称道的，也是难能可贵的。即便后来声名大噪的钱钟书《宋诗选注》一书，也大致是这个路子，没走出这个传统。

《唐诗大系》的考证是实证主义的，是总体上经得起推敲的，特别是在共时平

① 郑临川整理：《闻一多说唐诗》，《唐诗杂论》，中华书局2009年版，第278页。
② 闻一多：《英译李太白诗》，《唐诗杂论》，中华书局2009年版，第145页。
③ 尤丽洵：《论闻一多的唐诗研究》，东北师范大学硕士论文，2008年。该论文指出，"闻一多的唐诗文献研究，先从考证史料、校正文字、诠释词义等最基础的工作做起，继承了清代朴学严谨求实的科学精神。他对于《全唐诗》的考据具有开创意义，做到了考据翔实，校勘严谨。同时，在考证唐代诗人生平事迹时，采用了'以诗证事'的方法，做到了以事为经，以诗为纬，为唐诗文献学研究做出了极大的贡献。"
④ 杨天宝：《闻一多与古典文献研究》，广西师范大学硕士论文，2000年。

面上对唐代诗人交游圈子的大致圈定，至今仍有其现实意义。它的朴素的考证方法，历来主张"将批评建立在考据的基础之上"①，在方法论意义上广泛地为友人朱自清所接受，并且深刻地影响了程千帆、沈祖芬夫妇的治诗方法，一直贯彻到今天整个南京大学中文系古典文学学科的学术套路，一直在潜移默化地发生作用。

《唐诗大系》从一个侧面向我们展示了大唐生活的光面与魅影，展示了唐人历历在目的创作才华与成就。但它之所以不那么为人所知，为众人所称道，是因为它毕竟是那个旧时代的特殊产物，藏有一些磨灭不尽的"劣迹"，即现在我们所谓的"草就"与"未定稿"的问题。它的成就在这里，局限也在这里，它终究是一部半成品，一部没有完成的书，随着闻一多生命的突然终结（不足五十岁就被国民党特务暗杀于1946年7月11日）而被动地画上了句号，以至于书稿的前后详略结构不统一，前后格局失衡，对晚唐作家作品的选编与考证略显不够劲道，不够得力，注文也相对较少，偏向失当，已被越来越多的人注意到了。另外，最为人诟病的是文献材料可商榷的余地太多，尤其在对某一些唐人生卒年考证问题上还有不少漏洞，不少史料缺陷，而且大多未出注原始材料，对碑刻与墓志文献更是引用得少，后来傅璇琮《唐代诗人丛考》一书对此多有辨证，多所发覆。例如闻一多《唐诗大系》在唐人生卒年考证方面的疏忽，对王翰的生卒年没有给出依据，对韦应物的生卒年考证结果没有被后人采纳，傅璇琮与孙望、陶敏等人后来居上，以新的可靠材料弥补了这一缺陷，可以说是闻先生身后功臣。

作者简介：张佳（1984—），男，湖北仙桃人，青岛大学文学院教师，文献学博士，主要研究方向为文学文献学。

---

① 董乃斌《唐诗研究的鉴赏学派与闻一多的贡献》（《中州学刊》2000年第2期）认为：纵览唐诗研究史，大致有基于不同研究方向的三大学派：考据学派、鉴赏学派、历史学派。三者既有区别，又有联系。闻一多先生学养深厚，融汇三者，是唐诗研究鉴赏学派在现代的杰出代表。其鉴赏研究有五大特点：第一，深入诗人内心世界，常用"现身说法"；第二，具有强烈深沉的历史感，每取高屋建瓴之势；第三，突出美感分析，致力于从感性体验到理性认识的转化；第四，用诗化的语言说诗，充分表现诗人本色；第五，论析指向哲理的升华和规律的总结，达到诗歌鉴赏的理想境界。因此其许多观点极具启发性和挑战性。闻一多的成就使鉴赏学派超越古典阶段而获得现代性，使之完全可以与世界同行对话，影响十分深远。

闻一多研究在韩国

魏韶华　韩相德

一、引言

　　闻一多是中国现代诗坛上现代诗的开拓者、学者、爱国主义者，被称为现代诗圣。他提出了现代诗的新格律理论、开辟了与古典诗相异的新世界；他将战乱中民众的痛苦视为自己的痛苦，把对黑暗社会的愤怒通过诗吐露出来，忧国忧民的杜甫的诗风和闻一多的诗风有着相似性。

　　闻一多在韩国也有十分重要的影响。韩国的闻一多研究，比起别的中国现代作家来，数量并不是很多，但也非常值得重视。本文即重点向中国学界介绍韩国的闻一多研究。韩国有关闻一多研究的成果如下表。

分类	作者	题目
学位论文	朴仲雨	闻一多诗研究
	辛政姬	闻一多散文选
	陈美子	闻一多诗研究
	郭今淑	闻一多的《死水》研究
	李熙贤	新月诗派研究
	俞景朝	闻一多的诗论和作品研究
	权惠庆	新月派和其新诗考
	金妍一	新月派诗研究
韩国国内学术期刊	金永文	闻一多新诗的现代性研究
	俞景朝	闻一多新格律诗的艺术形式
	李廷吉	从修辞学的侧面看
	金龙云	闻一多的有关徐志摩的人间化二重构造
	许世旭	闻一多诗的单纯信仰论
	姜忠姬	闻一多早期诗歌言语环境的在照明
	李廷吉	从修辞学的侧面看闻一多的诗《死水》
	姜忠姬	闻一多《红烛》的在照明
	俞景朝	闻一多的爱国诗
	郑雨光	新月的自我形式
	赵得昌	中国现当代诗歌研究在韩国

分类	作者	题目
	郑雨光	追悼论文：关于记忆的小考——以 1940 年以前中国现代诗为中心
单行本	白祯喜	中国诗的理解和鉴赏
	柳晟俊	中国现代诗和诗人
	许世旭	中国现代诗研究
	赵聪 著 朴在渊 译	中国现代作家论，1
	柳晟俊	中国现当代诗歌论
	宝库社编辑部	(解放期)韩国文艺批评资料集，25
	金时俊 徐敬浩合编	韩国 中国学 研究目录： 历史，哲学，语文学（1945—1999）
	彦火 外 朴在渊 译	现代中国作家评传
	李平 著 尹荣根 外译	新千年的中国现代文学
其他资料	洪允姬	闻一多《伏羲考》的话行和抗战期神话谈论的民族表象

资料显示，韩国至今关于闻一多的学位论文共有 12 篇，其中博士学位论文虽有 3 篇，但因其中一篇是中文学位，不在本文的分析对象之内；硕士学位论文共有 8 篇，发表在各种学术期刊的论文有 15 篇，著作有 9 部。本文拟对《红烛》和《死水》、闻一多诗的形式和内容、新月派与闻一多及闻一多散文和学术论文的研究情况进行考察。

二、闻一多诗歌的研究

对闻一多诗的研究可分为三个部分。第一，对闻一多代表诗集《红烛》和《死水》研究；第二，闻一多诗的形式和内容研究；第三，新月派与闻一多研究。

（一）《红烛》和《死水》研究

有关作品研究共有 7 篇论文，对此进行分类如下：对闻一多诗的整体性考察方面的有 4 篇，关于《红烛》有 1 篇，关于《死水》有 2 篇。从内容方面看，可以分为《红烛》研究、《死水》研究和《红烛》与《死水》比较研究三部分。

《红烛》研究

闻一多的新诗在题材和内容上相当丰富多样。在对 1923 年发表的闻一多的第一本诗集《红烛》103 首的分析中，李相德将其内容分为九类，[①] 如下：

1. 将对祖国的感情寄托在外部意象进行描写：《太阳吟》《忆菊》
2. 对黑暗封建统治的暴露与愤怒：《西岸》《雪》
3. 歌颂真诚、热烈爱情：《红豆》《国手》
4. 描写艺术抱负的：《艺术的忠臣》《黄昏》《李白之死》《剑匣》
5. 描写生机勃勃的自然的：《春之首章》《春之末章》《色彩》
6. 在生活中展开哲学思考的：《玄思》《钟声》
7. 抒发在美国留学时感受到的对资本主义社会的矛盾感情的：《孤雁》《我是一个流囚》
8. 描写军阀战争和随之出现悲惨状况的：《初夏一夜之印象》
9. 描写劳动者生活的：《印象》

李相德认为："这样的分析虽然不是针对 103 首全部的分类，但看做是可以估计出整体的分类，通过这样的分类把《红烛》创作成多样的题材和试验的手法。"[②] 其中对《红烛》《孤雁篇》《太阳吟》《忆菊》进行了仔细的分析。

俞景朝对《红烛》中的《艺术的忠臣》《西岸》《红烛》《火柴》《太阳吟》《忆菊》《烂果》《孤雁》《美与爱》《幻中之邂逅》《贡臣》《游戏之祸》《红豆》《色彩》等作品的特色进行了考察，并且对作品表现的意义进行了这样的概括：

> 在他的诗集《红烛》整体上看，歌颂了人生和爱情、生命和死亡的诗篇比表现了爱国情绪的作品更多，这是事实。歌颂这种主题的作品在西欧诗里是常见的，他表现着唯美主义和浪漫主义的情趣。但是评论者门忽视了他的这种唯美主义和浪漫主义作品，主要对孤雁篇里出现的爱国诗篇作为讨论对象。他自己也对这充满了感伤情调的作品感到不满，所以比起第二个诗集《死水》，对诗集《红烛》的评价是非常低的。[③]

姜忠姬则以《红烛》与基督教的关联性为中心，从《红烛》的时代背景、《红烛》的宗教背景、部分新诗的语言形式再审查、《红烛》的再审查四个方面，重新探讨了《红烛》的语言环境和语言形式及内容。他说：

---

① 李相德：《闻一多诗论研究》，首尔大学校大学院中语中文学科硕士学位论文，1991年，第96页。

② 李相德：《闻一多诗论研究》，首尔大学校大学院中语中文学科硕士学位论文，1991年，第96页。

③ 俞景朝：《闻一多的诗论和作品研究》，延世大学校大学院中语中文学科博士学位论文，1992年，第25—126页。

　　闻氏的第一个诗集《红烛》的思想或语言形式，可以评价为是一个反映了五四时期的精神和基督教文化、环境的作品。特别是已介绍过的诗集《红烛》中的《雪》、《时间的教训》、《睡者》、《花儿开过了》、《十一年一月二日作》、《深夜的泪》、《诗人》、《死》、《忏悔》、《志愿》等都使用着丰富的基督教用语，并没有受到形式上的阻碍，并且展现出用自己的信仰祈祷救国的形象……可以说是诗《红烛》的纲领的序诗《红烛》，让我们想到了钉在十字架上的基督，可以联想到虽然不是罪人，但肩负着世上所有的罪名，用滴滴红血清洗着这个世界，用生命的光芒照耀着大地的景象，这就象征着《红烛》的精神。所以说闻氏运用了自己曾主张过的诗的重要因素"幻想"，觉得也不为过。[①]

《死水》研究

　　在闻一多的诗歌中，《死水》较好地体现了他的诗歌理论。与此相关的论文有4篇，主要讨论了《死水》的内容构成和修辞问题。

　　关于《死水》内容构成的研究。俞景朝(1992)以中国学界的见解为基础，将《死水》分为爱情的歌咏、死亡的悲哀、对祖国的爱、对自己改变不了祖国不幸命运的讽刺等四类进行了介绍。郭今淑将《死水》的内容从变革时期的知识分子形象、人民群众和祖国两个方面，分别考察了6篇和8篇作品。李相德则细分为5种进行了分析：[②]

　　1. 继承了《红烛》爱国主义思想的：《洗衣歌》、《一个观念》、《发现》、《诗祈祷》、《一句话》

　　2. 锐利地批判了祖国现实的：《死水》

　　3. 描写了因战争成了废墟村庄的：《荒村》

　　4. 描写了严重的贫困反差的：《春光》

　　5. 描写了劳动人民苦难的：《罪过》、《飞毛腿》

　　这样的分类在《红烛》中也曾有过，李相德的这种分析在理解两本诗集的内容构成上，是相当有用的。

　　关于《死水》修辞学的研究。李延吉对闻一多诗的语言学和修辞学特点做了分析，并且仔细地分析了修辞为了语言有效果的传达，在诗中起着怎样的作用。

---

　　① 姜忠姬：《闻一多早期诗歌言语环境的再照明》，《中国语文论丛》2001年第21卷，第218—219页。

　　② 李相德：《闻一多诗论研究》，首尔大学校大学院中语中文学科硕士学位论文，1991年，第108页。

他认为，古代的中国诗虽然要严守格律，其实也不过是往别人做的格式上生搬硬套，但闻一多的诗在自己创造格式这一点上有重大的意义。在另一个侧面上看，也可以说是西欧诗的导入，但把他视为传统与反传统的冲突引起的辩证法的结果才为妥当。就如这个时代的知识分子一样，他是一个改良主义者，换句话说他促进了胡适的白话诗。在修辞学的侧面他的诗比其他诗人有着特殊的一点，这随着闻一多主张格律表现得极为突出，说明语言不简练是不可以的。在他的诗中可以看出选词与众不同，词汇的罗列方式也是不同的。所以说在诗的修辞学方面，闻一多是遥遥领先者。①

《红烛》与《死水》比较研究

关于闻一多诗歌主题研究的论文有 2 篇。徐镜普从主题、情调的变化两个方面，对《红烛》与《死水》内容上的差异进行了比较，列出了如下的表格②。

诗集　　　　主题	红烛	死水
人生烦恼	18	6
暗淡的现实	6	6
死亡	2	4
爱情	14	4
自然	10	1
爱国和乡愁	4	7
快乐和艺术	6	
其他	2	

他指出，《红烛》的主题以人生烦恼和爱情为主，而《死水》中对祖国和现实的情感占有很大的比例。可以说主题的变化就是思想的变化，在异国他乡的生活和回国之后看到的祖国的现实、战争等，使闻一多走出了"为艺术而艺术"的城堡，其创作从表现个人感情而走向更多地表现社会责任和现实立场。因此，《红烛》中唯美主义的主导思想，在《死水》中变成了现实主义倾向。③

此外，徐镜普对两部诗集整体上的不同点也通过列表④的方式进行了比较。

① 李廷吉：《在修辞学方面看闻一多的诗〈死水〉》,《中国学论丛》1996年第5卷，第151—152页。
② 徐镜普：《闻一多诗研究》, 岭南大学校大学院中语中文学科硕士学位论文, 1987年，第62页。
③ 徐镜普：《闻一多诗研究》, 岭南大学校大学院中语中文学科硕士学位论文, 1987年，第63页。
④ 徐镜普：《闻一多诗研究》, 岭南大学校大学院中语中文学科硕士学位论文, 1987年，第64页。

区分　　　诗集	红烛	死水
主题	个人的	社会的
形式	自由诗	格律诗
文艺思潮	唯美主义	写实主义
情操印象	肯定的	否定的
难解性	易懂	难解

朴仲雨则将闻一多两部诗集中出现的主题分为爱国主义、爱情两大类。又将爱国主义分为描写乡愁、描写华侨生活疾苦、表现对中国现实的悲愤三类；将爱情分为对妻子的爱和对女儿的爱两类，分别进行了细致的分析。①

这样的主题分析，有明显的局限，从多视角做出进一步的深入研究是很有必要的。

（二）闻一多诗的形式和内容研究

关于闻一多诗形式和内容的文章一共有九篇，其中，有关诗歌形式的有两篇，其他涉及诗歌内容研究的七篇又可分成五类。

闻一多诗的形式研究

关于闻一多诗歌形式研究的文章有两篇。姜忠姬在《闻一多中期诗歌言语形式小考：以建筑形式美和中译圣经为中心》一文中，对《圣经》文学中译本对偶式语言形式美与受到基督教精神世界影响的闻一多早、中期诗歌的语言形式进行了比较研究，同时也考察了他中期诗歌的建筑形式美。姜忠姬指出在闻一多中期诗歌中建筑形式美的代表诗歌比较多，特别是在"三美"中以"对偶式"为基础的形式美表现为"建筑美"，其中重点将"宽对"形式与其他形式进行细分说明。下面是他对"对偶法"和中译圣经关系的见解。

"对偶法"语言形式可分为两种：一种是音节数和音节的词类，甚至连名称也具有严格的对偶形式，表现出人为的建筑美；还有一种是以双音节为中心调节音节数，表现为比较自由的诗的形态或是散文形式，具备让人感到自然、有生动感的韵律，这种语言形式可以看作闻一多所谈到的诗歌"建筑美"的组成要素。特别在翻译成中文的《圣经》的诗篇、箴言中，可以看出大部分都是以这种"宽对"型的"对偶式形式美"为中心的。说明"五四"以后有了变化的汉语及诗歌的语言结构与《圣经》语言和《圣经》语言形式是有着不可分的关系的。②

---

① 朴仲雨：《闻一多诗研究》，忠南大学校大学院中语中文学科硕士学位论文，2009年。

② 姜忠姬：《闻一多中期诗歌言语形式小考》，《中国语文论丛》2004年第27卷，第625—626页。

俞景朝将闻一多新格律诗的艺术形式在理论和作品两个侧面做了考察,在他的论旨中值得关注的一点是,对闻一多诗的"绘画美"的论述。

闻一多在诗中追求"三种美",被称为"格律诗派"。如果将闻一多诗的主要艺术特点定位于很强的格律性,这作为整个作品的评价有些不妥。以《红烛》和《死水》为例,《红烛》中的 103 首诗与他所说的音乐美的节奏、建筑的美以及节的平衡和句的均齐等形式上的美几乎没有关联。大部分的诗篇表现出明显的自由诗倾向。只有《死水》中的 20 多篇诗歌才体现了他所说的诗中的音乐美和建筑美。但绘画美又是另一个问题。从《红烛》到《死水》的全部诗篇来看,绘画美是一贯的重要特点,并且表现出了他的个人风格。这也许与他留学美国时在大学学过绘画有密切的关系。[①] 俞景朝的这一分析,洞察到闻一多诗歌的一个全新的层面,很有特点。

闻一多诗的内容研究

1. 爱情诗的悲剧性

郑圣恩通过"中、西爱情的形象和诗的意境、象征色彩和美丽的节奏"[②],以新月派诗人徐志摩、闻一多、朱湘、林徽因为中心,考察了他们的人生和爱情诗创作的关系。同时,通过他们挑战中国传统价值观和禁忌而创作出的诗,分析了新月派爱情诗的悲剧特征和叙事意义。

在对四位诗人的研究中,与闻一多有关系的部分,主要集中在他的《红豆篇》、《国手》、《收回》、《你指着太阳起誓》、《你莫怨我》等爱情诗。郑圣恩探讨了闻一多前期与中期的爱情诗的不同点和诗人对爱情的失望、悲伤及悲剧情绪。他对新月派爱情诗表现出的悲剧因素作了如下分析。

新月派的爱情诗,将当时父母选择配偶的旧式婚姻和以自己个性和灵魂选择爱情的诗人们社会的、精神的彷徨和痛苦无一疏漏地表现了出来。他们通过留学英美的经验将中国传统文化中比较生疏的西欧个人自由主义认同于爱情的追求。徐志摩诗的热烈和对政事的强调;闻一多对爱情的忠诚与专一;朱湘爱情诗的热情和他的自杀;林徽因通过隐或显的方式所表现的内在凄凉感,都是典型的新月派爱情诗与外部观点冲突所造成的悲剧因素的表现。[③]

但悲剧的定义和意义在文学作品中一向是模糊的,所以在作品欣赏与分析中,研究者的主观解释发挥着很大的作用。郑圣恩的这种分析,虽然不乏创新的尝试,但他所说的"悲剧的典型"到底有多大说服力,读者未必能够认可。特别是他提

---

① 俞景朝:《闻一多新格律诗的艺术的形式》,《中国语文学论集》,1997年,第590—591页。

② 郑圣恩:《新月派爱情诗的悲剧性研究》,《中国语文论丛》2009年第43卷,第543页。

③ 郑圣恩:《新月派爱情诗的悲剧性研究》,《中国语文论丛》2009年第43卷,第542页。

到的闻一多爱情诗中的那种悲剧因素的典型，不知从何寻找。

2. 记忆

郑雨光对1949年以前中国现代诗中以"记忆"为主题创作的几首诗歌，包括闻一多的《记忆》，戴望舒的《我的记忆》、林徽因的《记忆》、穆旦的《忆》，做了分析，讨论"四名诗人在1949年以前作品中登场的记忆问题是什么？是通过怎样的调解叙述出来的？"[①] 在本文中只就他对闻一多《记忆》的分析做简单的介绍。

闻一多的《记忆》写于1922年7月留学美国时，表现了对美国物质文化的厌恶感，体现了对祖国文化的向往和爱国主义思想。郑雨光认为，《记忆》这首诗敏锐地捕捉了个人过去的经验、记忆与异国他乡的现实悲哀发生冲突时的矛盾和自我本体性问题。这可以说是同质性与异质性相遇时很自然地出现在个人心理机制上的一般矛盾。诗歌还通过扩大到"集体的"和"文化的"的"记忆"，消极地描写了人类的过去历史，以及诗人感受到的现实痛苦。[②]

3. 爱国精神

俞景朝认为，闻一多的《红烛》、《死水》贯通着爱国爱民的精神，"开辟他诗世界的钥匙就是对国家和民族的深切地爱护和关心。"[③] 他通过分析《红烛》中的《西岸》、《红烛》、《太阳吟》、《忆菊》、《孤雁》和《死水》中的《死水》、《静夜》、《一个观念》、《发现》、《祈祷》、《一句话》、《荒村》、《罪过》、《天安门》、《飞毛腿》、《洗衣歌》等诗篇，考察了出现在闻一多诗中的强烈的爱国主义精神，他说：

> 他的爱国诗在不幸的时代和历史状况下，表现了作为诗人很强的精神紧张。他的爱国诗就是他的爱国热血如他自己所说是流在笔尖、流在纸上的结晶。他是用笔和纸，最终是奉献了自己的血和生命写诗的爱国诗人。[④]

4. 闻一多新诗的现代性

金永文认为与西欧不同的中国现代性"应该逾越西欧以自己的思维方式把人类史偏向于西欧视角的立场，有一个宽阔的、开放的、批判的态度。"[⑤] 同时试图对现代性的概念加以定义。并且以闻一多新诗为中心，对闻一多文学的整体倾向做

① 郑雨光：《关于记忆的小考：以1949年以前中国现代诗为中心》，《中国语文论丛》2011年第50卷，第31页。

② 郑雨光：《关于记忆的小考：以1949年以前中国现代诗为中心》，《中国语文论丛》2011年第50卷，第35页。

③ 俞景朝：《闻一多的爱国诗》，《中国学论丛》2004年第18卷，第271页。

④ 俞景朝：《闻一多的爱国诗》，《中国学论丛》2004年第18卷，第285页。

⑤ 金永文：《关于闻一多新诗的现代性研究》，《中国文学》2000年第33卷，第291页。

了分析。他认为，对闻一多的新格律理论和爱国倾向，也应在现代性的角度上进行分析。他通过对《春光》、《飞毛腿》等诗的分析指出，初期的中国新诗只偏向于打破形式，强调了诗的内容和形式的紧密关系的闻一多的逻辑是比较接近现代诗理论的。所以闻一多为了克服初期中国新诗"散文化、理论化"的弊病，而主张新格律诗的创作，这并不是旧格律的单纯后退，反而对中国现代诗史上的现代诗理论的核心"内容和形式的统一"进行了重点研究，这可以说是对中国新诗现代化认识的转换。因此，闻一多的新格律诗，比初期自由诗更具有现代性，并且是向往更加发展的现代诗的一种进步形式。①

在内容方面，因西欧现代性的发展过程和中国对现代性的探索过程相异，他强调应该在更广阔的视野下，来讨论个人主体的确立和个性的觉醒或是对人实际存在的自觉：

> 特别是在中国，西欧帝国主义的侵略和封建意识的没落环环相扣，使而国家存亡的忧虑和要克服这种忧虑的社会责任感与人主体的确立息息相关……中国的现代性通过对西欧现代的批判视角有了对帝国主义的抵抗性，在传统中冷静分析后得到了对封建主义的反抗性，并且抵抗于现实中的专政而向往着自由。把这些称之为抵抗的现代性也是无妨的。这其中当然也包括彷徨于传统与现代中的主体和倒塌在专横跋扈的权利与强硬现实前的自我，也有一些对愚昧人民群众的极端的绝望感。闻一多新诗表现出的现代性中几乎都表现出了这种因素。闻一多新诗的力量不是依附在单纯的爱国热情上的，反而通过正直的表现、注视自我，无一疏漏地体现着起文学和生活的根本力量。②

5. 闻一多与徐志摩比较研究

金龙云说，新月派的代表诗人徐志摩与闻一多同时具有同一流派的共同点和各自诗风的差异性。为了更好地理解两位诗人的异同，我们把金龙云的论旨用下列表格加以介绍。

	区分	闻一多	徐志摩
同质性	新月派的特点	美化现实生活与自然，从内面创造出艺术形象	
	方向性	为了向往民族复兴对唯美的肯定	

---

① 金永文:《关于闻一多新诗的现代性研究》,《中国文学》2000年第33卷,第301页。
② 金永文:《关于闻一多新诗的现代性研究》,《中国文学》2000年第33卷,第315页。

	区分	闻一多	徐志摩
异质性	主观情感化的个人介入因素	民族主义的爱国主义	个人主义的社会主义
	形象和典故的选择，章节的调节	中国式的文化心理	现代主义的西欧偏向
	艺术和现实的关系	（形式上的雕琢）唯美主义	唯美主义(形式)+内面世界(内容)
	艺术表现的标准	"带着枷锁跳舞" 特长是理智的观察 按暗示和象征构成→意义客观化的效果 社会理想	内在音节的均齐和节奏 追求 很浓的浪漫主义气氛 情感的真实热情地吐露 →纯真性和透明度的极大化 内面理想

当然，对两位诗人的这种同异性的比较，中国学术界也已经谈到了，但金龙元的见解还有其独到之处。在他看来，闻一多的"自然的人间化"与徐志摩的现代主义的"人间的自然化"；闻一多的造化的美学与徐志摩的向命运的奔驰；闻一多理性和情感的造化与徐志摩的直观；徐志摩的世界主义与闻一多的国家主义；徐志摩的内面理想与闻一多的社会理想等等，都起因于民族主义的爱国主义和个人主义的社会主义的区别性。而且是因为"情感本体的诗化"和"内化的情感诗化"、西欧的伦理本体和传统的伦理本体，再简单点说，就是因资本家和传统士大夫的区别性而造成的。徐志摩的偶然性和闻一多的必然性，徐志摩内面的飞向蓝天的云雀和跳跃了形式奔向现实的闻一多意识的力量，这些都是拥有寂寞灵魂的徐志摩与被围在追踪者当中的闻一多的不同。①

（三）新月派与闻一多研究

以新月派的研究为基础，有关闻一多的文章有四篇。

金妍一在她的《新月派诗研究》中考察了新月派之前的新诗特点、新月派的形成和发展、新月派诗的形式特点，分析了新月派代表诗人徐志摩和闻一多诗的内容特点；郑雨光对徐志摩诗中的单纯信仰和女性形象、闻一多诗中节制的情感和双重自我这两个范畴进行了考察，分析了他们的自我是怎样登场以及包含在自我中的情感和意图是什么；权惠庆对新月派的成立和盛衰、新月派的思想、新月派的诗论和诗、现代诗坛上的位置等做了考察；李熙贤考察了新月诗派活动、新月诗派的格调和韵律探索及其作用、新月派诗的内容等问题。在这四篇文章中，

---

① 金龙云：《闻一多的对徐志摩人间化的二重构造》，《石堂论丛》1995年第21卷，第314—315页。

引起笔者注目的内容有以下四点：一是对新月派的名称和活动时期的区分；二是新月派的格律论；三是新月派在现代诗坛上的位置和业绩；四是新月派成员闻一多的诗风。

一是对新月派名称和活动时期的区分。对新月派和新月派活动内容的介绍，大致是转述了中国学界的见解，但要理解新月派和闻一多的相互关系和背景，这也是不可缺少的，这里以金妍一的见解为基础，用表格① 加以简单介绍。

区分	意义	
	广义	狭义
新月派的名称	包括在《新月》月刊上发表了各种作品的人物。其成果除了新诗、戏剧、文学批评等文学方面以外还有自由主义的提倡民主及人权的争取等政治方面，范围很广。	只包括诗方面的，也叫新月诗派。20年代中期以后聚在北京和上海活动的诗人们。大部分主张了新诗应该讲究格律、重视了诗体的试验。
新月派的活动	第一期：新月社的成立—1926年《进步诗刊》的创作以前时期 第二期：在北京《进步诗刊》和《进步剧刊》发行时期 第三期：1927—1933年时期新旧书店的经营和《新月》月刊及《诗刊》的发行时期	前期：《进步诗刊》时期，以柳梦弼、闻一多、徐志摩为中心在北京活动时期 后期：《新月》及《诗刊》时期移往上海，所有活动集中到徐志摩身上，培养新的诗人巩固了诗风的时期。

如上表，新月派的名称、意义和有关新月派诗人活动的分期，是可以判断为流派研究范围的设定和研究内容的焦点应该放到哪一点的前提，也是在将中国新诗发展大致分为五个阶段② 的前提下，理解新月派的位置和作用的前提。新月派活跃的1925年到1937年，是格律诗兴盛期，在中国新诗的五个阶段中属于第二个阶段。新月派对在五四时期新文化运动中起着顶梁柱作用的白话诗、自由诗、小诗等多种新诗的问题和局限，有很清醒的认识，在摸索新诗格律化的过程中起了重要的作用。

二是新月派的格律理论。闻一多曾强调新诗与古来的律诗所具有的固定格式不同，可以有无穷的变化、可以按照内容体现的精神来配格式，并且以这种新格律的音乐美、绘画美、建筑美三个要素说明了诗歌形式上的特点。③ 金妍一认为，闻一多提倡的新诗格律至少有以下两大意义：第一，提示了中国诗创作上的特殊

① 金妍一：《新月派诗研究》，忠南大学校教育大学院中国语教育系硕士学位论文，1998年，将第22—23页作为参考整理出此表。

② 邱燮友：《六十年来新诗之发展》，《中华民国建国六十年纪念六十年来之国学》，1972年，第225—300页参照中国新诗的5阶段：（1）1919—1925的自由诗时期，（2）1925—1937的格律诗时期（新月派的主导），（3）1937—1948的朗诵诗和事实诗时期，（4）1948—1959的格律诗的延长时期，（5）1959—现在的现代诗时期。

③ 闻一多：《诗的格律》，《闻一多论新诗》，武汉大学出版社1985年版，第84页。

规律；第二，在中国新文学的基础阶段中，为促进新诗的健全发展做了很大贡献①。因此，值得给予肯定的评价。但在当时的诗坛上，对新月派的这种格律理论和创作实验，有人赞成，也有人批判。对此，金妍一认为，新月派的格律理论对初期新诗的自由奔放的潮流发挥着影响力，使新诗具有了自己的面貌、巩固了地位，对新诗的发展起到了积极推进的作用。新月派的格律诗通过以后数十年的发展，与自由诗一起主导了中国诗坛。②

三是新月派在现代诗坛上的位置和业绩。李熙贤将新月派诗人的诗歌格式从"传统诗型的继承和西欧诗型的接轨"两个方面进行了考察，对其意义做了这样的评价：新月派诗人并不是只注重诗的格式，他们在推敲形式的同时，也考虑着诗的形式对诗歌内容起着肯定或是否定的作用，并进行了研究和创作实践，这一点是不容忽视的。比方说，他们在西欧诗形态中运用了无韵体诗、长篇叙事诗、戏剧读白体等创作了不少散文诗。无论如何，他们将诗形式的美学特点放到了格调、韵律上进行创作。他们为创造区别于传统的其他现代诗的独特形式，与西欧各种各样的诗形式努力接轨，进行了积极的探索。③

权惠庆说新月派的格律是在古典诗的理论基础上发挥了中国文学的特点，通过研究和实验创作而形成的。这也是区别于古典五、七律诗特点的，并且对之后的现代派诗也产生了一定的影响。她是这样评价新月派在现代诗坛上的位置的：在现代中国诗史上不容忽视的新月派的意义在于，二十世纪五十到六十年代期间，在中国现代诗的发展过程中创造出了许多诗形式，而这些都建立在二十年代后期新月派格律诗论的基础上。④

四是对闻一多节制的情感和双重自我诗风的研究。郑雨光在《新月的自我形式》一文中，对徐志摩和闻一多的自我情感进行了分析，考察了两位诗人的不同点及其限制。特别是通过收录于闻一多《红烛》中的《李白篇》、《雨夜篇》、《青春篇》等诗的分析，作出了"复杂的自我紧张感"在"节制的情感"中表现出的美学实践是已往诗人所没有的近、现代美的意识的评价。⑤并且对闻一多以及新月诗派诗人的艺术表现上的重要特点——思想的协调和印象的形象化——是这样讲述的：深奥的思想要通过浓密的具体印象得到精致的表达，是需要"依理性而节制情感"美学原则的。这虽然是反对感情泛滥的诗，不仅与个人感情的自我表现

① 金妍一：《新月派诗研究》，忠南大学校教育大学院中国语教育系，1998年，第38页。
② 权惠庆：《新月派和其新诗考》，韩国外国语大学校大学院中国语系，1985年，第50页。
③ 李熙贤：《新月诗派研究》，成均馆大学校大学院中语中文学科博士学位论文，2005年，第68页。
④ 权惠庆：《新月派和其新诗考》，韩国外国语大学校大学院中国语系，1985年，第50页。
⑤ 郑雨光：《新月的自我形式》，《中国现代文学》2003年第26卷，第36页。

有关，也意味着直接暴露社会黑暗的一面也要有理性的节制。新月派的这种倾向，对于"五四"白话新诗中的感情暴露和泛滥，起到了一定的限制，反映了"从放纵到限制"的更成熟的表现意识。①

同时，郑雨光对闻一多的格律理论的意义和限制是这样评价的：闻一多的西欧与古典接轨的格律实验，因汉语是与英语不同的有声调的单音节，所以只能有限制。那时因为汉语的节拍是随着音节的强弱和长短的反复而形成的，而不是因为声调的组合而出现的。闻一多的格律理论不能对所有的格律问题进行解答。他出现于恳切盼望现代中国诗能有一个新的方向和秩序，为诗律学的实验开拓了新的一个领域、发现了新的可能性。②

三、散文和其他

在诗歌以外的其他领域，研究闻一多的只有两项成果。一是辛政姬的《闻一多散文选》，共翻译、收录了闻一多的13篇散文。但辛政姬对闻一多散文的选定标准和范围以及所选的13篇散文，没有研究性的文字，只有作品翻译，这未免留下了遗憾。另一篇是对反映闻一多学者本色的《伏羲考》的研究。这是闻一多抗战时期避难去了昆明后的研究成果。洪允姬强调说，闻一多是中国著名诗人，同时也是文学和历史方面的优秀学者，是抗战时期中国神话学研究的代表人物，论文对《伏羲考》的主要观点做了分析。

如上所述，考察在韩国学术界对中国现代诗坛上的诗圣闻一多的研究时，笔者注意到了两点。其一是研究动向。在韩国对闻一多的研究，虽然不能说各个领域都形成了量和质的成长，但从至今为止的研究来看，其研究数量与关注程度都呈现持续增加的趋势。

领域	发表论文数	发表年代		
关于闻一多的学位论文及学术期刊论文	26	80 年代	90 年代	21 世纪以后
		3	10	13

同时，已发表的26篇论文中，关于诗歌的研究占绝大部分，共有24篇，也是值得注意的一点。这说明韩国学界把诗歌创作看作是闻一多在中国现代文学史上的主要贡献。其余的两篇文章是有关他的散文和神话研究的，出现于21世纪前10年，可以说开拓了闻一多研究的一个新领域。

其二是没有进行韩中比较的成果。鲁迅、郭沫若或郁达夫等作家与韩国的现

---

① 郑雨光：《新月的自我形式》，《中国现代文学》2003年第26卷，第36页。
② 郑雨光：《新月的自我形式》，《中国现代文学》2003年第26卷，第46—47页。

代作家或多或少都有比较研究的成果，但闻一多与韩国作家的比较研究至今连一篇也没有。比较文学在有效理解不同文化之文学特色方面起着桥梁作用，从这一层面上看，这是一个需要持续关注，并且有着巨大的开拓空间的领域。

作者简介：魏韶华，青岛大学文学院教授；韩相德，韩国国立庆尚大学中文系教授。

名人专论

论张谦宜诗学的变而不失其正

宫泉久

（青岛大学　文学院，山东　青岛　266071）

摘要：张谦宜诗学理论在清初诗坛具有重要影响，他的诗歌本体论强调诗歌真挚情感的抒发，认为温柔敦厚也不仅仅是怨而不怒的情感表现，代表了清初诗学理论的新变化；而强调情感的忠孝正直则表现出张谦宜诗学的传统一面，表明了其诗学的变而不失其正。

关键词：主体　情感　平和　忠孝

在中国传统诗学中，主体论和本体论是构建诗学观的核心基础。诗歌本体论探讨的是诗歌的本质，回答的是诗歌是什么的问题。对诗歌本体的不同回答是形成诗歌流派和诗学理论的主要依据。张谦宜诗学理论中对诗歌本体的论述，既是传统儒家诗学观的延续，也是清初诗学理论新变化的反映。

明末清初以来，诗歌真性情的抒发成为诗歌本体论探讨的主要内涵。李贽说："盖声色之来，发于性情，由乎自然，是可以牵合矫强而致乎？故自然发于情性，则自然止乎礼义，非情性之外复有礼义可止也。惟矫强乃失之，故以自然之为美耳，又非于情性之外复有所谓自然而然也。"[1]李贽认为诗歌的性情出于自然，出于自然就必然合乎礼义。在李贽看来诗人的性情没有真、善、雅之别，是没有经过儒家伦理道德过滤的性情。袁宗道说："有一派学问，则酿出一种意见，有一种意见，则创出一般言语。无意见则虚浮，虚浮则雷同矣。故大喜者必绝倒，大哀者必号痛，大怒者必叫吼动地，发上指冠；惟戏场中人，心中本无可喜事而欲强笑，亦无可哀事而欲强哭，其势不得不假借模拟耳。"[2]袁宗道所说的大喜绝倒，大哀号痛，大怒叫吼，是明代文人所说的"本色"，即诗人真情实感的自然表达。

钱谦益立足于诗歌本体为性情之表达的角度，认为只要是言志，表达的任何性情都是诗，断定诗歌的标准就是抒情言志。他说："诗者，言其志之所之也。志

---

① 李贽：《焚书》，中华书局1982年版，第132页。

② 袁宗道：《白苏斋类集》，上海古籍出版社1089年版，第398页。

之所之，盈于情，奋于气，而击发于境风识浪奔昏交凑之时世，于是乎朝庙亦诗，房中亦诗，吉人亦诗，棘人亦诗，燕好亦诗，穷苦亦诗，春哀亦诗，秋悲亦诗，吴咏亦诗，越吟亦诗，劳歌亦诗，相舂亦诗。"① 钱谦益以自然之性情为诗歌本体，把诗歌的形式放到了次要地位，认为只要诗歌表达了性情，无论采用何种形式，都具有存世的不朽价值。他说："唐之李、杜，光焰万丈，人皆知之。放而为昌黎，达而为乐天，丽而为义山，谲而为长吉，穷而为昭谏，诡灰纍兀而为卢仝、刘叉，莫不有物焉，魁垒耿介，槎枒于肺腑，击撞于胸臆，故其言之也不惭，而其流传也至于历劫而不朽。"② 放、达、丽、谲、穷、诡灰纍兀，这种种诗歌风格的形成，都是由于有物感发，情感出自胸臆，所以能够流传至今，"历劫而不朽"。从性情为主的诗歌本体论出发，钱谦益反复强调衡量诗歌的价值，必须先看其有无性情，继而再论形式。"余常谓论诗者，不当趣论其诗之妍媸巧拙，而先论其有诗无诗。所谓有诗者，惟其志意偪塞，才力愤盈，如风之怒于土壤，如水之壅于息壤，傍魄结槸，不能自喻，然后发作而为诗。凡天地之内，恢诡谲怪，身世之间，交互画纬，千容万状，皆用以资为诗，夫然后谓之有诗，夫然后可以叶其宫商，辨其声病，而指陈其高下得失。如其不然，其中枵然无所有，而极其捪搎采撷之力，以自命为诗。剪彩不可以为花也，科栌不可以为叶也。其或矫厉矜气，寄托感愤，不疾而呻，不哀而悲，皆象物也，皆余气也，则终谓之无诗而已矣。"③ 妍媸巧拙指的是诗歌的审美形式，有诗无诗则说的是诗歌内容，也就是诗歌表达的性情。性情是诗歌最本质的要素，是诗歌的本体，有此然后再寻找表达的形式。没有丰富真挚的性情，而去追求形式的华美，就像剪的花朵、刻的绿叶，形似而无神，没有存世的价值。

清初山左诗人宋琬《王雪洲诗序》云："昔者屈平既放，忧愁幽思而作《离骚》，司马子长断之曰：《离骚》之作，盖自怨所生也。怨也者，忠孝之至而非愤恚怼怒之谓也。今读《天问》、《九歌》、《远游》、《哀郢》诸篇，周览上下，穷极山川，或目成于美人，或含睇于山鬼，缠绵悱恻，超忽怊恍，即起三闾大夫而问之，亦有不自知其何心者。"④ 宋琬认为屈原的怨愤是忠孝的表现，屈原忠于楚国和楚王，哀其不幸，怒其不争，既而信而见疑，忠而被谤，所以内心有怨愤。这种情感来自忠孝，不是纯粹的愤恚之情的倾泻。宋琬虽然也讲怨而不怒，但与儒家诗教有明显的差别，带有清初诗人重视真情表达的时代色彩。

---

① 钱谦益：《牧斋有学集》卷15，上海古籍出版社1985年版，第713页。
② 钱谦益：《牧斋有学集》卷17，上海古籍出版社1985年版，第767页。
③ 钱谦益：《牧斋有学集》卷47，《钱谦益全集》，上海古籍出版社2003年版，第1557页。
④ 宋琬：《宋琬全集》，齐鲁书社2003年版，第30页。

山左诗人高珩将情志同一，认为诗歌就是要表达诗人的各种情感，不应该厚此薄彼。他在《栖云阁卷四.耿又朴序》云："诗者，六经之一也。其道百变，亦折中于圣人而后可矣。诗言志，非圣人之言乎，志以人异，人之不同如其面焉。而奈何欲万人而一面焉，如蒙倛耶。三百篇之风，固十六国野人女子之言，而雅颂亦诸公卿各矢其音者也。其能笑啼优孟折旋简子而出于一途乎。李、杜、王、孟词坛巨手矣，然王、孟不同李、杜，而李与杜又复各取途焉。其究各有千秋，如宫商不同而皆为韶濩之所凭，甘苦不同而皆为易牙之所济也。至近代则祖分左右，帜分汉赵矣。苦诋其末流，而狱归于滥觞之星宿，若必欲灭此而朝食，桃此而自为别祖者，艺林之隘不止等于朝局蜀洛，其于西域各宗分河而饮者无多矣。何其无昭旷之观而韩白英流乃作鼠穴之斗耶？夫申一己之长，而欲尽废其与我异者，则茧必与菊争帝，橘柚查梨相捽而质于师，如元明御域，而唐宋诸君皆当扫其国史而等之舆台，有是理乎。此皆夜郎自大，不能持其所长而必诋群雄以自张，何浅之其为丈夫也。"① 高珩认为《诗经》中既有野人女子的情感抒发，也有公卿大夫的情感抒发，情以人异，如同其面之不同，但都充实着《诗经》的丰富内涵。高珩强调了人类情感的丰富性和正当性，"其道百变"，诗人的情感也应该多种多样。

张谦宜重视诗歌本体真情实感的抒发，他说："无兴致不必做诗，没意思不必做诗，无实意实事不必强拉入诗。如未老而言老，不愁而言愁，无病而言病，皆是大忌。"② 张谦宜所说的"实意实事"，就是诗人在诗中反映出的真情实感，是诗人在现实生活中的真切感受，而非"不愁而言愁，无病而言病"。张谦宜将真情实感的表达作为诗歌写作的基本原则，称之为"诗家宗祖"，认为诗人必须在创作活动中予以遵循，"不矜才，不使气，并不恃学问，直以性情笃挚，遂接风人之绪。虽有作者，俱不能出其范围，洵为诗家宗祖。"③ 性情笃挚是风人之绪，也就是说真情实感是诗人写作的开端。"吾师杨寅夏先生云：'汉人诗只是情真。'读《十九首》，益信此言之确。情之所结，绵软如膏，而腻细不流，所以颠扑无缝。"④《古诗十九首》之所以颠扑无缝，被钟嵘称为"文温以丽，意悲而远，惊心动魄，可谓几乎一字千金"，是因为其为真情所结，所谓的"汉人诗只是情真"。"后人经历山水奇绝处，亦有名作，但为景所压，七嘴八舌，犹自形容不了，那有工夫说自己来此缘由。惟其摹写光景，遗却性情，此所以不及古人耳。"⑤ 张谦宜以山水诗为例，认为今人的山水诗不及古人的原因，就在于今人山水诗只注重客观景物的描写，而"遗却性情"，

---

① 高珩：《栖云阁文集》，清康熙刊本。
② 郭绍虞：《清诗话续编》，上海古籍出版社1983年版，第793页。
③ 郭绍虞：《清诗话续编》，上海古籍出版社1983年版，第820页。
④ 郭绍虞：《清诗话续编》，上海古籍出版社1983年版，第820页。
⑤ 郭绍虞：《清诗话续编》，上海古籍出版社1983年版，第827页。

忽略了真情实感的表达。

清初诗人肯定诗歌本体性情为主的同时，强调诗人性情与行为的表里如一，也就是诗歌性情之真。顾炎武说："末世人情弥巧，文而不惭。固有朝赋《采薇》之篇而夕有捧檄之喜者。苟以其言取之，则车载鲁连、斗量王蠋矣。曰是不然，世有知言者出焉，则其人之真伪即以其言辨之而卒莫能逃也。黍离之大夫，始而摇摇，中而如噎，既而如醉，无可奈何而付之苍天者，真也。汨罗之宗臣，言之重、辞之复，心烦意乱而其词不能以次者，真也。栗里之征士，淡然若忘于世而感愤之怀有时不能止，而微见其情者，真也。其汲汲于自表暴而为言者，伪也。"① 有黍离之悲，无人理解，悲愤至口呼苍天的东周士大夫，伤心绝望以至语无伦次的屈原，刻意避世却无法消解内心不平的陶渊明，他们的人格和诗歌吐露的情感是一致的，他们的性情也就是真实的。而急于自我表白的矫揉造作之诗，看似性情的抒发，实际是言行不一的假情感。

对清初诗坛言行不一的假性情表达，张谦宜也颇有同感。他曾说："钱牧斋诗苦无真性，大抵只有四套：一宦游，二名士，三禅和，四脂粉。除此之外者，无风人之致矣。"② 钱谦益的诗歌也有诗人情感的表达，但是这些情感缺少真挚，只是一味客套、造作，"无风人之致"，不是郁结于胸中的强烈情感不得不抒发的结果。

对于情感的表达方式，张谦宜是提倡含蓄蕴藉的，与王士禛的神韵理论有相似之处。他在评价王维《送元二使安西》诗时，云："'劝君更尽一杯酒，西出阳关无故人。'凡情真以不说破为佳。"③ 但是在情感的真实和表达的艺术方式两方面，张谦宜说："诗只要情真，有议论何妨？"④ 他将诗歌情感真实的追求置于表现形式之上。而追求诗歌真实情感的表达，必然冲击儒家温柔敦厚诗教的传统观念。张谦宜对此作了新的阐释。他说："人多谓诗贵和平，只要不伤触人。其实《三百篇》中有骂人极狠者，如'胡不遄死'、'豺虎不食'等句，谓之乖戾可乎？盖骂其所当骂。如敲扑加诸盗贼，正是人情中节处，故谓之'和'。又如有人痛心，便须著哭，人有冤枉，须容其诉，如此心下才松颇，故谓之'平'。只这两个字，人先懂不得，又讲甚诗！"⑤ 张谦宜认为温柔敦厚不是诗歌内涵的平和，《诗三百》也有詈骂之句，"胡不遄死""豺虎不食"，实在说不上温柔敦厚，为何还成为诗教典范？原因在于平和是诗人将怨怒哀伤在诗歌中抒发出来，使心理趋向平静。黄宗羲在《万贞一诗序》亦云："彼以为温柔敦厚之诗教，必委蛇颓堕，有怀而不吐，将相

---

① 黄汝成：《日知录集释》卷19，花山文艺出版社1990年版，第853页。
② 郭绍虞：《清诗话续编》，上海古籍出版社1983年版，第871页。
③ 郭绍虞：《清诗话续编》，上海古籍出版社1983年版，第848页。
④ 郭绍虞：《清诗话续编》，上海古籍出版社1983年版，第795页。
⑤ 郭绍虞：《清诗话续编》，上海古籍出版社1983年版，第792页。

趋于厌厌无气而后已。若是则四时之发敛寒暑，必发敛乃为温柔敦厚，寒暑则非矣。人之喜怒哀乐，必喜乐乃为温柔敦厚，怒哀则非矣。其人之为诗者，亦必闲散放荡、岩居川观、无所事事而后可，亦必茗碗熏炉、法书名画、位置雅洁。入其室者，萧然如睹云林、海岳之风而后可。然吾观夫子所删，非无《考槃》《丘中》之什厝乎其间，而讽之令人低回而不能去者，必于变风变雅归焉。盖其疾恶思古，指事陈情，不异熏风之南来，履冰之中骨，怒则掣电流虹，哀则凄楚蕴结，激扬以抵和平，方可谓之温柔敦厚也。"① 黄宗羲认为人有喜怒哀乐之情，儒家诗教所强调的温柔敦厚包含着喜怒哀乐之情，喜怒哀乐之情淋漓尽致抒发之后，情感就会趋于平和。有怀而不吐，身处危厄却故作闲散温厚之言，将此视为温柔敦厚之言，那只能是诗中无人，言行不一。黄宗羲将儒家的温柔敦厚，予以新形势下的新解释，充实以丰富而新异的内涵，就是诗歌既可以表达喜、乐之情，也可以表达哀、怒之情。张谦宜的理论与黄宗羲有异曲同工之妙，体现了清初诗学理论的创新之处。

张谦宜在诗学理论上的变化和创新，并不意味着他违背了传统的儒家诗学观，相反作为一代经学家，他是儒家正统思想的坚定维护者。在诗歌本体论上，张谦宜一方面具有与时俱进的创新精神，而另一方面他又坚守儒家的诗学传统。

他说："后生学诗，急宜讲者，气骨耳。譬之人，气秉自先天，骨成于壮岁，勿容强也。而学者有移气移体之说，则涵养宜豫也。今进农夫于前，脱其蓑笠，摄以衣冠，则卑弱不能称。进书生于前，加之衮冕绅珮，必忸怩汗出，而不免失措，其气骨不足以充之也。古之人，如杜子美之雄浑博大，其在山林与朝廷无以异，其在乐土与兵戈险厄无以异，所不同者山川风土之变，而不改者忠厚直谅之志。志定，则气浩然，则骨挺然，孟子所谓'至大至刚塞乎天地'者，实有其物。"② 张谦宜认为诗歌创作首先应该重视诗人的气骨，气骨来自诗人具有杜甫般"忠厚直谅之志"，如此则浩然之气充塞于胸中，"至大至刚塞乎天地"。张谦宜在评清初诗坛三大家之一的龚鼎孳诗歌时说，"古人称言之有物。物者，忠孝大节，深心浩气也。若留恋花酒，驰骛仕途，而猥以六朝粉泽，自讬风骚，此亦金弓玉矢耳。"③在张谦宜看来，诗歌言之有物，就是诗歌抒发的情感要合乎儒家的"忠孝大节"，它是诗人"深心浩气"的外现。

张谦宜合乎儒家"忠孝大节"、展现诗人气骨的情感，是具有广阔深远的社会政治内涵的情感，与黄宗羲所说的"万古之性情"内涵一致。黄宗羲说："诗以道性情，夫人而能言之，然自古以来，诗之美者多矣，而知性者何其少也。盖有一

---

① 黄宗羲：《黄宗羲全集》第 10 册，浙江古籍出版社 1985 年版，第 94 页。
② 郭绍虞：《清诗话续编》，上海古籍出版社 1983 年版，第 809 页。
③ 郭绍虞：《清诗话续编》，上海古籍出版社 1983 年版，第 880 页。

时之性情，有万古之性情。夫吴歈越唱，怨女逐臣，触景感物，言乎其所不得不言，此一时之性情也。孔子删之，以合乎'兴观群怨'、'思无邪'之旨，此万古之性情也。吾人诵法孔子，苟其言诗，亦必当以孔子之性情为性情。如徒逐逐于怨女逐臣，逮其天机之自露，则一偏之曲，其为性情亦末矣。"[1] "一时之性情"是诗人喜怒哀乐的"一己之性情"，而"万古之性情"则是合乎儒家诗教精神的性情，其最高典范就是杜甫的诗情。清初德州诗人卢世㴶在其《读杜私言·大凡》中说："余数年间于杜诗近四十余读，迩来却归，益有余力，另录而重读之，长篇短章务细察其意思所在。杜诗乃天壤精气结成，即子美亦不知何系至此，岂复容他人着语！"他对杜甫诗歌中体现的具有深远内涵的性情予以高度评价，他说："子美一生恋主忧民，血忱耿炯与日月齐光，有口者皆能言之，而忍穷负气东柯西枝兼食柏餐霞，棱棱如铁又一饭不忘。"杜甫诗歌的情感可称为"万古之性情"，其价值就在于"一生恋主忧民"。张谦宜亦云："放翁似杜处，全是性情与他一般，不在字句临摹。性情何以相似？忠孝白直，人心之公理也。先要留得这个在，方许做诗。诗所以可传，正在此。"[2] 他认为陆放翁诗歌的价值在于情感与杜甫一样，忠孝白直。至此，张谦宜的诗歌本体论对诗人情感的抒发添加了儒家伦理的限定，避免了诗人情感的自然流露。

张谦宜诗学理论在诗歌本体的论述中，体现出一定的时代特色，突破了温柔敦厚诗教的传统思维，但在诗人情感的内涵上，他还是始终坚守儒家伦理观，高扬"忠孝正直"的道德旗帜，显示了其诗学理论的传统一面，即变而不失其正。

作者简介：宫泉久，青岛大学文学院教授，主要从事明清诗歌研究。

---

① 黄宗羲：《黄宗羲全集》第10册，浙江古籍出版社1985年版，第95页。
② 郭绍虞：《清诗话续编》，上海古籍出版社1983年版，第875页。

论张谦宜的诗歌理论

许文平

（中国石油大学（华东） 文学院，山东　青岛　266580）

摘要：《絸斋诗谈》重点收集了张谦宜对一些诗人的评价，他的大部分诗歌理论主要隐现在对诗歌零散的评论过程中。《絸斋诗谈》的诗歌理论呈现出"无体系的体系"。《絸斋诗谈》的诗歌理论主要有"诗之骨"的"尊杜""仿古""别有寄托"；"诗之格"的"字""句""章""韵"；"诗之精"的"用气""用力""用笔""用法"；"诗之神"的"意"与"神""情"与"真"等四个方面。这些构成张谦宜的主要诗歌理论，从而形成了比较完备的诗歌理论体系。

关键词：《絸斋诗谈》 诗格　诗骨　诗精　诗神

张谦宜（1650—1733）名张庄，字谦宜，一字稚松，号山农，山民，晚年自号山南老人，胶州人。平生著述颇丰，代表作为《絸斋诗谈》[①]和《絸斋论文》。本文拟从《絸斋诗谈》入手，简论张谦宜的主要诗歌理论。

《絸斋诗谈》包括八卷，第一、二卷为上下《统论》，第三卷为学诗的基本方法，第四到七卷评论了从汉至清朝对部分诗人诗歌的评论，第八卷是杂录，对一些诗人的诗歌作了简短的评价。整个《絸斋诗谈》提及 51 人，其中详细论述了 34 人的古诗风格，按照朝代来论述的话，主要包括汉代《古诗十九首》，东晋陶渊明，唐代的陈子昂、孟浩然、王维、杜甫、岑参、元结、韦应物、韩愈、柳宗元、李商隐等 10 人，宋代的苏轼和陆游两人，元代的葛逻禄易之，明代的边贡、王慎中、徐渭、袁宏道和王无竟等 6 人，明末清初的刘子羽、丘柯村、杜茶村、周亮工、龚芝麓、吴嘉纪、施润章、宋牧仲、毛稚黄、李大村、谢皆人、丁药园、王美厥等 13 人。从朝代的选择来看，张谦宜有"尊唐抑宋"的倾向，并且较为看重明末清初的诗歌。

《絸斋诗谈》一共涉及 686 首古诗，其中详细点评了 523 首诗歌。按照诗歌数

---

① 郭绍虞：《清诗话续编》第二册，上海古籍出版社1983年版，第787页。

量的排名来看，最多的为杜甫，提及了 127 首诗，并且详细论述了 115 首诗歌的风格特征，其次是王维的 48 首诗，再次是陆游和李大村，均为 32 首诗，依次排列为王无竞 30 首诗，谢皆人 24 首诗，提及丁药园的 32 首诗并详细论述了其中的 23 首，提及刘子羽 22 首诗，提及丘柯村 22 首诗并且详细论述了其中的 20 首，论述了汉代的古诗十九首，提及徐渭的 36 首诗并且详细论述了其中 17 首，提及孟浩然 15 首诗，提及李义山的 15 首诗歌并且重点论述了 13 首。提及杜茶村诗歌 40 首，重点论述了其中 11 首，提及韦应物诗歌 22 首，重点论述了其中 11 首，提及葛逻禄易之和王美厥的诗歌均为 11 首，提及周栎园的诗歌 12 首，重点论述了其中 9 首，提及元次山和施润章的诗歌均为 6 首，提及苏东坡的诗歌 5 首，提及韩愈的诗歌 4 首，提及宋牧仲的诗歌 3 首，提及陶渊明的诗歌 2 首，提及陈子昂的《感遇》38 篇。作者对其中 8 人重点论述了总体的诗歌特点，并未着重的点评具体的诗歌内容。从选取诗人的诗歌数量来看，杜甫的诗歌占到整个诗歌数量的五分之一，有明显的"尊杜"倾向，从前几位的诗人来看，王维、陆游、李大村等为重点探讨的对象。由此可见，对于张谦宜来说儒家的"爱国"思想占有主导地位。

除此之外，《絸斋诗谈》对于诗歌的总体风貌做了总结概括，对于初学者提出了相对合理的建议，这使其成为一本在时间跨度和人物的评价都有价值的诗歌理论专著。

一、关于诗之"格"

所谓的诗之"格"，就是指构成诗歌最小的单位包括诗歌的字、词、章、韵等方面的论述。从《絸斋诗谈》中大量的关于诗人关于字、词、章、句等方面的论述可以看出，张谦宜非常重视关于诗格方面的锤炼。

（一）炼字

炼字，顾名思义，就是对诗歌中关键的字要求严格，不断锤炼以使其达到精确的目的，从而使诗歌的语义和结构达到良好的效果。

《絸斋诗谈》中关于练字对诗歌的影响共有 53 处，其中第四卷 10 处，第五卷 7 处，第六卷 11 处，第七卷 14 处，第八卷 11 处。张谦宜认为"炼字，字字有来历，相照顾，无处不明净，不牢固，后托于我意出"；"实字使膝理健，无邪气盗入之病，虚字使筋脉健，无支离散漫之病"，从而"健"气虚实交会之际，骨力从生，挥霍中自带严毅，充口而出，不诗做作，自然壮旺。也就是说"炼字"不仅要使本字精炼，而且需要符合整个诗歌的风格，以炼字使整个诗歌前后交相呼应的效果。

炼字在具体的诗歌环境中有不同的作用，下面简单的分而述之。

首先，有的炼字能够使诗歌"活"起来，如张谦宜在评杜甫的《姜楚公画角鹰歌》说：只"掣臂飞"三字，竟是活势；有的炼字能够提高诗歌的境界，如在评杜甫《月夜忆舍弟》"戍鼓断人行，秋边一雁声"这句诗时说："若作'雁一声'，便浅俗，'一雁声'，便沉雄。"有的炼字能够衬托渲染，是达到朦胧婉约的艺术效果，如在评杜甫《春夜喜雨》"晓看红湿处，花重锦官城"这句诗时说："此是借花衬雨，不知者谓之是写花，'红'下用'湿'字，可见其意。"有的炼字能够有言外效果，如评杜甫《徐步》"芹泥随燕嘴，花蕊上蜂须"这句诗时说："一'随'字，一'上'字，能使无情者化为有情。结句虽温雅，而自命崭然处自在言外"。有的炼字能够使诗句精确，如评价杜甫《怀锦水居止之二》中"雪岭界天白，锦城曛日黄"这句诗时说："'曛'字极切近景，非身到者不知。"有的炼字能够使全诗的结构紧凑，如在评杜甫《秋兴八首》时说："'秋兴'二字，或在首尾，或藏腰脊，钩连甚密。"同时，张谦宜不仅注重炼实字，同时在有的诗句中提出炼虚字的要求，如在评陆游《残春》"惟书尚开眼，非酒孰关心"这句诗时说："此句用两虚字，须劲须稳乃佳，不然便软。"并且张谦宜非常欣赏虚实互用，如在评丘柯村《海村夜行》"山拥传烽垒，潮吞戍海城。平沙奔榴结，野火杂星明。"两句诗时说"虚实互用，无平头并脚之弊。"；有的炼字能够达到情理交融之妙，引起人们的共鸣和深思，如在评谢皆人《啸庄闲眺》"落景原上闲，檐前独延伫。望望一行人，时时没秋黍。"一句诗时说："'一人'最妙，'没'字更妙，有见却是无所见，曲尽闲眺神理"。

这种大量的关于"炼字"的例子显示了张谦宜关于"格"的重视，这也就成为张谦宜的诗歌理论的重要组成部分。

（二）炼句

炼句，就是根据意思和意境的需要，对句子加以锤炼，从而使诗歌更具有表现力，使情感发挥的更加充分。

关于练句，《絸斋诗谈》中共出现了29处。其中第四卷4次，第五卷5次，第六卷13处，第七卷2处，第八卷3处。张谦宜认为："所谓琢句，非是故意蹊跷以为新颖，安于庸腐以为明理，溺于浮艳以为风流，惑于仙佛以为高旷，假借老病以为感慨，忿口骂世以为悲壮，故意颓放枯瘠以为老气。必须文从理顺之中，洗旧翻新之巧，意不尽于句中，景已溢于句外。刻苦却不扭捏，平易却不肤浅，久渐自然。"认为"炼句之法，莫如徐讽勤改，其紧要尤在审势。"这段意思是说，炼句要炼得自然，不可以因为炼句而炼句，不能颠倒本义，割裂句子的意思，把"蹊跷"当做"新颖"，把"浮艳"当作"风流"，把"忿口骂世"当作"悲壮"，而是应该"文从理顺"和"洗旧翻新"，达到"平易而不肤浅"从而"自然"的境界。

对于这段张谦宜炼句的理论，有一个很好的例子，就是作者在评论杜甫《洗兵马》这首诗时说："他人古诗用骈句，只为补虚，少陵古诗用骈句，乃有余勇。"这也就是说炼句必须"洗旧翻新"不应该因为炼句而追求蹊跷。

在《絸斋诗谈》中，不同的炼句对诗歌有不同的作用。有的炼句能够衬托气氛，如评杜甫《山寺》"麝香眠石竹，鹦鹉啄金桃"一句为"丽句衬荒凉"；有的炼句能达到情景交融的目的，如在评徐渭《边词之四》"立马单盘俯大荒，提鞭一一问戎羌。健儿只晓黄台吉，大雪山中指账房。"这两句诗时说："亦是口头语，却炼的好，有情有景有气势，此为塞下诗上乘。"张谦宜认为，炼句需要有一定的功夫，不可随意堆砌，要炼得自然，如在评周栎园《送胜时返云间》"雨黑丹霞驿，潮青紫帽山"一句时说："此句用两色字，不见堆砌"；在评丘柯村《大雨五日夜》时说："看他造句用意，有棱有脊，绝无一平漫语犯其笔端，此是思路高、锻炼苦处。"其实，在《絸斋诗谈》中，对于炼句具体技法的论述并不是很多，但是对于"炼句"所达到的境界有很多论述。张谦宜认为炼句本身要达到"自然"的效果，其次，对于"炼字"的最高境界，他也有一定的论述。张谦宜认为"炼字"最重要的就是要达到"传神"的效果，如在评明人吴宽《过临清与权税主政》时说："如此婉妙敏捷，何减中晚？此等诗充口而出，不待思索，所谓神来不可多得。"在《杂录》中有这么一句话说："予看宋诗，又进一解，凡月明风软，柳暗桃红，此皆不用说，故造句贵有传神之妙。"所以，关于炼字，张谦宜不仅提出了炼字本体论，即达到炼字要"自然"的条件，同时还论述了炼字要达到"传神"的境界。这也为他的诗歌理论增添了新的内容。

（三）炼章

关于章法，《絸斋诗谈》共出现了 12 处，第四卷 6 处，第五卷 6 处。张谦宜认为章法应该："起法陡健，势纡徐，而宽裕流行，下意可接，起的突直，用婉秀语承之。"并且"虚实顾盼，首尾蟠结，中间行吾意处不漏不浮也。"这句话的意思是，对于章法，应该达到类似于"中和"的目的，如果起法很陡健的话，在后续的写作时语言应该偏于婉秀一些，从而承起法之"陡健"。整个篇章的结构要"虚实相生，首尾相结"，就是整首诗要前后左右照应，不能随意发挥自己的感情，在表情达意时要"不漏不浮"，也就是用中和之语言之，不可以过激或者偏离主旨。

张谦宜对于章法的论述主要融于评诗的过程中，比如说章法的定义，在评杜甫的《西郊》时说："前四句叙一径路，后四句言居室之乐，此即章法。"再如作者评杜甫的《观曹将军画马图》时指出："先叙二马，次叙七马，兼及画中厮养，落落历历，甚有章法。"也就是说，章法讲究有一定的描写顺序，不能杂而言之。而在章法的运用上，张谦宜讲究灵活运用，如在评价杜甫《游何将军山林》说："合十首看，章法不必死相承接，却一句少不得。"

对于好的章法，张谦宜认为是这样的：如评价王维《酬张少府》"晚年惟好静，万事不关心"一句时说："含一篇之脉，此方是起发，三四虚承，五六实地，用笔浅深俱到，章法之妙也。"在评价王维另一首《奉和圣制雨中春望之作》说："一二从外景写'望'字，三四阁道中写'望'字，五六方切雨中望，末又回护作结，章法密致之极。"同时，张谦宜讲究章法对于古人的传承性，如在评价李义山时《寄李枢言草阁》时说："通篇叙幕府交情，少年行乐之词，章法错落，深的古法。"除了错落有致的章法外，张谦宜还论述了不尽如人意的章法，如张谦宜评价韩愈："韩诗联句，并无浅深层次，接转掉之法，只是句上累句，景中累景，散漫生硬，不成章法。"所以，综而述之，张谦宜对于诗歌的章法非常重视，不仅包括起承转合等结构上的章法，还包括表情达意的语言章法，同时要求章法要有顺序，有变化，不可累句、累景，散漫生硬等作了详细的论述。这对于张谦宜理论的本体论研究提供了充足视角。

（四）炼"韵"

关于韵法，《絸斋诗谈》中明确出现了 5 次，其他附带出现忽略不计。第四卷、第七卷、第八卷各 1 次，第五卷 2 次。在第二卷中，张谦宜对"韵"的用法有一个简单的阐述。首先，换韵不接韵："斯处须令陡健"。也就是说，在作诗的过程中，如果后一句打算换韵脚，那么就不必接上一个韵脚，这样可以使两句诗相接处"陡健"，产生爽利直行的艺术效果。其次，换韵不顶韵："气味要灌注，界限要分"。这句话是说虽然对于"格"这个艺术手法来讲，不同的韵之间的界限是要分明的，但是不同韵脚的两句诗之间的"气味"要是一体的，要"灌注"。再次，句句下韵：不陡不漫，陡则暴，漫则弱。也就是说不同的韵相衔接的时候需要注意其中的节奏，掌握好平衡，不要走极端，不可过"陡"，也不可过"漫"。同时，张谦宜认为用韵"不可以口头熟字略与颔韵声近，不可兴发而直写。"此种错误名人易犯。这句话是说，用韵需要谨慎，不能凭感觉，而要对于基本的知识扎实的掌握。

关于韵，《絸斋诗谈》中有一些例子，比如在评价孟浩然的《夜归鹿门歌》时说："句句下韵，紧调也，脉却舒徐。"作者认为孟浩然的这首诗"紧调"，也就是说这首诗在"韵"这方面的节奏掌握得比较好，不仅这样，还使得整个文脉舒展纤徐。还有一例是评价李商隐的《偶成转韵七十二句赠四同舍》说："夭矫如龙，换韵处陡健，当学。"这个例子就应验了张谦宜自己的关于"韵"的第一个理论，也就是"斯处须令陡健"。关于押韵的论述，《絸斋诗谈》中不乏其例，如在评宋牧仲《筵上咏铁脚联句》说："有石鼎之奥，仿宋、齐之排，押韵更极匠心。"这个例子直接把押韵当作诗歌理论的一部分进行赏析。

关于诗之"格",也就是《絸斋诗谈》中关于炼字、炼句、炼章、炼韵等四个方面,这四个方面构成了张谦宜"无体系的体系"第一部分,也是张谦宜诗歌理论的重要的组成部分。

二、关于诗之"骨"

所谓诗之"骨",就是诗歌中偏于"理"性方面的内容,主要传承了诗人关于思想倾向等方面的成分。《絸斋诗谈》的"骨",笔者认为主要有"尊杜""仿古"和"别有寄托"等三个方面的内容,这些内容构成了张谦宜"无体系的体系"中的第二部分。

(一)尊杜

"尊杜"就是"推尊杜甫"之意。《絸斋诗谈》提及杜甫共计27次,第五卷11次,第六卷8次,第七卷8次。同时,《絸斋诗谈》中对杜甫诗歌的评论是最多的,提及127首,重点论述的就有115首之多。鉴于篇幅原因,在此不一一展开,只是以杜甫为坐标来论述其对其他诗人的影响。张谦宜在评价其他诗人的作品时,多以杜甫为参照来进行评价。首先是赞叹诗人的诗歌水平达到出神入化的境界时,通常用杜甫来参照,如在评价李义山《送千牛李将军赴阙五十韵》中说:"叙西平功,精采横溢,当接少陵之席。"在评价他的另一首《杜工部蜀中离席》"雪岭未归天外使,松州犹驻殿前军"一句时说:"分明是老杜化身。"

其次,张谦宜认为很多后代诗人的艺术手法也多传承于杜甫,如评陆游诗时,说《三月十七日夜醉中作》为"笔力如生龙活虎,全在意思上绾定,于萧骚处壮采射人,手法似杜。"评价《统分稻晚归》为"全是杜意"。评价《新晴野步》为"杜诗窑变"。另外,作者评徐渭《为子微题鹨鸪图》"对题江岸霜初歇,独听扁舟草正芳"一句为"离对法,得之杜家";评丘柯村《晓行望大雾如湖水》诗,认为"'如湖水'三字,不刻自透,此法得之少陵。"同时,作者评价丘柯村的另一首《送舍弟履还楚村》时云:"对起侧承,情节如话,文势又疏宕,少陵每用此法。"评价他的《月下泛焦山四面》:"通首严肃,全是杜法。"评价李大村的《干明寺》"香散归天女,林昏走夜叉"一句时说:"没人见处,偏写得活现,是他笔力大,思路细,要亦本之杜陵。"

再次,张谦宜在宋诗抄中多次以杜甫为参照评论诗人的整体风格,如:"陈后山得杜之骨,但欠雄浑";"黄山谷学杜之皮毛";"徐仲车面目伧甚,其用意杜老,愈真愈鄙";"陈与义简斋诗,差强人意,盖学杜而得其雅致者";"范石湖笔致平雅,惟入暑自虎牙滩至秭归县，不减少陵"。①

还有一点，张谦宜认为在诗句意蕴和浑厚方面，许多诗人传承了杜甫，如在评价丁药园《九日对菊》"非关此日偏愁汝，似厌他乡却傍人"时说："绝似少陵"；评价另一首《见燕》"相期定似逢寒食，乍见争如说故乡"一句为："摹杜入神，用意浑雅。"评价刘子羽的《端午日偶出寄李渭清》"放诞疑天恕，催科苦麦黄"一句为："有杜味"。评李大村《客愁》"黄叶秋山寺，青灯夜雨心"时说："不须言愁，其愁可想，与少陵'渭北春天树'同妙。"评价他的《水至一百韵》为："此学杜高手，但逊彼苍奥耳。"评价他的《九日宋广文为登高之会未赴》为："得杜骨，盖意满则髓凝也。"

由此可以看出，"尊杜"在张谦宜的诗歌理论中占有重要的地位，是构成其诗歌理论"整体性"和"系统性"的重要组成部分，这种"尊杜"倾向不仅是研究张谦宜诗歌思想来源的重要参照，也是研究其生平的重要思想依据。

（二）仿古

"仿古"就是注重对作者之前的诗人艺术手法的继承和发扬，从而使诗歌更加浑厚、有韵味。张谦宜认为"凡摹古人，当似其神，去其秕。"也就是说提倡模仿古人，但是要学得"神似"而不是单纯的形式上相似。关于仿古问题，《絸斋诗谈》中一共出现了30次，其中第四卷7次，第五卷6次，第六卷10次，第七卷6次，第八卷1次。

首先是诗歌风格上的继承。如张谦宜认为杜甫《示从孙济》和《前出塞九首》分别从不同侧面继承了《古诗十九首》；《北征》继承《孔雀东南飞》；《丽人行》脱胎于《硕人》；韦应物的《拟古十二首》缠绵忠厚，似《古诗十九首》气味，《慈恩伽蓝清会》俱自《文选》淘汰出来。等等。

其次是艺术手法上的仿古继承。如张谦宜认为《草堂》的对比手法脱胎于《过秦论》；《玄都坛歌》的虚景实写得之《离骚》；陆游的《春耕》的"一气赶到，结语一点便醒"的方法得之《过秦论》；《倚栏》的"不说愁思，言下可想"为唐人家法等等。

再次是对某一作家风格的传承。张谦宜认为，《九日蓝田崔氏庄》的"羞将短发还吹帽，笑倩旁人为正冠"一句，翻用孟事；王无竟的《自大珠山至大盘村宿》"学陶而得其骨"、刘子羽的《与厉仲谠夜话》"好怀秋月苦，瘦影菊花同"二句，似王无竟；其《宿王申甫峒峪别业》"桃花流水春开瓮，细雨斜风客到门"，是放翁

---

① 张谦宜：《絸斋诗谈》，郭绍虞主编：《清诗话续编》第二册，上海古籍出版社1983年版，第862—863页。

得意句；《月下独步》清旷幽深，有韦苏州风味，当冠五绝；王美厥的《清漳城上感怀》"无家客怨千山雨，败屋人啼一夜霜"，为东野佳句；《湖上梅花》"霜来水际香初冻，月入山居白有痕"，为竟陵佳句；丘柯村的《梅花岭怀古三首》，笔墨似义山；谢皆人《客归值家人播谷咏怀》"门外鸠鸣桑葚熟，树边牛饭楝花香"两句，是真实中带风雅，此右丞之遗；等等。

这些诗歌的仿古倾向是《缃斋诗谈》"无体系的体系"中重要的组成部分，也是张谦宜关于诗之"骨"论述的重要组成部分。

（三）别有寄托

所谓的"别有寄托"，就是在诗歌中必须有自己的思想融入，不能为作诗而作诗。这也就是为什么张谦宜反对过多的作情语"凡情语出自变风，本不可以格绳，毋宁少作。"张谦宜希望诗词能够传承杜甫之骨，讲究"兴寄"。关于这一点，《缃斋诗谈》中共出现了42处，其中第四卷16次，第五卷12次，第六卷6次，第七卷4次，第八卷4次。张谦宜借仇沧柱的"不离咏物，却不徒咏物"一句来说明诗不能离开所要咏颂的物体，但是却不能单纯地表面描绘物体，而应该有"弦外之音"，有所寄托。如张谦宜认为"学诗，重气骨，且不改忠厚直谅之志，志定，则气浩然，则骨挺然。"他认为评价诗歌优劣的标准就是看"气骨"和"志"，认为只要自己所要寄托的精神定了，那么诗歌就会"气浩然"和"骨挺然"。

关于"别有寄托"的论述有很多，首先是个人的情怀寄托。如张谦宜评价《发秦州诸诗》是"道路之苦皆客情"；评价《促织》是"咏物诸作，皆以自己意思，体贴出物理情态，故题小而神全，局大而味长"；评价《客夜》"入帘残月影，高枕远江声"两句是："写不睡人苦况如画，不关闻见，全是触恼"；评价《登岳阳楼》为："由开始的气象扩大转入自己心事"；评价《野望》"跨马出郊时极目，不堪人事日萧条"为"触目感伤，言简意透。"评价元次山的《招孟武昌》："取友之严，正其人品高处，胸次洒然，诵其言使人凛凛。"；评价《夜久》："是人觉，不关物事"等等。这些例子有的是顾影自怜，感时伤逝，有的是自己理想的追寻，所写的诗歌都是"诗外有旨"。

其次，是爱国情怀的寄托。如作者评价杜甫的《三吏》、《三别》为："爱人之意深也"；评价《野老》为："言天下未平，虽有佳处，不敢宁居"。评价龚芝麓的《金陵篇》为："不愧诗史，满眼铜驼荆棘之感，却无衰飒气，真不可及"。评价陆游的《步出万里桥门至江上》为："因闲步想到报国，可谓恢张之极"。张谦宜评论诗歌时有明显的"尊杜"倾向，因此，在诗歌的"寄托"上，大部分倾向于杜甫爱国思想。

第三，是句外寄情。如作者评价王维的《息夫人》为"止二十字，却有味外味，诗之最高者"。评价孟浩然的《寻香山湛上人》为："真味性灵在字句外。"评价韦应物的《司空主簿琴席》为:"弦外有音。"评价周栎园的《安国寺访心持上人》为:"别有寄托,不仅仅为松石发。""味外味""字句外""弦外之音"等都是"别有寄托"的代名词。这就提示我们张谦宜比较看重诗歌的"兴寄"功能。

总的来说,诗之"骨"主要包括了"尊杜"、"仿古"、"别有寄托"三个方面的内容,"骨"是诗歌的重要组成部分,是诗歌的框架,也是体现其浑厚,有深意的重要方面。同时,诗之"骨"也是张谦宜诗歌"不成体系的体系"中重要的组成部分。

三、关于诗之"精"

(一)用"法"

关于作诗之"法",并不是指导作诗的宏观方法,而是在作诗的过程中所掌握的类似于技巧一类的,从诗歌本身规律出发,为增强诗歌表现效果而展现出来微观的"法"。关于"法",《絸斋诗谈》共出现了93次,是所有关于诗歌理论中出现最多的一个概念,其数量决定了"法"在《絸斋诗谈》中的重要地位。《絸斋诗谈》中的"法"有不同分类。首先是结构上的"法":主要有排法、提法、互钩句法、上下开生法、对起分承法、错对法、倒叙句法、十字句法、救题法、折腰句法、句对法、流水对法、假借对法、隔对法、侧注法、跨出局外结法、开出一步结法、跳结法、拗题法、暗转法、断接法、转结法、拗折法、进一步结法、离对法、对法、腰锁法等等。

其次,是内容上的"法"。主要有叙题法、刻画题意法、兴法、扫勒法、逆兴法、回笔蓄势法、直起法、转断法、盘旋互救法、反语法、拗意法、上截法、救法、虚景实描法、衬法、配色法、倒晕梅花法、百代之法、推结法、挑剔法、一面两照之法、白描写生法、纪梦不易之法、以经对史法、活法、互相照应法、衬法、化裁成语之法、以衬作对法、倩女离魂法、倒晕法等。

《絸斋诗谈》中关于"法"一共有58种之多,足以见得其在诗歌理论中地位和重要性。但是由于篇幅有限,在此不一一展开论述。不过,通过大量的例子可以得知,"法"这一概念是张谦宜诗歌理论的重要组成部分。是其诗歌系统性的重要参照。

(二)用"笔"

关于"笔",《絸斋诗谈》中出现了49次,其中第四卷15次,第五卷14次,第六卷10次,第七卷7次,第八卷2次。张谦宜非常推崇司空图的一句话叫"近而不浮远而不尽",并且据此提出了自己的理论:"不可故事凑笔,不可强搬故事,用字用奇语者，全要有配有衬。"这句话的意思是说"笔"需要"中和"之美，不能"浮"或者"尽"，在用字句时，最好是"有配有衬"，这样才能形成节奏感，主次分明。在《絸斋诗谈》中，根据不同的标准，"笔"又分为不同的类型。

首先是笔"力"。所谓"力"，就是"力量"，"笔力"，就是在作诗运笔的过程中所产生的内在学识的外化力量。《絸斋诗谈》中有许多论述关于"笔力"的问题，如作者评价杜甫《北征》为："笔力冷细"。评价《渼陂行》为："笔力如渴龙搅海"。评价《寒食》："笔力过人"。评价《题郑十八著作虔》："笔力之大，绝世无双"。评价柳宗元为"笔力峭劲"。评陆游五言律："尤有笔力，老健无敌。"评价陆游的《三月十七日夜醉中作》："笔力如生龙活虎，全在意思上绾定。"评价《刘子羽》："笔力挥霍，极有好势。"评价《池上怀杨晴峦兄弟同弟无逸》："笔力所到，能使无情者为有情。"评价《寿郑母歌》："笔力严冷可畏"等等。这些例子说明了"笔力"是关于张谦宜"笔"的论述中一个重要的组成部分。

其次，是笔"法"。所谓"法"，就是"方法"，那么，笔"法"，就是运笔过程中所掌握的法度和规律。关于笔"法"，《絸斋诗谈》中有许多论述。如作者评价《发同谷县》："有化工笔"。评价苏轼："坡老任意布笔，故无收敛停蓄，一泄而尽"；评价葛逻禄易之《巢湖述怀》："用笔如渴龙归海，饥鹰掣绦，最为高作。"评价《春游》"用笔得中锋法，最宜潜玩。"评价李大村的《张灯行》："力大笔健，纵横无敌"。评价崔浩《江边老人愁》："可见布笔之法"。评价杜甫《雨》："皆以反攻逆击见奇，笔端不可方物"等等。这些例子重点强调了关于笔"法"对诗歌的重要作用，可见，笔"法"是张谦宜"笔"这一范畴的重要组成部分。

再次，是笔"意"。所谓的笔"意"，就是在运笔写诗的过程中产生的味外味和高于"笔"的诗歌审美意蕴。关于笔"意"，《絸斋诗谈》中有一些例子，如评价《往在》："真得龙门笔意"。评价《饮中八仙歌》："乘一时笔势兴会得之"。评价《蕃剑》："笔墨通灵"。评价王维《鹿柴》："悟通微妙，笔足以达之。"评价王无竟《道中有所见》："笔墨通灵，手腕俱妙，不是寻常烘托。"评价《雨钟》："不愧中唐人笔"。评价施润章《咏古杂诗》："下笔自有一种气味"。评价丘柯村《梦游龙湫》："中间只说蛟，是诗人笔墨脱化处"等等。这些示例都是"笔"所产生的言外效果，也就是"笔意"的重要组成部分。

总而言之，"笔"是《絸斋诗谈》中涉及的重要概念，也是张谦宜诗歌理论的重要组成部分，在《诗谈》中，"笔"主要分为笔之"力"、笔之"法"和笔之"意"等三个部分。这三个部分共同构成了诗之"精"中关于"笔"这个范畴的外延，从而论证了张谦宜诗歌理论中的"无体系的体系"。

（三）用"气"

"气"包括对"气"本身的论述和对"气象"的论述，不过"气象"并不是张谦宜诗歌理论的重要概念，故将两者合二为一。关于"气"和"气象"，《絸斋诗谈》中出现了56次，其中第四卷17次，第五卷14次，第六卷7次，第七卷14次，第八卷4次。《絸斋诗谈》中关于"气"的论述不在少数，主要分为"气本体论""气合体论"和"气象论"等三个方面。现列举如下。

首先，是"气本体论"，也就是"气"作为一个不依附于其他物质的独立的实体而存在。比如作者评价《古诗十九首》中的《行行重行行》为："相见虽难，气类相感，不能自己。"评价《迢迢牵牛星》："通首比体，一气曲注"。评价陈子昂："才下笔时，便有一段元气，浑灏驱遣，奔赴而来。"评价杜甫《往在》："读史之妙，在层折中一气回旋。"评价《醉时歌》："总是气能化物"。评价《观曹将军画马图》："气完法密，笔路异人"。评价其《捣衣》："一气如话"。评其《旅夜书怀》："极失意事，看他气不萎靡，此是骨力定。"评价《闻官军收河南河北》："一气如话"。评价《寄贾司马严使君》："气不缓，力不疲"。评价《夔府咏怀一百韵》："运用千字，一气回旋，界限明而血脉贯。"评价王维《蓝田山石吗门精舍》："一气浑成中极掩映合沓之妙。"评其《终南别业》："一气灌注中不动声色，所向惬然。"评其孟浩然《与诸子登岘山》："一气滚出，遂为最上乘"。评其《洛中送奚三还扬州》："一气如话，此之谓老。"评韩愈《送区弘南归》："气甚魁岸"。评其《送吕彦升参谋》："高声高气"。评葛逻禄易之《颍州老翁歌》："大气回翔，不为事累"。评宋牧仲《过北庄之三》："气静而又纵送之势，是以为妙。"评价毛稚黄"气静味淡"。评价李大村的《获稻十七首》："一气收卷，更无断续。"评其《生子》："一气如话，真性流露"。评丘柯村的《南陌》："气静，神凝"；评李大村的《牛首山》："灏气孤行，包罗万象。"评其《望九仙五莲》："有奇气，却不在造句上见。"由此可见，"气本体论"在"气"这个范畴里是占有非常高的地位的，是整个"气"理论的核心，这也就是说"气"是诗之"精"理论的重要组成部分。他对诗歌审美和内在张力的开拓方面都有非常重要的意义，是历代诗歌理论的争论焦点，也是张谦宜理论的精华部分。

其次，是"气合体论"，也就是说"气"不是独立的，而是依附于其他的概念而一起构成的范畴。比如评价《兵车行》："句有长短，一团气力"。评价《蕃剑》："写无情物亦勃勃有生气"。评价《望岳》："此时他气魄大，非才华学力所能到。"评价陆游《雨夜思子虡》"气格已落晚唐"。评价徐渭《张氏子黄鹦鹉》："气骨卑弱，华藻反成累"。评价《风鸢图》："森秀之气，自不可掩。"评价王无竟《泰山》："有典册气"。评价《石门寺同严上人小游》："此诗气格高，风骨秀"。评价丁药园《送张坦公出塞》："警壮有气色"。评价《东郊十首》："气力光焰，锤炼构造，无不入妙，七律中飞将也。"评价丘柯村的《冰渡行》："灵气悄恍"。张谦宜自己作诗："予期于气味融洽，首尾通畅，又在雕镂烹炼字外。""气合体论"的论述开拓了"气"的外延，也为"气"这一概念提供了新的内涵和审美视角，相对于"气"本体论而言，"气合体论"为诗歌提供了更加宏观的意境表现范畴。这对于整个诗歌理论的开拓都有非常重要的意义。

第三，"气象论"：比如张谦宜评价杜甫《登高》："其声色气象齐到处，正是养得足"。评价《汉江临泛》："气象大"。评价杜茶村《登金山塔》："气象甚大"。评价丘柯村"气象雄伟"。评价李大村"局面高大，气象浑雅，七言律中气不足，七言古气足力充。""气象"这个概念并不是张谦宜诗歌理论重点的论述对象，但是这个概念对整个诗歌画面的描摹和感知的形象性和精确性功不可没，故简述之。

（四）用"力"

关于"力"，《繝斋诗谈》中出现了30次，其中第四卷10次，第五卷6次，第六卷5次，第七卷9次。"力"是构成张谦宜诗歌理论的重要的组成部分。

根据力的性质不同，"力"分为不同的类别，首先是由内而外所展现的"骨力"：比如张谦宜评杜甫《旅夜书怀》"骨力定"；评价石守道："骨力甚劲，惜乎泥于宋调，有力尽用，殊少蕴藉。"评价谢皆人《荆南即事》"村中野老溪边水，红遍春城千杜鹃"一句为"绮丽中有骨力，所以耐嚼。"评价《丽人行》为："全是骨力好"。评价《独酌》为："风骨自劲，力大笔圆"。评价陆游《园居一首》："极自在却不颓唐，全在此处看人骨力。"

其次，张谦宜非常注重偏向后天的"力"，讲究作诗要"炼力"和"撰力"。比如：评价杜甫的《醉歌行》："此诗可谓炼力到，巨蟒归穴，其力在尾。"评价《魏将军歌》："此设色之所以可贵，然须有力量锤炼得有火色。"评价《晚至铁沟邱子如别墅》："此诗首尾完密，撰力亦到。"评价丘柯村《寄友》："此是隽逸调，然炼力已足，自能使人改观。"评价《望越台先生居》"鸟背松阴薄，人衣麦陇香"一句为"撰力入微"。评价《客至》："每句含三层意，人却不觉，炼力到也。"

第三，就是阐述"力"的功用。比如张谦宜评价《寄高适岑参》为："整齐中带错综，势局便不板，此全是力大。"评价王维《使至塞上》："边景如画，工力相敌"。评价王无竟《感怀拟古》："转接一团是力，呼吸通灵。"评价李大村《获稻十七首》："质素中有厚力"。评价《张灯行》："力大笔健，纵横无敌"等。

四、关于诗之"神"

（一）自然

所谓"自然"用张谦宜的话来说就是"不洗自净，不学而能"的冲淡和"如丹砂白玉，本色自不可掩"的平淡。张谦宜多次提到诗歌自然的妙处，如在评价杜茶村时，张谦宜写到"盖由养深味厚，渐进自然"。在评价李大村的诗歌时多次提到"自然"二字，如评价《偶行》"偶行闻艾叶，昨雨落松花"一句为"句极自然"。评价《寺门石台上夜饮》"一江残月满，高树数星明"一句为"此等句今始知佳，有意无痕，渐近自然。"在第八卷杂录中评价《古诗十九首》和《孔雀东南飞》时说"皆是功夫极处，殆近'天然'。"等。张谦宜提倡诗文要"涩"和"疏野"："涩对滑看，如碾玉为山，终不如天然英石为妙。""天然率真，才用意便是假。"这些例子和论述充分论证了"自然"这个概念在张谦宜诗歌理论中的重要作用。

（二）中和

"中和"就是体现在诗歌中的情感不过分流露，从而达到一种情感平衡状态。笔者认为，在一定程度上，"中和"在张谦宜的《絸斋诗谈》中可以包括"和"、"平"、"蕴藉"等含义。关于"中和"的重要性，张谦宜认为："作诗先相题之来处去处，次搜题之层数，与内境外境。且须精神命脉全使上，读古诗择最佳品味中和者，用以自辅。"也就是我们在作诗时，要以"中和"为主旨来结构自己的精神层面和技法层面，这样才不至于偏颇。关于"和"与"平"的论述，古来有之。《中庸》云："人情中节处，谓之'和'"。同时，张谦宜认为"痛则哭，冤则诉"，心下放松，谓之"平"并且"人生的喜怒哀乐，不可毕见于诗。"这就体现了在作诗时"和"与"平"的重要性。所以说张谦宜的诗歌理论并不是要求人们完全放下情感去追求"理"，而是讲求有节、有度地去追求情感释放。达到"和"的平衡状态。关于中和，张谦宜有许多论述，比如他评价《古诗十九首》第八篇为："怨极，却不肯做决绝语，非独用意忠厚，于情则是聊以自解，于法则是盘旋互救。"评价孟浩然《岁暮归南山》："绝不怒张，浑成如铁铸。"评价《寻菊花潭主人不遇》："若无好处，正是空淡入妙。"评价韦苏州《寄全椒山道士》："无烟火气，亦无云霞光，一片空明，中涵万象。"评价陆游《夜坐亭中读古人诗》："不必造句警奇，须求其全体稳重，丰骨隐然者为佳。"评价杜甫的《哀江头》："叙事隐括，不烦不简，有骏马跳涧之势。"评价王维的《菩提寺私成口号诵示裴迪》："此谓怨而不怒。"等等。

"蕴藉"一词原不是诗歌美学范畴的词语，而是指古人衣中的绵与饰，在《絸斋诗谈》中借指儒雅风流。"蕴藉"和"含蓄"为同义词。张谦宜认为"含蓄"是作诗文的第一要义，也就是说"蕴藉"是作诗文不可或缺的要素。如《古诗十九首第十二篇》："'衔泥巢君屋'何等蕴藉。"评价欧阳修诗："和平委婉有余。"葛逻禄易之《赋鹦鹉送偰世南廉使之海南》："赠人处语短而味长，蕴藉风流。"李义山《龙池》："讽而不露，所谓蕴藉也。"

（三）神和意

关于"神"和"意"的概念，《絸斋诗谈》中多次出现。"神"，应该是建立在诗歌的"象"之上的艺术境界。古代诗歌理论中的"神韵""入神"等词也同时说明了此境界的高妙。关于"意"，张谦宜认为："造意为诗骨，婉而妙，机到便应，意应胜词，也可造词，思路宜当下扩充。"也就是说"意"是建立在词语锤炼之上的形而上的东西，"意"不是独立存在的，而是同精神相贯通的，"意"可以应手造词，也可以产生高于词本身的韵味。笔者认为"神"和"意"具有同向性，"意"是产生的象外的客观的高于词的韵味，而"神"是建立在主客观交融后所达到的入化境界。"意远而为神"。关于"意"，作者有许多论述，比如他评价《古诗十九首》最后一首为："语短而味长，笔疏而神密。"评价陶渊明《劝农》："词淡而意浓"。评价杜甫的《彭衙行》："写避难时光景真，落到感激孙公处，不烦言而意透。"评价元次山《石鱼湖上醉歌》："简而远，此境最不易到。"等等。关于"神"，作者也有相应的论述，比如评价王维《冬晚对雪忆胡居士家》为："得蓦见之神，却又不费造作。"评价《鱼山神女祠歌》："妙在恍惚，所以为神。"

（四）情和真

"情"就是作者自身的感情在诗中的外化。"真"就是不矫揉造作，注重情感的自然流露。"情"和"真"的概念有一定的关联性和互补性，"情"是思绪的内在流动，"情不知所起，一往而深"，而"真"是"情"发而为诗的外在表现。两者共同构成诗歌理论的一对范畴。关于"情"和"真"的概念，《絸斋诗谈》明确出现了6次。如作者在评价《古诗十九首》第十八篇为："古人于知己，别有一段关切绸缪处，心神结得厚重，缘物生情，无非妙谛。正须象外求合，不得执着色相。"评价其第十九篇："至情至理，绝非私昵。"评价杜甫《春日忆李白》："景化为情，造句三昧也。"；评价《送舍弟颖》："开口沉痛，如闻其声，情真之妙如此。"评价陆游《寒夜枕上》"吾诗欲写还慵起，卧看残灯翳复明"一句云："只是情真，便有余味。"关于"真"的论述，作者主要集中在杜甫身上，如作者评价杜甫的《羌村》为："只是一真，遂兼众妙。"

综而述之，从《絸斋诗谈》中，张谦宜的诗歌理论主要体现出来"无体系的体系"，这种"体系"主要包括四方面的内容，首先是炼字、炼句、炼章、炼韵等诗之"格"

等方面的内容,其次是"尊杜""仿古"和"别有寄托"等诗之"骨"方面的内容,再次是"气""法""力""笔"等诗之"精"等方面的内容;最后是"自然""中和""神"与"意""情"与"真"等诗之"神"等方面的内容。这四个方面共同构成了张谦宜诗歌理论的主要框架,对于张谦宜生平思想和诗歌理论的系统研究有一定的参考价值,至于每一个概念范畴的具体深入的论述,由于笔力有限,不再一一展开,其他于文中尚未深入讨论和解决的学术问题,以待来者。

作者简介:许文平(1991—),女,山东聊城人。中国石油大学(华东)文学院硕士生,主要研究方向为中国古代文学、古代文论。

浅析《絸斋论文》的作家修养观

于 晓

（青岛大学 文学院，山东 青岛 266071）

摘要：张谦宜作为清初著名诗文理论家，其文学理论思想主要体现于《絸斋论文》中，此著作理论覆盖面广，结构完整，形成了系统的文论观。本文以《絸斋论文》作为研究对象，从人品修养及艺术修养两个方面对张谦宜的作家修养观进行论述。

关键词：张谦宜 《絸斋论文》 作家修养观 人品修养 艺术修养

作家作为文学创作的主体，其自身的修养直接关系文学作品的优劣。在我国的文学理论中虽未有专门著作对作家修养进行系统全面的论述，但作家修养对文学作品的影响历来是文论家讨论的重要内容，在各类诗文理论著作中也多有散见。清代文人经过前人学者的理论积淀，融合时代价值观和个人见解，逐步形成系统的文论观。张谦宜在《絸斋论文》中，系统地阐述了对文学创作主体作家的要求。下面主要从作家的人品修养以及艺术修养两个方面分析张谦宜的作家修养观。

一、"文品以人品为本"[①] 的人品修养论

作家的人品历来受到古代诗文理论家的重视，从先秦至张谦宜所在的清初，"文品"与"人品"关系的言论观点在逐步地发展成熟。先秦时期《尚书·尧典》提出的"诗言志"、《庄子·天下》当中的"诗以道志"、《易传·卦象》中的"诗文如其人"都是将诗文和人的内心思想性格相联系，笼统地点出了两者的内在关系。至儒学盛行的两汉时期，"文品"与"人品"的关系多体现在文学批评家对屈原的评价上。在贾谊的《吊屈原赋》和司马迁的《史记》中都肯定了屈原身上的人格魅力，并且对屈原的文学作品作了高度的评价。至魏晋时期，我国古代文学理论体系逐

---

① 张谦宜：《絸斋论文》，王水照编：《历代文话》，复旦大学出版社2007年版，第3872页。

步发展，对"文品"与"人品"的关系的理解，文学家们逐渐将重点从儒学积极入世的政治思想转向文人的内在修为和品质。曹丕的"文气说"、刘勰的"风骨论"都点出文学作品中往往能够展现文人的内在情操和风采，并且进一步说明文人内在精神品质的丰沛与否，直接影响作品的优劣。至唐宋时期，古文运动的兴起带来"文以载道"观点的盛行，韩愈、柳宗元强调了作家在做文章时，应当注重人品与文品的统一，作者的道德水平越高，越能理会圣人之作进而达到"文以载道"的目的。

明清之际由于朝代更替时局动荡的特殊历史背景，文人面临着民族大义和利益诱惑的艰难取舍。有些文人如顾炎武、王夫之，坚持民族气节，拒绝出仕清朝。也有一部分文人摇摆不定，在政治镇压与诱惑的抉择中选择投降清朝，其中钱谦益成为典型代表。是否出仕清朝直接关乎守节与变节的问题，人品问题在时代矛盾冲突中被提到了前所未有的高度。明清之际文坛围绕"人品"与"文品"的关系的论述也不断涌现，如徐增在《而庵诗话》中云："诗乃人之行略，人高则诗亦高，人俗则诗亦俗，一字不可掩饰。见其诗如见其人。"[1]薛雪在《一瓢诗话》中也提到："著作以人品为先，文章次之。"[2]叶燮在《原诗》中谈到诗人的"胸襟"时说："我谓作诗者，亦必先有诗之基焉。诗之基，其人之胸襟是也。"这里的"胸襟"自然包括了诗人的思想品格，叶燮认为创作主体具有高尚的"胸襟"是进行诗歌创作的基础。张谦宜在融合前代文论的基础上，在《絸斋论文》中，明确提出了"文品以人品为本"的人格修养论，从正反两方面对文人作家的人格修养做出了阐述。

（一）对"天理人心之正"的推崇

中国传统文论中对于作家道德品行修养的观点早有存在，中国古代文人历来将"立德"看作为人修身的最高标准。《左传》中就曾说过："太上有立德，其次有立功，其次有立言"，孔子也曾发表过"有德者必有言"的言论，后至司马迁在《史记》中多运用人品道德来评价文人墨客。至唐宋时期，古文运动兴起，韩愈等人站在复兴儒道，回归经学的立场上，主张"文以载道"，强调政治的教化功能，因此对作家的人品修养的要求也随之提升。后人从作家的人品道德修养入手，评价诗文的优劣的例子也数不胜数。

张谦宜在《絸斋论文》开篇统论中提出了作者人格品行的重要性。

古人得六经之要旨，修身慎行，不得已而有言，天下信之，君子许之，然后

---

① 丁福保：《清诗话》，中华书局1978年版，第430页。
② 丁福保：《清诗话》，中华书局1978年版，第567页。

可以命世而行远。方其措思，一准乎天理人心之正，及其下笔，又有千仞壁立不可摇夺之势。

文人无行，自昔为病，故学者必先立志。读书明理时，便须与圣贤为徒，不端以文自喜……此言一出，必有关于名教，必有益于民生，必有当于励名节，正人心，必能阐经文未畅之蕴，必能破迂曲邪杂之见。①

文品以人品为本。学识并到，笔下能择能，立言务取于贵，其品自高。②

张谦宜认为文人应当多读圣贤之书，与圣贤为徒，明圣贤之理。唯有如此，自身的修养和境界才能到达一定的高度，作品才能展现出较高的水平。这与韩愈、柳宗元的观点相仿，认为文人做文章之前应当具有高尚的品格和精神气质，而做到这一点必须如"古人得六经之要旨"般，不断地学习和修行，当自身的学问品行得到了认可，才能"不得已而有言"。只有这样做出来的文章，才会"天下信之，君子许之"，才能真正做到"天理人心之正"。

（二）对"求名利"的批判

张谦宜在《絸斋论文》中一方面从正面推崇了"天理人心之正"的重要性，另一方面从反面提出对文人"媚世"、"求名"的批判，这样的论述在《絸斋论文》中多处都有体现。

以文求名利，固是下品；以文博官职，以文免祸患，以文擒罪愆，独得为高行乎？古人书陈桥一事，天雷劈案而不慑；书枋头一败，以迈族而不悔。具此定力，吾许之为著作手。

学者勿急于见长，勿急于求名，一有此病，终身无成。戒之戒之。

文章必要讨好，亦是一病，如苏州清客，时时揩面拭唇，衣冠鞋袜并无点尘，细看反觉小祥。若天日之表，不衫不履，顾盼生风，只是千人俱废。文家要进此一解。③

张谦宜在其文论中提及文人"求名利"的现象，与清朝初期的时代背景有着莫大的关系。清军入关后建立新的朝代，彼时的文人面临着艰难的抉择，如果在权力的威逼和诱惑下，出仕清王朝，则是对于民族的变节。这样的行为在当时民

① 张谦宜：《絸斋论文》，王水照编：《历代文话》，复旦大学出版社2007年版，第3870页。
② 张谦宜：《絸斋论文》，王水照编：《历代文话》，复旦大学出版社2007年版，第3872页。
③ 张谦宜：《絸斋论文》，王水照编：《历代文话》，复旦大学出版社2007年版，第3877页。

族矛盾异常冲突的情况下，必然会背上贪图名利、背信弃义、民族叛徒的罪名。张谦宜因此提出了"文品以人品为本"的观念。他更加推崇"富贵声气，不足以动其心，颠沛流离，不足以易其守"①的文人气节，因此在《絸斋论文》当中透露着对名利诱惑的不屑，对自身立场的坚定和对文人使命的忠诚。

二、"积学""明理""有识"的艺术修养论

我国古代文论家一方面强调作家德才人品的重要性，另一方面从不同角度对作家的艺术修养提出了要求。张谦宜在总结前人理论观点的基础上，从三个层面对作家的艺术修养提出了要求，分别是"积学"、"明理"、"有识"。这三个层面是前后相继的过程，贯穿作家创作始终的重要修养。

(一)"积学""明理"

我国古代文论中有不少文学批评家指出作家创作过程中必须包含"积学"的过程，只有通过拜读学习前人的经典，才能增强自身的文学修养，进而才能达到"明理"的结果。如刘勰曾在《文心雕龙》中提到"积学以储宝"的观点，意思就是通过不断的学习来增长自己的学识和能力，以此作为文学创作的基础。严羽也曾在《沧浪诗话》中云："先须熟读《楚词》，……乐府四篇，李陵、苏武、汉、魏五言皆须熟读，……然后博取名家，酝酿胸中，久之自然悟入。"②这同样强调了博览群书、储蓄学识的重要性。作家通过博览名家名篇，使章法用意潜移默化于心，在创作时必然会发挥作用，正可谓"读书破万卷，下笔如有神"。可以说，"积学"是众多文论中对于作家要求的最基本层面。

张谦宜在《絸斋论文》中也多次强调博览古文经典的重要性。他所着重强调的是对于儒学经典的学习和理解。他在文中提到：

予自十三便学古文，成童后读古人书渐多，乃日有所得。壮年读全部《史》、《汉》，沃闻士君子之论，证诸名公谈文攻击驳辩之言，所见又一进。晚年读朱子书，通论名臣大儒并其著述得失，则又闻所未闻。③

书要只管读，理要只管析，蓄之存多，所见透底，可以言矣，且勿轻出。④

① 张谦宜：《絸斋论文》，王水照编：《历代文话》，复旦大学出版社2007年版，第3870页。
② 郭绍虞：《沧浪诗话校释》，人民文学出版1983年版，第1页。
③ 张谦宜：《絸斋论文》，王水照编：《历代文话》，复旦大学出版社2007年版，第3867页。
④ 张谦宜：《絸斋论文》，王水照编：《历代文话》，复旦大学出版社2007年版，第3871页。

可见张谦宜对于作家的艺术修养的第一要求便是"积学"。他在自序中提到，自己从十三岁学习古文开始，博览众家之言，每次都能有不同的收获。他主张文人在通过大量阅读儒家经典的基础之上，积累自己的见解言论。在要求文人博览儒家经学的基础上，张谦宜进一步强调"明理"的重要性。这与前文提到张谦宜注重文人作家人品修养的要求一致。他认为文人在经典作品的熏陶之后，会从中获得"理"的启发，并在文章中传承这种"理"。《絸斋论文》中写到："文以载道明理，不止效其声响说话。"① "为文必须理正，予之夺之不敢有私心。"② 这都是张谦宜对于文人创作作品时的要求。他继承了韩愈"文以载道"的观念，认为作者在进行文学创作过程中，应该赋予作品承载道德理念的使命，而非为媚世求名而作。

（二）"有胆识"

文人经历了"积学"与"明理"的过程后，张谦宜还提出在进行具体的文学创作时，应当做到"有胆识"，是他对于作家艺术修养的第三个层次的要求。同时期的诗论家叶燮在《原诗》中曾提到"才、胆、识、力"，其中的"胆"、"识"与张谦宜的观点不谋而合。所谓"识"，就是作家的艺术鉴赏力，对世界万物是非美丑的辨识能力。《原诗》中有云："惟有识，则是非明；是非明，则取舍定。不但不随世人脚跟，并亦不随古人脚跟。"人若无"识"，则"理、事、情铺于前，而浑然茫然，是非可否，妍媸黑白，悉眩惑而不能辨"叶燮从正反两个方面说明了"识"对于一个作家的重要性。所谓"胆"，即是作家在文学创作过程中敢于创新的精神。叶燮曾说："成事在胆"。他认为作家如果胆大放手去创作，就不会被古人今人所左右，便会有所成就。相反，"无胆则笔墨畏缩"，如果作家创作时畏畏缩缩、战战兢兢，则写不出有创见的作品。当然，叶燮并不是主张鲁莽冲动的"胆"，而是以"识"为基础前提的。叶燮在《原诗》中关于作家文人"胆识"的观点，与张谦宜在《絸斋论文》中所要表达的态度基本一致。张谦宜同样赞同"识明则胆张"的观点：

> 孙思邈曰：胆欲大而心欲小，此行文之格言也。胆大则能创获，心小则能入细。胆虽大而心不小，或是鲁察；心虽小而胆不大，必至萎葸。惟明理足以壮吾胆，惟有识足以扩充吾胆，惟养气足以推行吾胆。③
>
> 今人作文，好用典故衬贴实迹，如割死人肉枯在活人面上，模样更看不得。

---

① 张谦宜：《絸斋论文》，王水照编：《历代文话》，复旦大学出版社2007年版，第3873页。
② 张谦宜：《絸斋论文》，王水照编：《历代文话》，复旦大学出版社2007年版，第3873页。
③ 张谦宜：《絸斋论文》，王水照编：《历代文话》，复旦大学出版社2007年版，第3871页。

四书五经，只资其理取其法，若句样字比而欲模仿其貌，是亦扬雄、王通、王莽而已。成经侮圣，莫大于此。①

具体来说，张谦宜对文人创作时的修养的要求，都建立在"明理"、"有识"的基础上，唯有达到这样的要求，才能进行胆大心细的文学创作，而不受古人的约束。同时，张谦宜注重作家"识"的能力，是因为他认为这样的艺术鉴赏力有助于帮助作家选择材料、评判是非。虽说前文中提到张谦宜对于古代儒学典籍的推崇，但是他同样客观地要求文人在心中存有天理法度的基础上，更能在学习圣贤之论的过程中，做到"资其理取其法"。能够有效地辨识典籍当中所蕴含的道理和方法，而不是流离与文字句式上刻意死板地模仿，否则便如扬雄一样，过于效仿经典，反而显得迂腐呆滞，是对于圣贤之书的莫大侮辱。

总体来说，张谦宜在《絸斋论文》中对文人作家的修养有着较高的要求。他从作家的内在的人品修养出发，认为"文品以人品为本"，倡导文人能修身慎行，博览经学，进而做到"天理人心之正"。在具体的艺术创作过程中，张谦宜从多个角度对作家提出了要求，从基本的"积学"入手，进而要求文人能够在学识积累过程中掌握圣人经典当中的"理"，并且提升自身的艺术鉴赏力，能够明确对前人文章做出中肯评价，进而有所取舍地进行大胆的文学创作。虽然张谦宜在《絸斋论文》中所体现的作家修养论并非条理明晰的系统言论，但是仍旧可以感知其内在逻辑。同时，在文中可见张谦宜的文论观点大多在吸收前代文人作品观念的基础上，融合了与时代背景相契合的价值取向，最后形成了具有总结意义的作家修养论。

作者简介：于晓（1991—），女，山东日照人，青岛大学文学院硕士生，主要研究方向为明清文学。

---

① 张谦宜：《絸斋论文》，王水照编：《历代文话》，复旦大学出版社2007年版，第3880页。

论《絸斋诗谈》对明代格调派重性情思想的继承

彭　磊

（中国石油大学（华东）文学院，山东　青岛　266588）

摘要：格调是中国古代文学批评中的一个重要的范畴。格调理论范畴被抬升到相当的理论高度，进而占据中国古代文学批评核心地位主要是在明代。明代形成的声势浩大的格调派，回归了诗歌本质属性，注重诗歌中的情感抒发，一方面，强调诗歌主观之情与客观之物的关系，另一方面，强调诗歌真挚情感的抒发。张谦宜诗学论著《絸斋诗谈》继承了明代格调派关于这些性情的主张，又突破格调的形式束缚。

关键词：张谦宜　《絸斋诗谈》　格调派　性情

性情和格调本来就是属于两个范畴，性情强调作家的真挚情感对创作的重要性，格调强调作品中字句的艺术规范。诗歌的创作在于作者性情的抒发，同时又必须遵循一定的艺术规律，运用一定艺术手段去抒发这种情感，这就从不同的程度束缚了诗人的性情，往往导致性情与规范的直接冲突。一方面，一味地追求诗歌的规范，容易给诗歌的表达带来束缚，另一方面，一味地强调性情就必然危及格调规范。从明代格调派开始，就注意到了格调论的这种矛盾。他们突破了诗歌中关于字法、句法和章法规范，注重探讨诗歌中的性情。他们关于性情的观点主要体现在两方面，一方面，强调主观之情与客观之物的相互关系，另一方面，强调主观之情的真实性。张谦宜的《絸斋诗谈》论诗也讲究性情，继承了明代格调派关于性情的观点，回归了诗歌关于性情的本体属性，突破格调的形式束缚。

一、明代格调派关于性情的观点

明代格调派是明代文学的一个重要流派，经历了从兴起到衰亡的阶段。兴起阶段以高棅和李东阳为代表，发展阶段以李梦阳、何景明和徐祯卿等为主的前七子和李攀龙、王世贞、谢榛等为主的后七子为代表，衰亡阶段以末五子为代表，主要是胡应麟、屠隆和李维桢。这一派除了重视诗歌的形式规范外，普遍注重诗歌中情感的抒发。首先，明代格调派强调主观性情与客观之物的关系，这集中体现在李梦阳的诗学观点中。李梦阳论诗特别重情。他说："夫诗，发之情乎？声气其区乎？正变者时乎？""情者，动乎遇者也……故遇者物也。物者情也。情动则会心，会则契神，契者则音所谓随窍而发者也。……故遇者因乎情，诗者形乎遇。""天下有窍则声，有情则吟诗。窍而情，人与物同也。然必春焉者，时使之也。"①他认识到，诗歌的本质是发之于情，同时，诗歌之情是与现实相关联的，所谓"情者动乎于遇"，就是说诗人在与客观自然社会生活相接触所产生内心的情感；所谓"物者情也.情动则会心"，就是说诗歌之情是要与诗人所接触的物象表现出来的，也就是他所说的"窍而有情，时使之"；这种会心是主观之情与客观物象在相互交融而产生的，最终是"诗者要形乎遇"，就是说诗人要自身遭遇的感情用语言表达出来。这是对物（遇、时）、情、诗三者关系的准确描述，也是对刘勰在论述物情辞三者关系时提出"情以物迁，辞以情发"说法的继承。其次，明代格调派强调主观之情的真实性，集中体现在谢榛和王世贞的诗学观点中。谢榛论诗也重情感，强调自我之情。他说："赋诗要有英雄气象，人不敢道，我则道之人不肯为，我则为之，厉鬼不能夺其正，利剑不能折其刚。古人制作，各有奇处，观者自当甄别"，②强调作诗要有雄浑刚健的气魄。这种气魄是人不敢道，我则道，人不肯为，我则为，要把作者之我的豪壮性情表达出来，要于古人之外，独标一己之异。这种自我之情必须是真挚的。他在批评师法杜甫的人时说："今之学子美者，处富有而言穷愁，遇承平而言干戈，不老曰老，无病曰病，此摹拟太甚，殊非性情之真也。"③可见，谢榛也是赞成学杜。他还认为学习杜甫诗歌的语言和法度，但不能过度摹拟杜甫诗歌风格，不能顾此失去性情之真。王世贞主于情实之说，说："声响而不调则不和，格尊而无情实则不称。就天下之所争趋者，亟读之若可言，徐而核之，未尽是也。"④诗歌应该讲究声调音韵，讲究格调规范，但是，不能一味追求诗歌的声响和格尊，而忽视诗歌真情实感的抒发。因而，他强调诗歌的创作应该抒发自我的真实情感，格为我用。他说："先有他人，而后有我，是用于格者也，非能用格者也……盖有

---

① （明）李梦阳：《空同集》，廖可斌编《明代文学复古运动研究》，上海古籍出版社1994年版，第91页。

② （明）谢榛：《四溟诗话》，人民文学出版社1961年版，第107页。

③ （明）谢榛：《四溟诗话》，人民文学出版社1961年版，第47页。

④ （明）王世贞：《弇州续稿》，廖可斌编《明代文学复古运动研究》，上海古籍出版社1994年版，第265页。

真我而后有真诗。"① 他在这里指出了用于格者和用格者的区别,用于格者就是心中先有他人,一味追逐古人的格调,用格者就是先有自我,用一己之意去驱遣古人之格调,只有用格者才能会抒发自我的真实感情,才会有真我而后有真诗。

二、《絸斋诗谈》对明代格调派关于情与物相互关系观点的继承

张谦宜论诗同样讲究性情,强调情与物的关系,提出性情起于兴。他说:"无兴致不必做诗,没意思不必做诗,无实意实事不必强拉入诗。"② 就是说诗人的情感是接触到客观事物而引起的,即以客观事物为寄托体,去寄寓诗人的思想情感,这是一个由物到心的过程。先有物的触引,然后才有心的感发,即情感的抒发,因而作诗必要有兴致,并且这种兴致必须是实意实物。即是说作诗要抒发真实的性情,同时,触发这种情思的客观之物也必须是真实的,否则,就不必强拉入诗。他在评论《古诗十九首》时就重视这种兴物之情,评其七:"'明月皎夜光'八句,兴人情之浇薄。"评其八:"'冉冉孤生竹,结根泰山阿',兴怨女之依夫。"评其十八:"古人于知己,别有一段关切绸缪处,心神结得厚重,缘物生情,无非妙谛。"③ 他认为第七首诗通过对皎洁明月之夜的描绘,兴起了诗人的被世态炎凉所欺骗的悲哀和伤痛之情,第八首诗通过孤竹结根泰山的描绘,兴起了怨妇对丈夫的依赖之情,第十八首通过对物的触发,生出了厚重之情。张谦宜强调客观之物触发诗人之情的观点,继承了李梦阳关于物与情关系的看法,即他所说的"情者动乎于遇",认为诗人的情感是在与客观自然社会生活相接触而产生的。

此外,他认为性情不止于人,也要移入物。他评杜甫:"杜诗咏物,俱有自家意思,所以不可及。如《苦竹》,便画出个孤介人,《除架》,便画出个飘零人,《藩剑》、《宛马》,又居然是英雄磊落气概。"④ 他认为杜甫的《苦竹》、《除架》、《藩剑》和《宛马》这几首诗虽然都是咏物之诗,但是,诗人将自身的情感体验注入客观之物,使得这些咏物诗都带有诗人的精神面貌和气质,《苦竹》和《除架》这两首咏物诗就蕴含了诗人的孤寂之情,《藩剑》和《宛马》这两首诗就蕴含了诗人的豪壮之情。因此,

---

① (明)王世贞:《弇州续稿》,廖可斌编《明代文学复古运动研究》,上海古籍出版社1994年版,第265页。

② 张谦宜:《絸斋诗谈》卷一,郭绍虞编《清代诗话续编》第二册,上海古籍出版社1983年版,第793页。

③ 张谦宜:《絸斋诗谈》卷四,郭绍虞编《清代诗话续编》第二册,上海古籍出版社1983年版,第821—823页。

④ 张谦宜:《絸斋诗谈》卷二,郭绍虞编《清代诗话续编》第二册,上海古籍出版社1983年版,第805页。

他说"咏物诸作，皆以自己意思，体贴出物理情态，故题小而神全，局大而味长，此之谓作手。"① 他认为杜诗虽然只是咏物，都有自己的性情注入，能写出自家意思，能反映出杜甫自己的感情和遭遇，所以他所咏之物便具有情态，更加能传神而韵味深长。他在评其他诗作时也是比较重视这种有情态的咏物诗。他评论王无竞："《同友人游石门寺南见碉二首》，烟霞俱带性情，其品极贵。"② "《池上怀杨晴峦兄弟无逸》：'野浦初晴秋气新，偶来石畔坐苔茵。依稀露冷风清处，也觉莲花似忆人。'笔力所到，能使无情者为有情。"③ 他认为烟霞和莲花本来是客观的事物，由于诗人将主观之情移入这些客观事物，使得主观之情和客观之物融为一体，让无情者带有性情，因而"其品极贵"。张谦宜将主观之情移入客观之物的思想，与李梦阳"物者情也，情动则会心"的思想是相通的，都是强调诗人所接触的物象要蕴含诗人主观之情，都旨在达到主观之情和客观之物相互交融的状态。

三、《絸斋诗谈》对明代格调派关于情真观点的继承

张谦宜认为诗歌中的性情必须是真实的，说："诗只要情真，有议论何妨？"④ 他把真作为衡量性情的重要标准，特别推崇《古诗十九首》，因为《古诗十九首》无论是表达游子思乡之情，还是表达怨妇思夫之情时，都表达了他们内心真挚的情感。他说："不矜才，不使气，并不恃学问，直以性情笃挚，遂接风人之绪。虽有作者，俱不能出其范围，洵为诗家之宗。"⑤ 可见，《古诗十九首》成为诗家之宗的着眼点就在于性情笃挚，并不依靠学识而写，而是凝聚游子和思妇真挚情感后自然作出。也就是说情真是诗歌写作的基础，"吾师杨寅夏先生云：'汉人只是情真。'读古诗十九首，益信此言之确，情之所结，软绵如膏，而腻细不流，所以颠扑无缝。"⑥ 《古诗十九首》之所以能颠扑无缝，就在于情之所结，所结之情皆为真挚之情。他

① 张谦宜：《絸斋诗谈》卷四，郭绍虞编《清代诗话续编》第二册，上海古籍出版社1983年版，第834页。

② 张谦宜：《絸斋诗谈》卷六，郭绍虞编《清代诗话续编》第二册，上海古籍出版社1983年版，第872页。

③ 张谦宜：《絸斋诗谈》卷六，郭绍虞编《清代诗话续编》第二册，上海古籍出版社1983年版，第872—874页。

④ 张谦宜：《絸斋诗谈》卷一，郭绍虞编《清代诗话续编》第二册，上海古籍出版社1983年版，第795页。

⑤ 张谦宜：《絸斋诗谈》卷四，郭绍虞编《清代诗话续编》第二册，上海古籍出版社1983年版，第820页。

⑥ 张谦宜：《絸斋诗谈》卷四，郭绍虞编《清代诗话续编》第二册，上海古籍出版社1983年版，第820页。

评论其他诗作，也注重情真这个标准。他评施闰章："《独山妇摹庐江小吏妇》一篇脱御却净，只是本事情真，看此可知偷意偷势之诀。"① 可见，情真能给诗歌带来清净之意，使人有焕然一新之感。评价陆游："《寒夜枕上》结句云：'吾诗欲写还慵起，卧看残灯翳翳复明。' 只是情真，便有余味。凡无味者，浅俗薄弱而已。"② 可见，情真使诗歌韵味无穷，能给人更多的审美想象空间。但是，他认为情真不能完全表露。他评王维《送元二使安西》说："'劝君更尽一杯酒,西出阳关无故人。' 凡是情真不以说破为佳。"③ 这里诗人对友人的依依不舍之情，并没有直白表露，只是剪取饯行宴席即将结束时主人的劝酒辞，有意无意地延宕分手的时间，好让对方再多留一刻。诗人没有说出的，比已经说出的要丰富得多，更能见其对友人的真挚情感，正如张谦宜所评点的那样 "情真不以说破为佳。" 他对假性情的诗作是不满的，说："钱牧斋诗苦无真性，大抵只有四套：一宦游，二名士，三禅和，四脂粉。除此以外，无风人之致。"④ 他认为钱谦宜的诗歌有情感的表达，但都不是真挚的情感，只是一些客套造作的诗，缺少风人之致，即不像民间的民歌那样能自然地抒发内心真情实感。他还强调诗歌情真必须要深厚感人。他评价杜甫"《三吏》、《三别》，乃乐府变调，倾吐殆尽，而不妨其厚，爱人之意深也。此用意妙诀。"⑤ 他认为《三吏》、《三别》深刻地反映了安史之乱给社会带来的动乱和民间疾苦，表现了诗人对民间老百姓深厚的同情之情，同时杜甫之所以能表达出深沉感人之情，就在于他有儒家仁者爱人之意，这种爱人之意越深，他的感情就越深厚。他推崇陆游，就在于陆游也有这种深厚的爱人之意。张谦宜说："放翁似杜处，全是性情与他一般，不在字句临摹，性情何所似？忠孝白直，人心之公理也。"⑥ 他认为陆游和杜甫性情一般深厚，就在于他和杜甫一样，内心都存忠孝白直，人心之公理。可见，这种深厚之情源于诗人在现实生活基础之上的内心真实体验，才能打动人心，因而，强调性情深厚感人依然离不开情真的基础。他强调学古也要有真性情，不

---

① 张谦宜：《絸斋诗谈》卷七，郭绍虞编《清代诗话续编》第二册，上海古籍出版社1983年版，第886页。

② 张谦宜：《絸斋诗谈》卷五，郭绍虞编《清代诗话续编》第二册，上海古籍出版社1983年版，第861页。

③ 张谦宜：《絸斋诗谈》卷五，郭绍虞编《清代诗话续编》第二册，上海古籍出版社1983年版，第848页。

④ 张谦宜：《絸斋诗谈》卷六，郭绍虞编《清代诗话续编》第二册，上海古籍出版社1983年版，第871页。

⑤ 张谦宜：《絸斋诗谈》卷四，郭绍虞编《清代诗话续编》第二册，上海古籍出版社1983年版，第827页。

⑥ 张谦宜：《絸斋诗谈》卷五，郭绍虞编《清代诗话续编》第二册，上海古籍出版社1983年版，第857页。

能拘泥古人，"诗不范古泽，面目近伧。然死于古貌古状，又近于伶人唱曲，啼笑虽按板眼，痛痒不关真心，毕竟是戏不是实。"[①]可见，他赞成学古，但是学古代不能一味求与古人相似，而失去真实的性情，否则，就像演员唱戏，哭和笑都是表演，不是真情流露。因而，他鼓励后生学诗要有真实之情，"豪杰各有性情，宗匠自有炉锤，不必尽摹古款，器成自是可传，如宣盘、倭刀是也。"[②]在这里，自有炉锤和尽摹古款是对立的，他指出古人各有性情，不必尽摹古人神情，也须有我真实之情，这样诗歌才能自是可传。总之，张谦宜这种特别重视诗歌创作中真情的思想，在明代格调派中，与谢榛强调自我真实之情和王世贞强调有真实内涵之情的观点一脉相承，都极力推崇真情在诗歌创作中的重要作用。

综上所述，张谦宜论诗强调要主观之情与客观之物的关系，是对李梦阳"情者动乎于遇"和"物者情也，情动则会心"观点的继承；强调主观之情的真实性，是对谢榛强调自我真实之情和王世贞的情实之说的观点的继承。通过这两方面的阐发，使他继承了明代格调派中强调性情的观点，继续调和格调与性情的矛盾，不断完善格调理论，使得格调理论在清代继续得以传承下去。

作者简介：彭磊（1986—），男，湖北来凤人，文学硕士，湖南省张家界市武陵源区新闻网络信息中心，主要研究方向：中国古代文论。

---

① 张谦宜：《絸斋诗谈》卷一，郭绍虞编《清代诗话续编》第二册，上海古籍出版社1983年版，第798页。

② 张谦宜：《絸斋诗谈》卷一，郭绍虞编《清代诗话续编》第二册，上海古籍出版社1983年版，第800页。

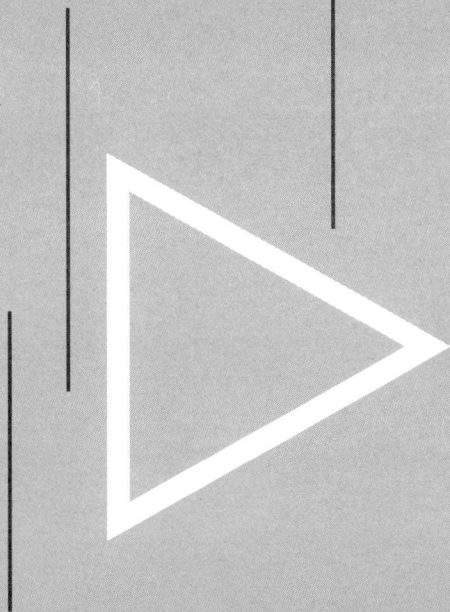

家族稽考

明清胶州高氏、法氏、柯氏文化世家述评

周 潇

（青岛大学 师范学院，山东 青岛 266071）

摘要：明中叶后，随着胶东地区的开发和经济的繁荣，青岛地区的文化教育逐步发展，文化人口众多，至清代已成为经济文化教育的发达之地，新兴的文化家族也大量涌现，主要集中在即墨、胶州两地。明末清初胶州兴起的文化世家有高氏、法氏等，清后期出现了胶州柯氏等。高凤翰、法若真为当时书画巨擘，柯氏则以史学著称。诸世家重视教育，诗书传家、积学力行，在政治、文学、书画、史学等领域留下了大量著述，对当地的文化与文学产生了深远的影响，促进了青岛地区文化的兴盛和发达。

关键词：胶州 文化家族 山东地域文化

文化家族与文化人群的多寡是衡量一个时代、一个地域文化发展繁荣程度的重要标志。古代山东文化的辉煌时期出现在明清，一个显著的特点即是大量文化家族的兴起。其中青岛地区的文化家族成为一个重要组成部分，显示了胶东地区文化的兴盛与繁荣。明清时期，青岛地区属于莱州府管辖，明中叶后，随着海上交通的发展和商品经济的兴盛，青岛地区的经济状况也大为改观，人口增多，教育文化逐步发展，在即墨、胶州、平度等地，新兴的文化家族陆续出现。

山东胶州乃三里河文化发源地，周武王曾都于计[①]，秦置黔陬县，北魏孝庄帝时始设胶州，因"水色如胶"而得名。唐宋时期的板桥镇为全国五大商埠之一、北方唯一通商口岸。明清两代经济繁荣、文教发达，才俊辈出，高氏、法氏、柯氏皆名门望族，高凤翰、法若真为当时书画巨擘，柯氏则以史学著称。高弘图、高璪、高凤翰、法若真、法坤宏、柯蘅、柯劭忞等人，皆为明清两代著名的文人。诸世家重视教育，诗书传家、积学力行，在政治、文学、书画、史学等领域留下了大量著述，又几代联姻，互相交好，在当时的宗法家族制社会中，对当地的文

---

① 计：即计斤，在今胶州南关城子村。

化与文学产生了深远的影响，促进了青岛地区文化的兴盛和发达，提高了青岛地区在全国的文化地位，扩大了影响。

一、胶州高氏

胶州高姓家族也称胶东高氏，是山东著名的世家望族，明清以来人才辈出，几乎遍及所有领域，在政治、文化、艺术及军事诸方面，均有突出的成就。

胶州高氏以气节著称。明末清初的高弘图①（1583—1645），字子犹，一字研文，号砎斋，胶州城南三里河村人，万历三十八年（1610）进士，授中书舍人，为官清正，疾恶如仇，声震朝野。因上疏触犯熹宗，夺俸两年。天启初年任陕西道监察御史，天启六年（1626）因忤魏忠贤而被罢官。崇祯三年（1630）春复起为左佥都御史，后升左都御史，崇祯五年（1632）改任工部右侍郎，因反对宦官专权，再次被削职罢官。同邑赵任，曾任大理寺评事，在崂山华阴著有别墅，名曰"皆山楼"，结构精美，高弘图罢官后游崂山，甚爱此楼，赵任遂将此宅相赠，遂更名"太古堂"，徜徉于崂山山水间。崇祯十二年（1639）夏，历15日，与友人同游崂山九处风光山色，撰写了《崂山九游记》，对崂山之风景、轶闻、掌故多有记述。崇祯十六年（1643）复官，补南京兵部侍郎，继而升户部尚书。北京陷落，福王立，任南明礼部尚书兼东阁大学士，为马士英、阮大铖所嫉，遂去官，流寓会稽（今浙江绍兴）。南京破，逃会稽野寺中，绝食九日而死。所作诗文经兵燹多散佚，有《太古堂集》2卷、《太古堂遗编》14卷存世。

高璪（1636—1713后），字四留、子素，号霞山樵者，高弘图之孙，幼颖慧，父高朗之早逝，南明荫中书舍人，国破后随祖父流亡杭州、会稽间，高弘图临终前，特将爱孙托付于幕僚谈迁，从而得以免难。祖父于会稽殉节后，扶柩归里，历尽艰辛。入清不仕，尝以被诬籍没其家。好丹青，嗜读书，工吟咏。有《不视草》1卷。

高志清字还亭，胶州城南三里河村人，清初名士。性慈祥慷慨，乐善好施，一生多隐德。晚年在村里德高望重，曾两举乡饮大宾，知州闻其名，曾亲自登门拜访。载入《高氏世德录》。

高蔚宸字枫宸，号抱庐，乾隆十年（1745）进士，授河南延津县知县，勤政爱民，尤善断案。乾隆十八年，黄河泛溢，延津城几乎陷水中，高蔚宸率民堵塞四门，巡视三昼夜不合眼。水退后，葺城垣、赈饥乏、励学者，延津百姓感其德，画其肖像祀之。

高月娟，胶州南关人，乾隆年间著名女诗人，聪慧异常，幼承家学，嫁胶城

---

① 清乾隆年间因避高宗名讳"弘历"而被后人改为"宏图"。

秀才辛从昭，曾随丈夫宦游多年，其诗多思乡怀亲，清丽典雅，别有意境。如《归思》云："苔尧池上楼，倒影照清泚。凭栏望归路，心入远烟里。徙倚向深夜，展转就床第。终夕不成眠，揽衣聊复起。仰看月在天，俯视月在水。"著有《埋香坞遗诗》、《涂鸦诗草》等行世。《国朝闺秀正始集》、《香咳集》、《国朝山左诗抄》等均收入其作品。姐高梅仙亦擅诗，著有《瓣香阁诗钞》。

高弘迢，字云倩，清初胶州人。少负俊望，以教授生徒为生，相视如亲子弟，所成就名士甚多，名大噪。父病卧十余年，奉侍医药无少缺，妻子饮食、衣服日夕不继，弗顾。擅书法，宗二王。乾隆九年（1744）族孙高凤翰为之撰书《世德录》。

高曰恭，字作肃，号梅野，别号雪怀居士，胶州城南三里河人，高凤翰之父，擅丹青，工诗文，康熙十四年（1675）中举，历官诸城、淄川教谕。其离淄川归里之时，生徒数百人设帐十余里，各为诗以送之。

高曰聪，字作谋，高凤翰之从父，擅丹青。康熙十二年（1673）中进士，授中书舍人，曾典试广东，擢户部员外郎，迁郎中，后提学福建，被总督王仁曰奏称廉明第一，闽人曾刻石于山以颂其德。

高凤翰（1683—1749），字西园，号南阜，胶州城南三里河村人，清代中期著名书画家。父高曰恭，康熙三十八年（1699）举人，工诗，善画梅，先后任诸城、淄川教谕。《诸城县志》载："高曰恭有文名，工诗，善书画。"《淄川县志》载："高曰恭善诗歌、文词、书法，画意无不精到，学者得其片纸珍若拱璧。"教授生徒多人，学行誉满乡里。叔高曰聪为康熙十二年（1673）进士，官福建提学史。高凤翰天资聪颖，受教于当地名儒李世锡、纪汝奭等。15岁随父赴淄川教谕任，当地名士张元（殿传）、李尧臣（希梅）皆有才名，长于书画，与之相切磋。19岁中秀才，后屡试不售。直至45岁方由胶州知州黄之瑞荐举"贤良方正"，考列一等，授安徽歙县县丞，后受诬下狱，虽得昭雪，绝意仕途。去官后侨居扬州，寄宿佛门僧舍，与"扬州八怪"往来。乾隆二年因卢见曾下狱为其辩护，右臂被刑断，改用左手舞文弄墨，自号"后尚左手"，制"丁巳残人"石章一枚。书、画、篆刻、诗文皆名重一时。其右手书法严谨流畅，左手书法上溯魏晋之风，继承元明笔法，气韵流动，古趣横生，明清两代数百年间擅长左手书法的，尚无出其右者，当时能得其只字片幅非为易事。画工花卉山水，兼得宋人雄浑之神和元人静逸之气，以不拘成法而归入"扬州八怪"一派，亦列名"画中十哲"。高凤翰少年学诗，青年即负盛名，为清初文坛泰斗王士禛所赏，曾受渔洋遗命为私淑弟子。文思敏捷，一次在两江总督尹继善宴上，以雁名题，高凤翰提笔立就，深得尹继善赏识。其诗、书、画、印被称为"四绝"，传世作品有数百之巨，藏砚也多精品。著有《南阜山人诗集类稿》41卷补遗1卷、《南阜山人敩文存稿》15卷、《砚史》等。

弟高凤起，号华阜老人，亦擅山水。

堂兄高凤举，字翔紫，康熙间诸生，能诗擅画，著有《夷白草》一卷，前有乾隆九年高凤翰序云："先伯兄生平雅崇洁操，疾俗如恶，闭门淡处，莳花种竹，以谢永日。素不治诗，晚乃寄意，而一为即工，有高达夫五十成名之遗风焉。顾平昔所作，多不留稿。今年甲子，余以老病恐且就木，自订荒稿，缮写成帙，因取此遗草，点定编次，凡得诗如干首为一册，而题以集名如右。"诗凡四十四首，皆咏物抒怀之作。其经故乡大珠山石门涧时，有《经大珠山下》诗云：夹岸山花红浸水，夕阳倒影动鱼罾。胡麻莫问秦人饭，只此风光已武陵。

高汝瀣，字岱青，高凤翰之从子，监生。早孤，凤翰教之成立，诗文书画皆有所指承，凤翰晚年之作多为汝瀣代创稿，凤翰左手点缀题识，人鲜辨焉。凤翰殁，汝瀣收其著述表章之。

高敬业，清中前期胶州人。擅书法，肆力于经学，曾与法坤宏过从，辨析易理。高凤翰、高敬业合撰有《胶西高氏世德注录》11卷存世，高敬业、高振翼合撰有《胶东高氏世注录》10卷传世。

高攀鳞，字雷鲤，高凤翰之孙。父早逝，祖父钟爱之，才高姿敏，为书画不守古人藩篱，神韵超逸往往出人意表，有奇趣，有书画轴、条屏等传世。

高珽方，字摺玉，清中前期胶州人，高敬业之孙。擅书法。肆力经学，常终日危坐读书，琅琅有金石声。其祖高敬业数与法坤宏辨析《易》理，珽方六岁，立于侧，偶示以卦位，即欲求其故，坤宏惊曰："具此凤慧，真读书种子。"稍长，颖悟绝人。为诸生，学使赵佑重其才，勉以古之立言者为程。自是不屑尚词华，究心理学，文以明代归有光、唐顺之为轨法。就学于胶西书院，山长薛宁廷、周城并器重焉，周城嘱其子虎拜师事之。晚年精于《易》，著《易翼皇极》。

二、胶州法氏

胶州法氏因居宝山镇，又称宝山法氏，一世祖法典，字文质，世袭济南卫指挥使，明代成化年间以济南郡廪贡生任胶州学正，遂落籍胶州。

十世法寰（1586—1653），字鉴我，号开三，明天启七年（1627）举人，官终河南怀庆府同知。奄博群书，精研性理，尤爱好经史，对《四书》《春秋》颇有见地，明末于苏州与杨维斗、艾南英等人倡明"正学"，名震江南。明亡后辞职归里，在城南怡云岭聚徒授业，学者称"怡云先生"。顺治十年（1653）秋，胶镇营总兵海时行兵变，骂贼殉难。著有《四书诗经讲义》、《五经集通鉴约》、《春秋繁露解》、《毛诗讲义》诸书。

胶州法氏自十一世法若真以后，十二世法枟、十三世法光祖、十四世法坤宏、十五世法嵩龄，直至十九世伟堂均为世代官宦兼学者，经史、诗文、书画颇有成就，家学大盛,遂有"海表世家"之称。明清以来,法姓家族共考中进士4人、举人11人、贡生6人,通过议叙、考授、援例、从伍、世袭等方式,授九品以上官职者25人,其中,官职最高者为法若真,正二品。

法若真(1623—1706),字汉儒,号黄石,又号黄山,法寰子,明末清初著名书画家、诗人。崇祯十五年(1642),为避兵乱随父迁居铁橛山隐居读书三年。顺治三年(1646)与伯兄法若贞同中进士,授编修、侍读,与修《清太宗实录》。先后在福建、浙江、安徽任职,秉公执法,明辨曲直,体恤下情,兴利除弊,为政清廉,深得民心,后官至江南右布政使。康熙十八年(1679)被举荐博学宏词科,因病未能应试。后弃官剃发隐居黄山10年,回乡1年后病逝,葬于隐珠镜台山。编有《黄山年略》,著有《黄山诗留》16卷、《黄山文留》4卷、《介卢诗》1卷、《黄山集》20卷等。

法若真为官颇有政声,学识不凡,但真正扬名于世的当数其诗书画。《四库全书总目》云:"若真诗、古文、词,少宗李贺,晚乃归心少陵,不屑栉比字句,依倚门户,惟其意所欲为,不古不今,自成一格。"[①] 其诗"因情以发气,因气以发声,因声而绘词",超然脱俗,自抒性情,深为"性灵派"诗人赞许。其文同样非同异常,"或庄或谑,可歌可泣","百态俱出,万变不穷"。善画山水,间绘花鸟,是康熙年间自成一格的画家。大幅作品汪洋恣肆,变幻神奇,别有风骨。扇面小画雄健清俊,不拘一格,意趣横生。还精于书法,师魏晋"钟王"神韵,有士气,不效元明诸家,行、篆、草、楷兼擅且皆具独特风格。行书"有鸾停鹤峙之势",草书巨幅大笔,气势磅礴。《树杪飞泉图》、《层峦叠嶂图》等27幅被收入《中国古代书画图目》。故宫博物院、山东省博物馆、上海市博物馆等都藏有其作。

法若贞字玉符,法寰侄,顺治三年(1646)进士,官礼科给事中,著有《谏垣疏稿》、《廷评志略》、《杂著》等。

法坛(1632—1723),字舆瞻,号书山,法若真子,康熙十八年(1679)进士,官至大理寺主事,典试顺天、山西,辞官乡居后,三十余年,与世无争,辟草堂一区,种竹插槿为篱,与同邑诗人李霞裳等吟咏其中,有恬退之雅致。擅丹青,有乃父遗风,著有《书山草堂诗稿》等。

法樟,字岘山,号寿公,法若真子,廪生,恩荫中书科中书,喜丹青。《国朝山左诗抄》云:"先生事亲不仕,恬退有古人风,享年80余。山居不入城市,惟以简编自娱,诗不求工,亦不恒作。"著有《又敬堂诗草》。

法光祖(1674—1721),字幼黄,号寅津,法坛子,监生,善丹青,酷似祖父法若真。著有《介庐诗草》。

---

① (清)永瑢等:《四库全书总目》卷181《集部》,河北人民出版社2000年版,第4924页。

法宗焞字中黄，诸生，法樟子，著有《铁麓山房诗》2卷、《墨山堂全集》。

法辉祖字稚黄，又字季修，号念庐、旗原，别号竹隐，晚号十竹老人，法樟子，由荫生授行人，官至中书，壮年告归，以游历山水名胜、诗酒书画自娱。工诗，与高凤翰等诗友唱和，吟咏终老，著有《念庐诗草》4卷等。

法坤宏（1699—1786），字直方、镜野，号迂斋，法光祖子，清代著名古文家、经学家。童年端立懿行，嬉游无所事，及长喜治古文，疏宕有奇气。其舅焦复亨为郓城教谕，召至，督其为制义之文百余篇，文益奇。学使徐铎特赏之。中乾隆六年（1741）举人，京师硕学宿儒如方苞、陈兆仑、赵国麟皆赏其文，谓得古法，不在形貌。弟基昌殁于京邸，护柩归，教授于家。胶州令周于智修州志，聘请法坤宏总其事。周于智旋擢宣化知府，将去，坤宏乃辞出，投书州署：志成日，勿列己名。后七上公车，卒不第，年届七十，赐大理寺评事职。

交游当世士，皆博雅醇笃之儒，尤与昌乐阎循观、潍县韩梦周交善。一生治学严谨，耄学励年，未尝一日自倦。博通群经，尤精于春秋，刘鸿翱《十二家古文选》中将其列为"明清四子"之一。归里后，在胶州东南沿海筑"海上庐"，即营海镇法家庄，自称"海上庐主人"。著有《迂斋学古篇》、《春秋取义测》、《纲目要略》、《介亭待征录》、《法氏诗文》、《过庭录》、《墨水传经录》、《扶风旧德录》、《怡斋诗存》等。为诗颇有名篇，入选《晚晴簃诗汇》。兼擅丹青。

法坤振字兰墅，一字怡斋，法光祖子，诗才敏妙，早年在胶州城外筑西墅，莳花植木，与诸兄弟饮酒和诗，著有《西墅词》、《怡斋诗》4卷等，诗才敏妙，率易中往往有天成之句。

法坤厚（1704—1765），字南野、西峰，号黄裳，别号白石山人，法光祖子，监生，是乾隆间山东知名诗人、书画家。少时通五经六义，善画工诗，得法若真之妙，雅号"小黄山"，用墨淡雅而有韵致，书法俊秀，左手书行草，飘逸洒脱，有《秋灯渔泊园轴》传世。好雅游，曾万里行游而不治行装。工诗，乾隆十七年曾与纪昀、董元度、周永年等山左名流在泰山结海岱诗社，著有《荫松堂诗集》16卷、《白石居文集》等。

法基昌字西野，法光祖子，乾隆间举人，精研天文、地理、算术，尤擅医学。

法克平字坦夫，号勉斋，法辉祖子，官至翰林院待诏，著有《勉夫诗草》。

法重谟字思又，号闲斋，保题优行准监生，治事太学，3年考授主簿，授征仕郎，为当时有名文人。

法重辉（1688—1766），字旭升，号实夫，别号闇斋，少有奇才，擅丹青。及长，以文为学使黄叔琳所赏识。雍正十年（1732）举人，游于各督、抚臣幕府，授官福建盐政大使，迁顺昌县令，平生重义轻财，赴人之急，生性简傲而不拘世法。后以右臂病废，辞官乡居，贫不能自给，故旧好友终生周济之。工诗文，尤擅词，著有《暗斋文稿》8卷、《保阳诗草》、《雨窗词》等。其传见法坤宏《迁斋学古编》卷二。

法嵩龄字山甫,法坤宏子,乾隆二十一年（1756）举人,著有《拾余编诗草》等。

法上字得中,号冠中,法重谟子,乾隆时岁贡,著有《槐荫诗草》。

法士锷字尺水,法基昌子,邑诸生,著有《疥驼集》、《艾烛集》、《拟金元宫词》、《咏史小乐府》等。

法俨字敬游,号五峰山人,邑诸生,奇士,工诗文,善书画,著有《蜗居稿》等。

法梦瀛字蓬源,号仙友,邑诸生,著有《菜根编》等。

法伟堂（1843—1908）,字容叔,号小山、筱山,法嵩龄曾孙,胶州法家庄人。少以博学好古闻名。盛昱典试山东,延其任青州海岱书院主讲十余年,造就人才,一时称盛。巡抚周馥雅重其学行,举经济特科,亦力辞不赴。中清光绪十五年（1889）进士,山东学使裕德一向器重其学识品行,极力向朝廷举荐,被授为国子监学正衔武定府教授,后因病辞职。光绪二十九年（1903）应聘为济南师范教习所所长。1907年受山东巡抚杨士骧之聘,为《山东通志》的总纂。博极群书,尤精音韵、天文算法、说文训诂、碑板之学,有"小郑康成"之誉。在青州书院期间,曾校勘《山左金石志》,订正舛误数百处,成《续山左金石志》。任省志总纂时,就《山左金石志》、《寰宇访碑录》中有关山东石刻详考校补,成《山左访碑录》。另与孙文楷纂有《益都县图志外传》等。1908年病逝于济南。另著有《说文声音考》《夏小正书笺疏》等。

三、胶州柯氏

胶州柯氏乃清代后期声名卓著的史学世家。柯氏祖籍浙江黄岩,为元代著名学者、画家柯九思后裔。明亡避难,迁至胶州,初始数代业绩失考,五世以后,族望转盛。至清道光年间,已繁衍近十代。

六世柯培元,字易堂,号复生,胶州东关大同村（今阜安办事处姜行街）人,天资聪颖,天文、地理、史乘、兵书无不通晓,嘉庆二十三年（1818）中举,授实录馆协修,在京时以博闻强记著称,与掖县李图（少伯）、安丘刘庄年（耀椿）、诸城李璋煜（汀璋）号称"山左四名家"。道光间历任福建瓯宁知县、龙岩知州、台湾省噶玛兰厅[①]通判等,廉洁明察,才干卓著,所在多惠政,龙州百姓为其立生祠。鸦片战争爆发,英军入侵,攻打福建厦门等地,柯培元协助总兵余继云奋起抵抗,

---

① 噶玛兰:又称"蛤仔兰""蛤仔栏""蛤仔难""葛雅兰""葛雅蓝""甲子兰"等。台湾土著平埔族族名 Kavalan, Kavarawan 之音译,意为"居住在平原上之人"。于1810年正式设治,称为噶玛兰厅。

厦门失陷后，陷入重围九日而奋战不息，因而享名中外。脱险后作《陷夷九日记》古乐府 1 卷，专记此事，后人誉为"诗史"。

为人狷介，恃才傲物，道光十五年（1835）上任台湾噶玛兰厅通判仅月余，便因得罪同僚被参，罢官内渡，还乡未果。民国徐一士《一士类稿》记载：

> 易堂道、咸间宦于闽，以才调自喜，疏狂傲物。夏间出门，赤足乘轿，行至街衢，加两足于扶手板上。值某官之轿迎面而来；某官素短视，见其足之高拱，以为向己拱手为礼也，亟拱手答礼。此事传为笑柄，某官深憾之。未几，易堂在噶玛兰同知任被参夺职，据闻即与此事有关。其被参之考语，有"诗酒风流"字样……罢官后，在闽课徒自给，落莫以终。弥留之日，赋诗告诀云："魂将离处著精神，生死关头认得真。此去定知无后悔，再来应不昧前因。可怜到底为穷鬼，却喜从今见故人。闻道昭明犹挈报，愿临阿鼻与相亲！"襟怀若揭，情致卓然，才人吐属，如见其人矣。①

柯培元博学多才，一生著述甚丰，有《说文辩谬》、《两汉书摘读》、《兰亭砚室金石记》、《海防志略》、《道光噶玛兰志略》、《黄华山馆日记》、《说剑堂兵书》、《石耳山房文抄》、《石耳山人诗集》10 卷、《金刚楞严法华各经注》等。又是清代著名诗人，兼善书法、丹青。其诗以才情见长，晚清文人李家瑞《停云阁诗话》评曰："有关风化，至性至情，不事雕饰，最易感人。"他在台湾期间遍访当地风土人情，军事要塞，地理天文，百姓生活，形诸诗歌。当代国学大师钱仲联先生主编的《清诗纪事》录其《龟山歌》、《生番歌》、《熟番歌》、《过草岭》4 首，皆触目生情、感物抒怀、才情并茂，两篇直接以"生番""熟番"为题者更是仅见，虽非针对噶玛兰而写，但从中也可见汉番冲突之因，是有关台湾原住民的珍贵资料，为清代台湾社会之见证。其所撰《道光噶玛兰志略》乃台湾著名志书。

柯培元长子柯林，字于谷，号萧亭，曾任福建延平府经历，南平、浦城等县知县，后钦同知衔，著有《于谷诗抄》、《绿萝轩词》。

柯培元次子柯蘅（1826—1887），字我兰，号佩韦，清末名儒，贡生，一生未仕。少随父官闽，从陈寿祺受训诂之学，酷嗜书卷，对经学、史学、音韵、文字等学皆有精研，曾考辨《史记》、《汉书》诸表，著有《汉书七表校补》20 卷；文学研究有《声诗阐微》2 卷；其说经、说史之作，门人集为《春雨草堂札记》，并传于世。亦善诗，著有《春雨草堂诗集》4 卷、《春雨堂诗选》等，闻名于时，有"五言长城"之称，论者以为可配山左先贤"国朝六家"之王士禛（济南新城人）、赵执信

---

① 徐一士：《一士类稿》第十五章《谈柯劭忞》（二），中华书局2007年版，第171页。

（益都博山人）。咸丰十一年（1861），捻军至胶州，死难三千余人。柯蘅夫妇为避战乱举家迁至潍县城西孝子里（望留孙家村），此后定居于此，与潍县诗人郭绥之、郭杭之、刘抡升等共结西园诗社，切磋吟咏，唱和不辍。

柯蘅夫人李长霞（1825—1879），字德霄，咸丰年间著名才女，出身掖县书香官宦世家，有良好的家学熏染，祖父李兆元、父李图、弟李丰纶皆博学多才，对文学和史学颇有造诣。李长霞是清末北方文坛为数不多的才女中颇有影响力的女诗人、女学者，博学工诗，有"诗古文词,冠绝一世"[1] 的美誉，著有《锜斋诗集》《锜斋日记》，格调高古,寄托遥深。徐世昌等编《晚晴簃诗汇》，共收录李长霞诗 105 首，其女柯劭慧诗 29 首，评曰："格律高古, 寄托遥深，蔚为国朝一作家。至其合作，当与施、宋颉颃。"[2] 李长霞同时还是一位颇有造诣的女学者，具备经、史、训诂、音韵、校勘等多方面的学识，著有《文选详注》8 卷，订谬析疑，详加注解，对"文选学"做出了杰出的贡献。

柯蘅长子柯劭憼，字敬儒，少随父母寓居潍县，博学工诗，兼擅书法。中光绪十五年（1889）进士，官安徽贵池知县，赴任后，剔除胥吏，剪除陋规积弊，风纪肃然。上官嘉其能，保以知府，在任候补，调署太湖知县，接任数月，旋充江南乡试同考官，出闱后因劳疾卒于江宁客寓。《清史稿》云："为治清简，断狱明决，所至民爱戴。亦绩学,善为古今体诗。时与孙葆田并称儒吏。"[3] 有《二州山房诗钞》2 卷。

柯蘅次子柯劭忞（1850—1933），字凤荪、凤笙，号蓼园，近代著名史学家、文献学家、诗人，亦精金石之学。幼承家学，博极群书，4 岁能诗，7 岁已有"燕子不来春已晚，空庭落尽紫丁香"等佳句。12 岁随父母客居潍县，为诸生时用功太过，少年多病，冬日执卷讽诵，火燃衣袖而不觉。16 岁为县学生员，转读济南尚志书院，成为匡源得意门生。同治九年（1870）中举，时名儒朱逌然任山东学政，得其赏识，后随朱氏视学四川并襄助科举事。此后六次会试未中，期间各省大吏慕其名，先后聘为晋、粤、辽东等地书院主讲。继妻吴芝芳为清代著名散文家、桐城吴汝纶次女，长于诗词学问。

光绪十二年（1886），柯劭忞终于中第，任翰林院编修，开始从事学术研究和著述。后历官湖南学正、国子监司业、贵胄学堂总教司、翰林院日讲等，1906 年受命赴日本考察教育，两年后回国，历任贵州提学使、学部丞参、度署右参议、

① 常之英修、丁锡田纂：《潍县志稿》卷卷 32《侨寓》，潍县：和记印刷局，民国 30 年（1941）。
② 徐世昌等编选：《晚晴簃诗汇》卷 189，《续修四库全书·集部·总集类》，上海古籍出版社 2013 年版, 第 513 页。
③ 赵尔巽等：《清史稿》第 43 册卷 479, 中华书局 1998 年版, 第 13090 页。

京师大学堂经科监督等。宣统二年（1910）清政府成立资政院，任议员。翌年10月，受委派出任山东宣慰使兼督办山东团练大臣。不久调回京城任典礼院学士，赐紫禁城骑马，伴宣统皇帝溥仪读书。

民国立，以前清遗老自居，充任废帝溥仪侍讲。民国初年，被任命为清史馆馆长兼《清史稿》总裁，同时兼任东方文化事业总委员会委员长。历14年总成《清史稿》，其中的《天文志》、《时历志》、《儒林传》、《文苑传》、《畴人传》等，均由其主纂。并以一己之力，倾30余年精力独力编著了《新元史》，集五百多年各家研究之大成，补漏纠谬，贡献卓著，日本东京帝国大学为此赠予他文学博士学位。民国期间，柯劭忞完成了经史、词章、历算、金石等诸学科的研究著述，成为享誉东亚的著名学者，除《新元史》外，另著有《新元史考证》、《盖喀图传补注》一册、《译史补》6卷、《十三经附札记》、《春秋穀梁传注》、《尔雅注》、《后汉书注》、《文献通考校注》。1933年病逝于北京。长子柯昌泗、次子柯昌济皆为古文字学家，长于甲骨文研究，三子柯昌汾与七十六代衍圣公孔德成之二姐孔德懋联姻，长孙柯大诩与徐世昌长孙女订有婚约。

柯劭忞也是近代诗坛颇负盛名的诗人，年少时已有诗名，"戛戛独造，语不犹人"[①]。老为徐世昌晚晴簃之常客，有《蓼园诗钞》5卷、续钞2卷、《蓼园文集》等，其诗具有深厚的国学功底和独特的神韵，王国维1925年在《大公报》上对柯劭忞之诗作出极高评价："今世之诗，当推柯凤老为第一，以其为正宗，且所造诣甚高也。"

柯薇二女柯劭慧、柯劭蕙皆为当时有名的才女，以"雅擅词华"而著称。长女柯劭慧，又名宝懿，字稚筠，自少酷爱读书、耽于吟诵，是绍继母风的一位女诗人、词人。嫁与潍县孙葆田之弟、拔贡孙季咸。婚后早寡，闭门读书，专攻诗词，守节以终，著有《思古斋诗钞》、《楚水词》问世。工于五言古体，多悼夫早亡寡居、悲叹身世凄苦之作，简古淡雅，有汉魏古风。《楚水词》凄楚哀婉，轻灵纤巧，绰约多姿，构思妙绝，出语天然，有北宋词风。

柯薇次女柯劭蕙聪明贤淑，耽于吟咏，嫁潍县诗人蒋景郑，夫妇相得，切磋唱和，其作日臻化境。诗词创作虽丰，但多数佚失，唯《岁寒阁诗存》刊行于世，收入《山东通志》，是当时闻名潍县的女诗人，《胶州志》、《潍县志稿》皆有记载。

作者简介：周潇（1973—），女，山东青州人，青岛大学师范学院中文系副教授，文学博士，主要从事山东地域文学与文化及明清文学的研究。

---

① 李慈铭：《越缦堂诗话》，中国诗话珍本丛书，北京图书馆出版社2004年版，第712页。

明清胶州法氏家族重要成员及其创作简介

王晓乐

（青岛大学 文学院，山东 青岛 266071）

摘要：齐鲁文化博大精深，薪火相传，孕育出许多学问世家。胶州法氏家族是清时山东颇具影响的家族。法氏家族的始祖是法若正，远祖是法清渊等6人，一共20世。胶州法氏家族是法若正次子清渊的后代，胶州法家所有的子孙中，进士4位，举人5位，贡生2位，监生4位，诸生4位，秀才2位。所担任的职位从国子监到知县大大小小不计其数。其中，诗文集、学术著作、书画等作品传世的法姓子孙有20多位，法若真、法坤宏更是其中的佼佼者，二人都是清初胶州三大文人之一[①]。法若真诗文书画样样精通，作品主要有《黄山诗留》、《小黄石》、《树梢飞泉图》等。法坤宏是古文、经学家，著有《迁斋学古编》、《介亭特征录》、《过亭录》等。本文按照法氏家族族谱顺序，陈述了法氏家族重要成员及其创作成就。

关键词：胶州 法氏家族 创作

法氏始祖法若正，因为功绩显赫，担任燕山卫指挥使，在"靖康之难"中殉职，明成祖即位追封其为房山侯。[②]胶州法氏一脉是法若正次子法清渊的后代，至九世法惟忠大都是世袭指挥使。从法氏十世至法氏二十世[③]，见诸史传、法氏族谱的法氏名人主要有：

十世2人——法寰、法官

十一世2人——法若真、法若贞

十二世2人——法坛、法樟

十三世4人——法光祖、法宗焞、法辉祖、法衍宪

十四世7人——法坤宏、法坤振、法坤厚、法克平、法重辉、法基昌、法重谟

---

① 乾隆翰林院编修德州宋弼所称"胶州三大文人"，即张谦宜、法若真、法坤宏。

② 本文材料主要来源于窦秀艳等《青岛历代著述考》，中国社会科学出版社2010年版。

③ 第十六、十七、十九、二十世，由于资料欠缺，只能略述于此。此外，法官、法衍宪的资料也较少。

十五世 3 人——法上、法嵩龄、法士锷

十六世 1 人——法俨

十七世 1 人——法梦瀛

十八世 1 人——法伟堂

十九世 1 人——法大鹏

二十世 1 人——法金寿

一、法氏十世——法寰

法寰，字鉴我，号开三，明天启七年举人，曾担任过知县、知事、同知等职位。明朝灭亡后回到故乡教书，人称其为"怡云先生"。顺治十年（1653），法寰因事被抓遇难。

法寰在苏州时，曾与江西杨廷枢、艾南英倡明正学，在当时影响颇大。他一生著书立说，尤其擅长书法。从明清历代胶州方志艺文志著录法寰的作品看，法寰的成就主要在经史金石研究方面，经学著作有《毛诗义》、《四书义》、《春秋繁露解》一卷、《春秋义》等，史学方面有《后魏文纪》一卷，有关于山左金石研究的著作《山左金石遗珠录》一卷。可惜的是这些作品都已失传。法寰在科举仕宦及学术研究方面都为法氏家族的崛起打下了雄厚的基础。

二、法氏十一世——法若真

法若真（1608—1691），字汉儒，号黄石，一号黄山，胶州人。明末诸生，清顺治二年（1645）乙酉以异才特荐，经御试，授中书舍人。顺治三年（1646）丙戌科与堂弟若贞同登进士第，改庶吉士，授编修，充福建戊子正考官，迁秘书院侍读，掌六部章奏诰敕撰文，参与撰写《清太宗实录》。后外放，历任浙江按察使、湖广布政使、安徽布政使。后剃发隐居黄山近30年，临终前一年归里，年八十四岁卒于家。

法若真诗文创作数量在胶州文人中名列前茅，见诸史志著录的有《黄山诗留》16卷《黄山文留》4卷《黄山焚余》《黄山集》《驱病足文》等。今存《黄山诗留》，由张谦宜编选，编收法若真从顺治三年（1646）至康熙三十五年（1696）50年间所作诗4103首，被收入《四库全书存目提要》中。该书代表了法若真诗文创作成就。该书有"清初直臣之冠"的魏象枢序、顺治进士淄川唐梦赉序、寿光著名诗人安致远序、东武著名诗人丘宗圣序、清初胶州三大诗人之一同邑张谦宜的《法若真传》。这些序文传记是我们研究法若真生平、交游、创作成就的重要资料，也可从中考见胶州文人在山东乃至全国的地位和影响。

给法若真带来巨大声誉的还有他的书画艺术。法若真以擅长书画闻名宇内，同邑与郭经（藏山）、姜璋（器山）、匡璜（鲁山）并称"胶西书画四山"。书画作品有《黄石遗墨》、《松鹤图轴》等，现京、沪两地所藏法若真《树杪飞泉图》、《偃盖篇图》、《山水》、《溪山白云图》、《云山图》、《崇山杏林图》、《寿武翁山图》、《重山叠泉图》和草书《七律诗》等27幅书画佳品，被选入《中国古代书画图目》。

法若真是清代山东为数不多的在诗书画方面皆有成就的文人。他在年谱、族谱方面也有作品，如其为自己撰写的年谱《黄山年略》一卷（今存），是研究法若真生平事迹的重要资料，另有《马氏家谱》已经失传。

法若真诗文书画集于一身，并且成就颇高。他一生都在学习，读遍天下书籍，才思敏捷。他的诗风年少有李贺诡激凄艳的风韵，晚年有杜甫沉郁悲怆的情怀，独树一格。人称其诗为"因情以发气，因气以发声，因声以绘词"。若真的诗风又有追求奇险、百变不穷的一面，名冠齐鲁的文学家李象先在《黄山焚余序》中盛赞法若真的创作风格"文人权力，盖自公而最矣"。法若真的文章同样非同寻常，诸城著名诗人丘宗圣更是赞誉若真为清初文坛的"泰山北斗"，视《黄山诗留》为"海内高文典册"。由此可见，法若真诗文创作的独特风格。

法若真是清初胶州三大文人之一，他的成就不仅仅体现在身体力行的诗文创作、书法绘画方面，还体现在他对胶州文风、文学创作的大力倡导上。明清时期胶州著称海内的园林有十余所，位于大珠山下的法氏花园就是其中之一，它既是法氏家族私家庭院，也是继匡氏嘉树园之后胶州文人诗文唱和之所。法若真与王无竞、刘翼明、宋之鳞、谈必达、谈必昌、杨六谦等在此结成大珠山诗社，反对李攀龙拟古，主张为诗独抒性情，另辟蹊径，并且形成了奇特、清旷的风格。法若真与山东著名诗人胶州王无竞是大珠山诗社的领军人物，影响胶州诗坛数十年。大珠山诗社既以胶州一邑的诗学才俊为骨干，又有山东诸城、济南，乃至于江浙名流往来酬唱，诗社成员形成了与历下诗派迥异的创作风格，对清初以后胶州文化教育的发展及文坛诗歌创作影响较大，为清代中后期诗歌创作的繁荣开创了新天地。

三、法氏十一世——法若贞

法若贞，字玉符，法官之子，顺治三年与堂兄法若真同登丙戌科进士榜，授礼科给事中。在礼学方面很有研究，清朝立国之初，礼制尚简，而臣民或行不如法，若贞上疏请定服色。法若贞擅长书画，今有画作传世。康熙初修撰《胶州法氏宗谱》。一生勤于政事，关心百姓疾苦，道光《重修胶州志·人物》录存其疏文两篇，《艺文志》奏议类收有《谏垣疏稿》一卷。

四、法氏十二世——法樑

法樑，字舆瞻，一字书山，是法若真的长子。康熙五十四年中进士，官大理寺评事，充乾隆十二年顺天府同考官，乾隆十五年典试山西，为国家选拔人才，不拘一格，先后得钱以垲等名士。之后辞官，在家乡三十余年，与世无争，过着恬适的生活，与同邑诗人李霞裳等诗酒往来，自得其乐。擅长丹青，有父亲之遗风，其诗文作品有《书山草堂稿二卷》，《山左诗钞》、《晚晴簃诗汇》均选其《送徐坤载归里》诗。

五、法氏十二世——法樟

法樟，字岘山，号寿公，清初胶州人，若真的次子。贡生，担任中书科中书。擅长丹青，《山左诗抄》云："先生事亲不仕，恬退有古人风，享年八十余。山居不入城市，惟以简编自娱，诗不求工，亦不恒作。"有诗文集《又敬堂诗草》，道光《重修胶州志·人物》作"《又敬堂诗集》"。

六、法氏十三世——法光祖

法光祖，字幼黄，汰樑之子，胶州著名文人法坤宏之父，监生。年少时擅长画画，颇有法若真的神韵。他的诗也是别有一番风味，《山左诗草》选其诗，有诗文集《介庐诗草》，《清画家诗史》又称《介庐草》。

七、法氏十三世——法宗焞

法宗焞，字中黄，胶州人，法若真之孙，法樟之子，诸生，有诗集《铁麓山房诗》2 卷、诗文合集《墨山堂全集》。

八、法氏十三世——法辉祖

法辉祖，字稚黄，号旂原，法若真之孙，法宗焞之弟。担任内阁中书，于乾隆十六年校定其祖法若真所编《黄山年略》，并于乾隆二十四年刊刻同邑人张谦宜的《家学堂遗书》、《緪斋诗选》2 卷、补遗 1 卷。后来辞官回乡，游历山水名胜，一生沉浸在诗酒书画当中。在大珠山与高凤翰等诗友唱和，吟咏终老，著有《念庐诗草》4卷。

九、法氏十四世——法坤宏

法坤宏（1699—1786），字直方，又字迁斋，一字镜野，号迁斋，法若真四世孙，法坵之孙、法光祖之子。乾隆六年（1741）辛酉乡试第二，会试以年届七旬赐大理寺评事职。胶州知州周于智聘请他总撰《胶州志》，法坤宏与修志人员政见不和，于是辞去修志职务。壮年时他与潍县韩梦周、昌乐阎循观、莱州毛其人、诸诚王舟等被时人称为"山左五子"，尤其与阎循观、韩梦周交好。曾和韩、阎商订《经史大义》《古文提要》诸书，名震海内。法坤宏一生都是在胶州东南沿海教授生徒，著书立说，其门人胡湘兰、王克捄等均为胶州名儒。法坤宏学问广博，长于经史，经学著作有《春秋取义测》12卷（今存）《墨水传经录》，史部著作有《纲目要略》、《介亭待征录》、《扶风世德录》、《过庭录》，子部杂志著类有《迁斋学古编》4卷，集部有《法氏诗闻》等。

法坤宏承袭家学，古文、经学都造诣极高，享誉齐鲁，继其曾祖法若真之后，跻身清初三大文人之列，不但诗文创作与赵进美、孙廷铨、牛运震、韩梦周等齐名，他在胶州文人文集的编纂、刊刻、资料保存方面也居功至伟。他编纂、刊刻胶州先贤遗著，如编纂《胶州乡先生遗文存》、《緎斋古文》，刊刻《一亩园古文》、《墨阳藏稿》等，为保留胶州文人作品做出了贡献，而他对胶州文学文化发展的贡献更体现在他编撰的《迁斋学古编》中。

《迁斋学古编》一方面收录了他为胶州文人所作的传记以及一些胶州文人作品的序文，许多胶州文人的创作过程、生平事迹、创作特点及成就赖是以闻，为我们了解胶州文人的事迹和胶州文学发展概貌提供了第一手资料。如《迁斋学古编》收录了法坤宏为胶州著名学者、其舅父焦复亨所撰写的墓志铭及法重辉的传记，在《迁斋学古编·书黄山集后》记录了其曾祖父法若真逸事，《迁斋学古编·弗如子遗文序》又是为万历学者赵僎所作的小传，《迁斋学古编·緎斋文录序略》记载张谦宜事迹，《迁斋学古编·一亩园古文序》是为胶州著名学者王纮的《一亩园古文》集所作的序文，《迁斋学古编·墨阳藏稿序》记录了高铮符交往授学等事迹，等等。另一方面，他的《迁斋学古编》对族谱学及胶州历史研究等都有重要作用，如《迁斋学古编》卷一"胶西法氏宗祠记"中，法坤宏阐明了家族建祠堂，以始迁祖学博公为始祖，作"百世不祧"之祖，"凡我学博公之子孙，各祀其高曾祖称于私寝，而公祀始祖于祏"。在《叙次宗谱例言》中进一步说明修撰宗谱、祠堂祭祀以"始迁祖为始祖"的道理："宗谱为始迁祖作也。为始迁祖作者，称大宗以治小宗也，书始迁，志始也"，体现了法坤宏在这方面的见识，这种观念后来也成为多数家族的共识。《例言》中还有"逃入二氏者不书"，即遁入佛门、道家的族人，出家人不要父祖，家谱也就不能容纳他，此观点得到许多修家谱者的赞同。又如《迁斋学古编·潜江王君小传》记载了明朝万历年间王姓人从山东平邑迁居胶南大珠山北，后来"王氏世以货雄其乡里"，形成王家庄的历史。因此，《迁斋学古编》对于族谱学及胶州家族谱系的修撰与研究也很有价值。《迁斋学古编》卷三"胶志通记"是贯通古今的胶州地方简史，对胶州历史文化研究都有重要的史料价值。

《迁斋学古编》刊刻于乾隆三十九年（1774），一直以单刻本流行，今《山东文献集成》第二辑第三十四册收入，《清代诗文集汇编》第288册亦收入。《迁斋学古编》是明清时期胶州存世较早、存世较少的胶州文献资料汇编性的著作，对其进行深入全面的研究，必将有益于胶州文学文化研究。

十、法氏十四世——法坤振

法坤振，字兰垫，一字怡斋，清早期胶州人，若真曾孙，法坤宏的弟弟，监生。他的成就主要体现在诗歌的创作上，著有《西墅词》1卷、《怡斋诗》4卷、《西墅词》1卷。

十一、法氏十四世——法坤厚

法坤厚，字南野，一字黄裳，号白石山人，法坤宏的弟弟，监生，乾隆十五年（1750）举经学。善书画，似其祖法若真，人称"小黄山"。传世作品有《秋汀渔泊图》轴，上有乾隆二十五年（1760）高凤翰题跋，现藏山东省博物馆。工诗，其诗少宗玉溪（李商隐），入门后"绝去依傍，一意孤行"。他的诗不仅乾隆皇帝青睐，也大受纪晓岚的赏识，诗文集有《荫松堂诗集》十六卷、《白石居文集》等。法坤厚诗文结集虽然不多，但见闻广博、诗文造诣精深，编辑、校定明末大学士胶州高宏图的《太古堂集》，并为之作序（今存）；校刊顺治三年进士胶州李世镐的诗集《瑞杏园集》并为之作序。一生壮游，过维扬、越三江、仙霞岭南下，所到之处，令人仰止。据宋弼《山左诗钞续钞》载："乾隆十七年（1752）南野与献县纪昀、平原董元度、历城周永年等山左名流20余人在泰山结'海岱诗社'皆推坤厚为首"（纪昀《阅微草堂笔记》亦记载此事）。坤厚主持海岱诗社，秉承明代海岱诗社的诗歌传统，享一时文坛之盛名，开创了胶州文人领袖山东诗坛的历史。

十二、法氏十四世——法克平

法克平，字勉夫，胶州人，法樟之孙。历官翰林院待诏。擅长丹青。著有《勉夫诗草》。

十三、法氏十四世——法重辉

法重辉，字旭升，号实夫，别号甫斋，为法若贞四世孙，举人。他出生在文豪之家，聪慧过人，性格豪爽，年少时就脱颖而出。师出清初文会的参与人李湄门下。雍正元年（1723），被选为拔贡；雍正十年在顺天府中举人。他曾给北直隶督臣李卫撰写奏章，担任谋士，后辅佐广西巡抚，之后又做过盐课大使、知县。他一生都是舍己为公，像他的祖辈若真一样，重义轻财，为了解决他人的困境，倾尽家财。后来积劳成疾，右臂致疾，于1749年引疾辞官，回归故里。

清代，山东出现三位以诗句代其名的文人，法重辉就是其中之一。[1] 他尤其擅长作词，其《出塞》词有"黄云一抹平"句为时传颂，顾称"法黄云"。著述另有《雨窗词》二卷、《闇斋文稿》八卷、《保阳诗草》一卷，是编为法重辉诗集，其侄法上在重辉辞世后辑刊。奏议类著有《谏垣疏稿一卷》。

十四、法氏十五世——法嵩龄

法嵩龄，字山甫，胶州人，法坤宏之子。乾隆二十一年丙子科举人。著有《拾余编诗草》、《疥驼集》、《艾住集》、《拟于余源宫词》、《咏史小乐府》等。

十五、法氏十五世——法士锷

法士锷，字尺水，胶州人，法坛曾孙，诸生。著有《疥驼集》，另有著述《艾炷集》、《咏史》、《拟金源宫词》。

十六、法氏十五世——法上

法上，法重谟子，字得中，号冠中，清胶州人，乾隆时岁贡，著有《槐荫诗草》等。

---

① 其他二人为王莘（王黄叶）、马义升（马黄梅）。

十七、法氏十六世——法俨

法俨，字敬游，号五峰山人，清胶州人，州秀才，擅长诗文、书画，著有《蜗居稿》等。

十八、法氏十八世——法伟堂

法伟堂，字容叔，号小山，胶州人，光绪五年（1879）举人，光绪十五年中进士，登第后由知县改任青州海岱书院主讲。在他的教授下，优秀有志之士数不胜数，声望颇高。十七年，由山东学政裕德奏请赏做国子监学正。光绪二十八年，担任新式国文学堂总教习和山东全省师范学习所所长等职。光绪二十九年，应聘济南师范教习所所长。

法伟堂是清末成就卓著的金石学家。光绪末年，山东议修通志，延聘法伟堂主编金石志部分，他抱病作《山左访碑录》十三卷，《清史稿》称赞他所校阮元的《山左金石志》"订正舛误无虑数百事"。山东巡抚杨士骧倡修《山东通志》，聘伟堂为总纂，并任艺文、金石二志撰写任务。

法伟堂是清末少有的国学大师。他考订陆德明《经典释文》中的很多见解是前人没有发现的。《清史稿·郑杲传附法伟堂传》："（法伟堂）精研音韵之学，考订陆德明《经典释文》，多前人所未发。"法伟堂是清代末期法家族子弟的优秀代表，是当时著名的古文家和诗人，在经学、小学、校勘学、文学方面卓有成就，其著作有《夏小正书笺疏》、《法伟堂校勘经典释文校记遗稿》、《说文声音考》、《校勘唐一切经音义》、《校勘列子》、《校勘说文解字》、《听训馆韵书》、《历代四不朽传不分卷》、《诗牌集一卷》

综上所述，明清时期法氏家族自十世至二十世，文化名人有 25 人，有作品传世者 18 人，法氏家族自十世法寰始，逐渐成为科举仕进与文学创作并进的胶州名门世家，十一世法若真和法若贞为法氏家族奠定了雄厚的文化基础，至十三世、十四世法氏家族大放异彩，尤其十四世有五人活跃在胶州文坛，诸如法坤宏、法坤厚，不但诗文创作名重齐鲁，海内闻名，而且在胶州文献整理、资料保存、文化传播方面都做出了重要贡献。因此，法氏家族在胶州、在山东都是值得重视与研究的。

浅析即墨周氏家族的文化兴衰

何和平

（青岛大学　文学院，山东　青岛　266071）

摘要：即墨周氏家族是钟鸣鼎食之家，通过对《即墨县志》和《青岛历代著述考》等主要文献的定量分析，可以发现，明清至民国时期即墨周氏家族有作品流传的有 51 人，其作品计有 97 部。另据作者、作品的数量和影响，可发现，即墨周氏家族文化的发展可分为明末清初的兴盛、清朝中后期的衰落和民国时期的回温这三个阶段，家族经济、家族教育、家族联姻、社会政治、个人努力等在即墨周氏家族文化的发展进程中共同发挥了作用。希望此番探讨能对地方文献整理和现代文化建设有所裨益。

关键词：即墨　周氏家族　文化兴衰

即墨，位于胶东半岛，现归青岛管辖，因濒临墨水，故名为即墨。"即墨"之名最早见于《史记·田敬仲完世家》记齐威王九年（前 348）褒奖即墨大夫事和《战国策·齐策》的《张仪为秦连横说齐王》。它不仅是政治军事重地，而且是山东有名的文学宝地。这种盛况主要通过即墨日益壮大的家族体现出来，尤其在明清之交，诸多的家族达到了声望的顶峰，使胶东这一文化荒漠变成全国科宦重地及文明圣地。

在即墨"周黄蓝郭杨"五大家族中，即墨周氏被称为当地五大望族之首，主要有"留村周"和"章家埠周"两大家族，同姓而不同宗。根据《即墨县志》[①]可以看出，章嘉埠周氏第六世、第七世是其最兴盛的时期，其代表人物是明末清初章家埠的周如砥。

那么该家族的文化发展究竟有什么样的脉络呢？根据《青岛历代著述考》[②]，统计出即墨周氏家族有作品流传下来的共有 52 人，96 部作品，包括 12 名进士（没有作品流传的不在此列）。其中，明末清初有 24 人，包括进士 9 人、贡生 13 人、

---

① （清）林溥修、周翕镆纂：清·同治《即墨县志》，中国和平出版社 2005 年版。
② 窦秀艳等：《青岛历代著述考》，中国社会科学出版社 2010 年版。

诸生 2 人，共 49 部作品；清朝中后期有 21 人，包括进士 3 人、举人 2 人、贡生 2 人、诸生 8 人，不详 6 人，共 39 部作品；民国有 7 人，8 部作品（有合著）。按照作者、作品的数量和影响，可以大致分为明末清初的兴盛（从明万历十四年到清乾隆六十年，共 208 年）、清朝中后期的衰落（从嘉庆元年到宣统三年，共 116 年）、民国时的回温（共 37 年）三部分。方志只对其人物及作品一笔带过，客观罗列有余但深入挖掘不足，本文试图就其家族文化的兴衰史及其背后的各种原因详加探讨，其中，扛鼎人物是关键，因书究史是方法，具体规律如下。

一、明末清初的兴盛

（一）家族概况及其代表人物

据《青岛历代著述考》，统计出明末清初，即墨周氏家族有作品流传的 24 人，包括进士 9 人、贡生 13 人、诸生 2 人，共 49 部作品。数量之多，影响之大，前无古人，后无来者。最有名的当属周如砥。同治年间《即墨县志·名臣》记载如下：

> 周如砥，字季平，号砺斋，父赋早卒，母于氏死，抚于伯父母，事之如所生。万历己丑年进士，选庶吉士，终祭酒，以文章名天下。居经筵，日伏阙陈母节及伯父母抚养之义，词旨哀怨，读者泣下，得旨旌表。每进讲，因事启，沃多所裨益两典、胄子，人以胡瑗、刘智目之，立朝以严重自持，当四明盛时，天下士多出其门。如砥旅谒，外不一造，滕归里后，郡邑大夫罕识其面，至桑梓利弊，则昌言无隐。邑地瘠赋繁，每代旁邑偿羡。如砥请蠲溢额以甦穷黎岁饥，发粟倡赈，全活无算。卒赠礼部右侍郎，谥文穆，谕赐祭葬，有《青黎馆集》行世祀乡贤。

从生平来看，周如砥身世坎坷，九岁丧父，其母殉节，幼年早孤。其三伯父周民、伯母孙氏本有周如纶、周如锦二子及二女，又省吃俭用抚养周如砥兄妹四孤，视为己出，并供其读书。关于周民，同治《即墨县志·孝义》记载曰："周民，号陵东，隆庆丁卯岁贡，多盛德，季弟早亡，妇于亦殁，遗二子，皆提抱，民抚若己出，与子如纶先后俱登第。族人旺病革托妻女，民捐资嫁其女而廪其妻。所居里故多汙莱，每霖潦不能有秋，里人患之，民相水所趋，买地凿渠，遂成沃壤。"其实，周民不仅德行高尚，而且才华横溢，七岁能对诗，日记千言，过目不忘，补弟子员，文誉鹊起，本可入仕为官，但为养育周如砥兄妹，诀别仕途，布衣终身，边理农务，边课子侄，虽县令相劝亦不改初衷。周如砥因其抚养和教育之恩，曾在即墨城中为其树立"扶植犹子坊",以旌其德。①

从仕途来看,周如砥功成名就,明万历十七年(1589)考中进士,授庶吉士检讨,后升任国子监祭酒。在任职期间,他严于律己,治学勤谨,古今书无所不读,诗文悉兼诸家之长,剽摹先达,独具匠心,有"若周彝商鼎"之誉,《山东通志》称"如砥文章名天下"。同时他礼贤下士,奖掖后进,有"时天下士多出其门"之誉。万历三十五年(1607)上疏50余次乞归不准,三十七年始得如愿。归后随次子周爆居于即墨城,谢绝官场交往,但邑有利弊,则昌言无隐,曾呈请皇帝减免百姓的额外赋税。去世之日,人皆惋痛。同年进士董其昌评云:"其学以不欺,幽独为主,以简默坐忘为乐。不标名,不树异,视荣枯进退如四时寒暑之淡如也。……布衣蔬食,然如寒生。……公品望系人,思者远矣!"

从著作来看,周如砥硕果累累,主要有《漕运志》、《周太史文集》、《青藜馆集》(入《四库全书总目》)、《周氏管见》、《道德经集议》、《青藜馆法帖》等。《青藜馆集》刊于崇祯十二年,诗不足一卷,余皆杂文,多馆课及应酬之作,如《太上感应篇序》之类,且编次芜杂。《四库全书总目》提要云:"前有王思任、公鼐二序,思任序多称其制艺,鼐许多称其德量,其微意可思矣。"

他曾选历代官员优秀可举事迹绘成图录,名为《中学》,皇帝阅后大加称赏。万历四十二年,他又撰写了《重修鹤山遇真庵碑》,对鹤山之景观及遇真庵之历史皆有记述,为研究崂山道教提供了宝贵资料。此外,还写有《黄石草堂》、《法海寺》、《白云庵》等游崂诗篇。其诗有不少长篇歌行,对仗极其用心,七律《再过含风岭》云:

万山重叠翠微连,秀色时时带远烟。巇外天低无鸟度,潭中水黑有龙眠。涧泉曲抱云根涌,风磴高丛树林悬,坐久不知归路断,依稀犹似烂柯年。

从人品来看,周如砥自幼端庄,不失尺寸,故而五兄弟同馆读书,能够自相师友。成年之后,虽然眉清目秀,体貌丰隆,文质彬彬,然而天性严毅,不改沉静端庄,到老无戏语,读书不出门户。又谨守兄友、孝悌之道,与弟如京同年中举后,次年如京役,郁痛不已,于村东瓦庄筑室静读。万历二十一年,伯母孙氏病疫,周如砥哀毁不胜言表,上疏请归治葬,词旨哀恳,读者泪下。而且为人谦虚守信、急公好义,倘若别人有急难之事相求,虽然当面不轻易许下诺言,但是背后却尽力去帮人完成,以至废寝忘食。

① 参见苑秀丽、温爱连:《周至元家世与生平考——〈崂山志〉系列研究之三》,《鲁东大学学报》2010年第6期。

尤为难得的是周如砥一生无妾，与元配张氏（邑人张贤尧女），伉俪情深，生3子1女。次子周燝娶了同为即墨人的兵部尚书黄嘉善的女儿，从而结成了儿女亲家。黄嘉善长周如砥1岁，又晚去世9年，两人少年时同窗共读，入仕又同朝做官，留下了许多传说故事。[①]

除周如砥外，其他23人，如下所示。

1. 明末周氏家族统计9人（其中进士2人、贡生5人、诸生2人，共21部作品）

周如纶，明万历进士，作品3部：《游隆中记》一卷（据民国《山东通志·艺文志》）、《什一草》一卷、《少见集》一卷（据同治《即墨县志·艺文志》）。

周士皋，明万历进士，作品3部：明崖诗稿、《雅音会编》、《制艺》（据同治《即墨县志·人物》）。

周如锦，明万历选贡，作品2部：《紫霞阁集》八卷存（据同治《即墨县志·人物》、同治《即墨县志·艺文志》）。五言律《书带草》、七言律《即墨怀古》，《小蓬莱观海》、《胡京兆乌衣巷诗》等诗，不成卷。《紫霞阁文集》数十卷（据民国《山东通志·艺文志》）。

周鸿图，明万历选贡，作品1部：《长田匀哈揭录》三卷（据同治《即墨县志·艺文志》）。

周潘，明贡生，作品1部：《空洞斋诗集》（据民国《山东通志·艺文志》）。

周演，明贡生，作品1部：《黯淡斋诗集》（据民国《山东通志·艺文志》）。

周燝，明贡生，作品6部：《守城日记》二卷、昭忠录五卷·附录一卷存、玉晖堂随笔八卷、玉晖堂集四卷、夜奏存草四卷、崇祯拾叁年捌月南雄审语一卷存（据同治《即墨县志·艺文志》）。

周笃昌，明诸生，作品1部：《兵法》（据民国《山东通志·艺文志》）。

周旭，明诸生，作品3部：《黄鹤游集》一卷、《舟中游》一卷、《寒蝉吟》一卷（据同治《即墨县志·艺文志》）。

2. 清初周氏家族统计14人（其中进士6人，贡生8人，共22部作品）

周日灿，清顺治恩贡，作品1部：《入觐条陈》一卷（据民国《山东通志·艺文志》）。

周祚显，清康熙进士，作品2部：《奏疏》一卷、《清遗堂稿》四卷（据同治《即墨县志·艺文志》）。

周璠，清康熙岁贡，作品2部：《礼记义解》二卷、《四书义解》十卷（据同治《即墨县志·艺文志》）。

周绀，清康熙贡生，作品1部：《中溪诗集》一卷（据同治《即墨县志·艺文志》）。

---

① 参见周潇：《明清青岛地区文化家族述论》，《青岛大学师范学院学报》2009年第4期。

同治《即墨县志·艺文志》收入其五言古诗《夜游下宫海上》、《九水》、《华楼》及五律《华严庵》四首。乾隆《莱州府志·艺文志》收入其《赵贞女传》一文。不成卷。

周澂,清康熙武进士,作品 1 部:《偶吟草》(据民国《山东通志·艺文志》)。

周曰垛,清康熙副贡,作品 1 部:《磨青馆诗草》(据民国《山东通志·艺文志》)。

周毓正,清康熙进士,作品 3 部:《心雪斋集》二卷、《中溪集》(据同治《即墨县志·艺文志》)。《山居》、《书带草赋》等诗文,并撰有碑文《重修童府君庙记》、《重修华楼庙碑记》,奏疏《上邑侯段公书》,序文《宋中丞遗集序》等,皆存。不成卷。《秋虫吟草》(据民国《山东通志·艺文志》)。

周知非,清康熙进士,作品 1 部:《待恩居诗稿》(据民国《山东通志·艺文志》)。

周来馨,清雍正进士,作品 3 部:《云鹤小草》一卷、《楚中草》、《大梁客中吟》(据同治《即墨县志·艺文志》)。

周迪馨,清雍正副贡,作品 1 部:《克修轩遗稿》(据民国《山东通志·艺文志》)。

周志让,清乾隆进士,作品 1 部:《六息轩诗稿》(据同治《即墨县志》)。

周泽京,清乾隆拔贡,作品 1 部:《鹤村诗集》(据民国《山东通志·艺文志》)。

周知佺,清乾隆副贡,作品 2 部:《二劳山人诗稿》二卷、《汗漫游集》二卷(据同治《即墨县志·艺文志》)。

周联馨,清乾隆贡生,作品 2 部,《六息轩薆钞》二卷(据同治《即墨县志·艺文志》)、《楚游草》(据民国《山东通志·艺文志》)。

(二)周氏兴盛的原因

任何事物的产生和发展都有据可寻。即墨周氏家族在明末清初的兴盛,主要有以下几点原因。

首先是雄厚的家族经济基础。即墨地理位置优越,傍山可以放牧,近海利于渔盐,西面千顷良田,左右河流萦绕,水质优良而且水源丰足。又有丰富的矿藏,古时的刀币中就有专门用于海盐交易结算的"即墨刀"。还有发达的海运。同治《即墨县志》记载:"海运故道,自江南淮安府起,至直隶张家湾止,共计 3400 里。其间可以驻泊之口岸数百,可以避风之岛屿数百。相其形势,分别险要、冲会、闲散、迂辟之地布置防汛。"清乾隆三十三年,即墨县东北隅的金家口已成为相当繁荣的商船停泊区了。是年,南北客商在金家口捐资建造了规模宏大在胶东半岛上无与伦比的天后宫。正由于农耕、矿藏、渔盐、海运的发达,即墨周氏家族通过积累财富,从无到有,从小到大,从弱到强,逐渐兴盛起来,为后来的发展打下了坚实的基础。周希在即墨建立"春兴"绸缎衣庄,在当年即墨字号之老、规模之大、经营作风之严谨、生意之兴隆,在当时享誉一世,号称"即墨同业之冠"。

这大大促进了当时即墨经济的发展，为百姓提供了大量就业机会和学习机会。

其次是良好的家族教育。周氏家族解决温饱问题后，就开始为子女计长远，即使自己不能出人头地，也希望子孙能够光宗耀祖、世代兴旺。其最佳途径，莫过于严格的家教，使其了解筚路蓝缕的艰辛和光大家业的重任，从而"更上一层楼"，即有了一定的经济基础后，就开始谋求相应的政治地位，走上"学而优则仕"的路子，进入体制内，成为规则的制定者。其教育效果是只要有一人一飞冲天，就能让整个家族鸡犬升天，并激励家族新秀不断涌现，从而使家学底蕴越来越厚，气运越来越长。另外，他们为官期间结交的达官贵人和提拔的有为之士，也能壮大自己及家族的势力，不过，其前提是家教过硬，金榜题名。如果说资本原始积累的初期只算暴发户的话，那么经过家族教育、科举熏陶的周氏家族，俨然已成钟鸣鼎食之家，薪火相传之族。这点，明朝的周民做得最好，为了孩子的教育，舍弃了自己的仕途，培养出了周如砥等人。而周氏家族文化，包括家学、家规、家训等，对整个即墨文化的繁荣都起了促进作用。

再次是相互的家族联姻。正所谓"父母之命，媒妁之言"，"男大当婚，女大当嫁"，然而，大家族之间的联姻，不仅与儿女私情紧密相关，更与家族兴衰休戚与共。俗话说富不过三代，再厉害的人也有去世的那天，再安宁的日子也有不测之风云，如果家教不慎出了个败家子，那么再鼎盛的家族也有衰落的那天。所以为保险起见，大家族之间往往都会强强联合，相互支撑，甚至是毫无幸福可言的政治婚姻。周如砥次子周燆就娶了同为即墨人的兵部尚书黄嘉善的女儿，不过庆幸的是他们婚后能够举案齐眉，白头偕老。公私兼顾的佳话，盘根错节的人脉，让周氏家族更加兴盛。①

二、清朝中后期的衰落

（一）家族概况及其代表人物

据《青岛历代著述考》，统计出清朝中后期，即墨周氏家族有作品流传的21人，包括进士3人，举人2人，贡生2人，诸生8人，不详6人，共39部作品。人数只比明末清初少2人，作品数只比明末清初少9部，相差不是特别大，为什么说它是衰落呢？主要是从人的影响力上看，没有力能扛鼎之人，后继乏力。清朝中后期，周氏家族成员大多担当省级和地方中下层文化官职，再也没有出现能与周如砥在人品、学问、治政等方面比肩的新秀，更别说是后来居上的了。

---

① 参见（清）林溥修、周翕鍠纂：清·同治《即墨县志》，中国和平出版社2005年版。

这时期的代表人物是周翕镶。周翕镶，字韵若，一字敬斋，号雪亭，即墨人。咸丰四年（1854）甲寅恩贡。同治年间，即墨县令林溥修《即墨县志》，周翕镶任总纂。著述另有《节孝续录》《即墨诗乘》十二卷，《名臣奏议略》《拾遗草文集》一卷、《拾遗草诗集》一卷、《墨水文钞》八卷等。虽然他个人作品达 11 部之多，大大超过了明朝周如砥的 6 部，但他的学历低了不少，也没有进入中央核心，地方影响力不能代表全国影响力。

除周翕镶外，其他 20 人（其中进士 3 人、举人 2 人、贡生 1 人、诸生 8 人，不详 6 人，共 28 部作品），具体如下。

周云从，清嘉庆举人，作品 1 部：《桃李园诗草》（民国《山东通志·艺文志》）。

周思璇，清嘉庆举人，作品 1 部：《松壑诗稿》四卷（同治《即墨县志·艺文志》）。

吟咏崂山的诗篇有《在太清宫观海吟诗》《太清宫》《观海》《华楼》《海边石子》《山家》等，不成卷。

周抡文，清咸丰，作品 3 部：《即墨周氏族谱》四册存（与周翕镶合修）、《小岘山房诗稿》四卷、《即墨诗乘》一卷存（同治《即墨县志·艺文志》）。另有七律《太清宫》诗一首。

周铭旂，清同治进士，作品 3 部：《即墨乡土志》上下卷存、《出山草》十九卷存、《遂间居诗草》一卷存（馆藏本）。

周步云，清同治武进士，作品 1 部：《兵法论》一篇（民国《莱阳县志·艺文志》）。

周正歧，清光绪进士到民国，作品 1 部：《即墨周氏族谱》七卷存（馆藏铅印本）。

周文编，清诸生，作品 1 部：《菖蒲馆诗集》（民国《山东通志·艺文志》）。

周亮寅，清诸生，作品 1 部：《瓶余集》（民国《山东通志·艺文志》）。

周逢源，清诸生，作品 1 部：《三余斋诗集》（民国《山东通志·艺文志》）。

周泽曾，清诸生，作品 1 部：《樗园诗草》（民国《山东通志·艺文志》）。

周树芸，清贡生，作品 1 部：《石原诗草》（民国《山东通志·艺文志》）。

周思繻，清诸生，作品 1 部：《牡亭诗稿》（民国《山东通志·艺文志》）。

周思缄，清诸生，作品 1 部：《䎱轩诗草》（民国《山东通志·艺文志》）。

周思绰，清诸生，作品 1 部：《豫游集》（据民国《山东通志·艺文志》）。

周保善，清诸生，作品 1 部：《东樵诗稿》（据民国《山东通志·艺文志》）。

周荣鉁，清，作品 5 部：《即墨旧闻》二卷、《光绪崂山志略》《鳌山志略》一卷、《书带草堂诗稿》四卷（同治《即墨县志·艺文志》），《小劳文集》（民国《山东通志·艺文志》）。

周志讷，清，作品 1 部：《周氏家乘》一卷存（馆藏活字本）。

周惟敏，清，作品 1 部：《即墨周氏家乘》不分卷存（馆藏抄本、馆藏刻本）。

周浚，清，作品 1 部：《空洞斋集》（同治《即墨县志·艺文志》）。

周氏（周来馨之女,同邑蓝仕任之妻）,清,作品 1 部:《灯下吟》一卷（民国《山东通志·艺文志》）。

（二）周氏衰落原因

盛极必衰是事物普遍存在的规律,周氏家族经过明末清初的鼎盛后,在清朝中后期有些后继乏人,究竟是什么原因导致的呢?

首先是经济地位的衰落。即墨东南偎倚崂山,西北箕对胶潍河谷,历史上多生涝淤之灾。到南北朝时期,半岛地区的经济已经相对落后于淄潍流域。后来胶莱运河的开通,胶州、莱州等地的崛起,又加速了即墨的衰落。时过境迁,随着经济上的持续走低,老牌的周氏家族盛况不再。

其次是政治重心的转移。自王莽改制,即墨降级,到北齐文宣帝时期即墨被废,成为青州疲邑,即墨古城的政治地位在不断下降。即使是后起的胶东城,其政治地位也在即墨之上。随着近代化的兴起,青岛逐渐从即墨行政中独立出来,甚至最后反管即墨地区。其政治重心的变迁由此可见一斑。随着异地家族的崛起,周氏家族逐渐被政治边缘化,周翕镕力不从心,难挽狂澜。

再次是科举教育的废除。科举制度的废除使传统的"学而优则仕"的梦想被打破,皓首穷经不再符合当时的时代潮流。在人心思变之时,周氏的家族教育亟待转型,稍有迟缓就与清政府一样暮气重重,甚至直接退出历史的舞台。然而,其革新必有渐变之过程,倘若旧的家族文化刚刚消亡,新的家族文化尚未兴起,那么处于"真空"时期的周氏家族文化就难免于没落的命运。

最后是社会环境的动荡。1861 年 9 月,即咸丰十一年,捻军入境,逼近即墨县城关厢,县令李淦、参将凤岗督率绅民拒守 50 多天,捻军撤去,双方都有伤亡。1867 年夏,捻军由东平县戴家庙渡河,10 天左右到达即墨,趁着守军仓促无备,占领了全部村疃,并多次攻城。县令杨洪烈、参将兴瑞督率绅民拒守。捻军在崂山、灵山一带和沽河两岸驻扎,一个多月后方才撤去。1898 年 1 月上旬,占领胶澳租界的德军入侵即墨城,驻扎在文庙及西关质库,同时派兵侵占即墨栾村。3 月 6 日,李鸿章、翁同龢与德使海靖签订屈辱性的《中德胶澳租借条约》,将包括即墨南部地区的胶州湾沿海一带划为胶澳租界。1914 年 9 月,日军从黄县的龙口和即墨的仰口登陆,在即墨县境内会合,向驻青岛德军进攻。日军借道即墨之时,毁坏耕地、侵占民屋、奸淫烧杀无恶不作。1938 年 1 月 17 日,日本侵略军直接发兵占领即墨城。直至 1949 年 5 月 26 日,即墨城方得解放,中共南海地委、南海专员公署、南海军分区司令部进驻即墨城。①

---

① 参见即墨市史志编纂委员会编:《即墨市志》,方志出版社2007年版。

三、民国的回温

（一）家族概况及其代表人物

据《青岛历代著述考》，统计出民国时期，即墨周氏家族有作品流传的有7人，8部作品（有合著的）。那时科举已废，已无功名之说。虽然大陆民国时期短暂，而且动荡不安，但是仍有仁人志士在默默努力，成为峥嵘岁月中的砥柱。那时即墨最有名的当属周至元，虽然他的作品只有1部，数量不如周钟麟的4部之多，但其影响力却首屈一指，是该家族十五世后最有成就的人物。

从生平来看，周至元（1910—1962），原名周式址，号懒云，即墨城关前坊子街人，是明代国子监祭酒周如砥十八世孙。他酷爱山水，16岁时即开始考察崂山，30余年间深入崂山40多次，每次都带伤回家，但不顾劳累，立即伏案撰稿。王仁山《周至元传》说："至元少有卓识，入小学数载，即动至悔曰：'圣贤经传炳耀天霄，学问根蒂尽在六经，如此者岂足留名而传后耶？'"[1] 他师从沈丹庭研习经书五年，常闭门夜读，其《往事回首》第三曰："总角年华渐喜书，苦攻坟典事三余。痴情更较蠹鱼甚，灯火常亲子夜初。"[2] 1930年，他拜当地名医李圣皋为师。1935年，母亲病逝，他在《往事回首》第七自注中说："余年廿六，慈母见背，翌年胞兄死，自此家累萦于一身。看堂上白发，膝下孤儿，撇下千斤重担让余独挑，悲慨之情可以想见。"[3] 此后以行医、务农养家，但笔耕不辍。

从著作来看，《游崂指南》按游山线路对崂山自然景观进行了全面的介绍；《名胜题咏》搜集了从李白到康有为历代诗人题咏崂山的各体诗歌46首；《周至元崂山名胜画集》收有崂山水墨山水画29幅，除最后一首《崂山石障巷》外，其余28幅均配有一首题画诗，由《青岛画报》2004年编辑印制。《崂山志》初稿30余万字，定稿于1993年由齐鲁书社刊行，分《方舆志》、《形胜志》、《建置志》、《人物志》、《物产志》、《金石志》、《艺文志》、《志余》八卷，约22万字，以类系事，每卷下皆有综述，然后以条目形式分述，详述崂山古迹名胜、人文景观以及他自己平素游崂山所作诗、赋、游记等140余首；还增加了不少隐士、名贤、仙道、高僧传记，其中所载与崂山相关的德、日侵占时期的资料，尤为珍贵。此外，周至元还根据多年的临床实践经验撰写了《医学见闻录》（四卷）《中药成分简要》、

---

① 周延顺：《周至元传》手稿。
② 周至元：《周至元诗文选》，即墨市供销印刷厂1999年版第145页。
③ 周至元：《周至元诗文选》，即墨市供销印刷厂1999年版第146—147页。

《常见病初步诊断步骤》、《效方摘记》、《石攻录》、《验方汇选》、《内科急症一般处理原则》、《中医新传录》等医学论著。①

除了周至元外，其他6人如下。

周培哲、周丕价，民国，作品1部：《即墨周氏族谱》一卷，存（馆藏石印本）。

周浩业、周正岐，民国，作品1部：《民国即墨县志稿》，残存（馆藏石印本）。

周宗颐，民国，作品1部：《太清宫志》，存（方志出版社出版）。

周钟麟，民国，作品4部：《泉谱》、《古琴阁印存》、《百镜轩藏镜图谱》、《搜枯随志》（石业华《胶州百家姓》）。

（二）周氏回温原因

矛盾在一定条件下相互转化。周氏家族清中后期衰落后，民国时期又渐渐回温。这与其家族中个别人的努力是分不开的。

首先是知行的合一。如周至元生于即墨，长于即墨，对崂山有深厚的感情，把满腹才华和实地调查付诸了笔端，于文史研究、古诗文创作、医学研究、书画创作等方面成绩斐然，堪称全才。不愧是名门出身，脚踏实地，持之以恒，追求高远，最终学以致用。

其次是家族的责任。任何有长远眼光和责任感的人，都会记录下家族的名人名事，以垂示子孙，传承不断。即使自己能力不够，也会委托他人，绝不会让时间成为空白。正所谓时势造英雄，周至元就这样应运而出，历史地挑起了这副重担。当时可是乱世，生存都是问题，可见他克服的困难可不是一般的大。

由上可知，即墨周氏家族的兴衰始终一脉相承，与其家族经济、家族教育、家族联姻、社会政治、个人努力等息息相关。其实，每个阶段都会受这些因素的共同影响，只是孰大孰小、孰轻孰重，有所不同罢了。而今，明清王朝早已远去，但是周氏家族文化的优秀传统并没有因时代的离去而消逝。他们的正直善良、发奋著书，影响了一代又一代子孙，直至今日，对即墨的现代化建设，尤其是家族文化的振兴，仍有极强的借鉴意义。

总之，即墨周氏的家族文化是整个齐鲁文化的重要组成部分，关系到青岛地方文化的传承和山东地域文学的研究。如何使该文化遗产古为今用、继往开来，乃是吾辈之历史使命。

作者简介：何和平（1989—），男，江西宜春人，青岛大学硕士研究生，主要从事汉语史研究。

---

① 参见苑秀丽、温爱连：《周至元家世与生平考——〈崂山志〉系列研究之三》，《鲁东大学学报》2010年第6期。

周如砥家世与生平考述

张 馨

（青岛大学 文学院，山东 青岛 266071）

摘要：周、黄、蓝、杨、郭是即墨五大家族，周如砥是即墨五大家族之首周氏家族的代表人物，幼年丧父，母亲随之殉节，由伯父抚养长大，在明代曾官至国子监祭酒，赠礼部右侍郎，历仕二十年，一生官运亨通，以文章名天下，交游广泛，与黄嘉善、董其昌、于谷峰、王邦直私交甚好，其著作《周太史文集》、《青藜馆集》被收入四库全书。

关键词：周如砥 家族 生平 交游 创作

一、周如砥概况

（一）周氏家族

即墨有周、黄、蓝、杨、郭五大家族。在即墨的五大家族中，周氏家族被称为五大望族之首。周氏家族主要有"章家埠周"和"留村周"两大族，他们是同姓而不同宗。

留村周是明代初年从河南汝南迁至即墨的，明初由民籍加入了卫籍有据，但属民老户，非为袭爵军户。他们自七世开始由世代业务步入书香门第，如七世周郊，周鸿图祖父，嘉靖间岁贡，选代州同知；八世周被，周鸿图父，万历间选贡，选取苏州同知。至九世的周鸿图、周鸿谟兄弟二人，留村周氏文化家族达至顶峰，兄弟二人也成为家族的主要代表人物。周鸿图，字子固，号昌龄，万历三十四年（1606）选贡，官至陕西靖远道左参政。弟周鸿谟，字子明，万历三十八年（1610）武进士，官至后军都督府金事。自他们二人之后，仍代有人出，但都显赫不过他们。

早于留村周氏的周鸿图、周鸿谟二人之前，章家埠周就以周如砥而闻名。周如砥一生在京任学官，文章懿行济美，肆力授学，声名远播，天下士多出其门。人们说起即墨周氏时，往往首先提到他。因此，周如砥成为即墨周氏家族的主要代表人物。

（二）周如砥家人

周如砥的祖父周尚美（乾隆谱定为四世），生有四子：周国、周邦、周民、周赋。三子周民生二子：周如纶、周如锦，另有二女。四子周赋生三子：周如珠、周如砥、周如京，另有一女。在周尚美以前，周氏家族世务耕凿，茫乎无闻；到了周民一代，周氏家族中才出现了读书人。

周如砥伯父周民（1523—1579）字振卿，号陵东，隆庆元年（1567）岁贡。7岁能工诗对，及就外师，日记诵千百言，读书仅一过目即终身不忘。补弟子员，文誉益鹊起，郡辄高等。他本可以授职做官了，但就因为要抚养9虚龄时丧父、其母随之殉节的周如砥四兄妹，周民诀别仕途，布衣终身，虽县令劝驾也不改初衷。周如砥出仕后，曾在即墨城里为其树立“扶植犹子坊”，以表其心，以旌其德。周如砥兄妹四人皆由伯父周民及其妻孙氏抚养长大。

周如砥伯母孙氏（1520—1593），邑名家女，归周家，性婉娩柔淑，事公婆甚谨，和睦妯娌尤好。弟媳殉后，遗3子1女，自己有2子2女，最大的周如珠也才11虚龄。8个幼童，人智未启，待哺待乳。她左提右挈，前襁后负，不啻身挑千斤重担。衣鞋衿帽，濯洗缝纫，无不出自她一人之手。视侄子胜己子，饥喂食，寒加衣，婚授产，嫁陪妆，侄子只当是亲娘而不知是非她所生。每当侄儿们学业有成，她皆哭告弟媳，以慰其灵。天下母仪，阃中壶范。如果没有她与丈夫的含辛茹苦，如砥兄妹们恐早已是村聚胼胝，晦迹田野。

孙氏在生活上无微不至地照顾这8个孩子，周民则是边理稼禾，边课导子侄，其中子侄5人也不失所期，皆学来有成，名动成均。先是周如纶于万历四年（1576）成进士，官至工部水都司主事，著有《黄石宫》等诗篇。嗣后，周如砥与弟周如京于万历七年（1579）同成举人；周如锦于万历二十八年（1600）成选贡，官至盐运司运判，著有《紫霞阁文集》、《小蓬莱观海》等；周如珠被授忠勇校尉、神机营把总。

周如砥元配张氏，邑人张贤尧之女。周如砥对婚姻十分专一，一生从未纳妾，与张氏伉俪情深，生有3子1女，3子均以科举或恩荫取仕。

周如砥长子周士皋，原名耀，字子寅，号溟崖，一号明崖，万历三十八年庚戌科进士，选都察院观政，寻卒，著有《雅音会编》、《明崖诗稿》、《制艺》等。

周如砥次子周爆，字子卫，号方崖，又名丹崖，恩贡承荫，官至广东南雄知府，著有《夜奏存草》、《守城日记》、《玉晖堂随笔》、《玉晖堂文集》等。周爆娶了同为即墨人的兵部尚书黄嘉善的女儿为妻，因此周如砥与黄嘉善是儿女亲家。

周如砥三子周熠（1586—1657），号月崖，附贡生。

二、周如砥的生平

（一）幼年

“周如砥幼年时沉默寡言，成年后体貌丰隆，眉须清秀，目光炯炯”[①]。其性情沉静端庄，严谨而无戏语，即居暗室也视有神灵。秉本儒家法，读书不出门户。周如砥为人不张扬也不轻许诺言，但每当有人相求于他的时候，他当面不承诺，背后却极力帮衬筹划。

（二）青年

嘉靖四十五年（1566），周如砥17岁，补子弟员。万历七年（1579），周如砥与弟周如京同中己卯科举人。同年秋，伯父周民殁。翌年，周如京去世。周如砥强忍悲痛，于村东筑一书屋，闭门苦读，博览群书，其诗文广采诸家之长，而不流于临摹。人谓“惟闭门觚椠，耻见要路人”。万历十七年（1589），周如砥考中进士，选庶吉士，读中秘书，阁试必优，而力学益笃。万历十九年（1591）授检讨。万历二十年（1592）奉旨到河南谕示藩王，便道归故里，为伯母庆寿。万历二十一年（1593），周如砥的伯母孙氏病逝，他上疏请归治丧，并将其母于氏殉节之事上奏朝廷，请求旌表，其奏章词旨哀恳。在其为伯母服丧三年期间，避居于瓦庄楼，课子读书，闭门谢客，足不出户，作《漕运志》二卷。三年孝满后，于万历二十六年（1598）复朝，复任检讨。万历二十八年（1600），周如砥授命撰敕诰，制词庄重，文风典雅，一洗因袭之旧风，得之者皆以珍品，视为代言之范本。万历二十九年（1601）掌国子监司业（国子监副长官）。周如砥任国子监司业时，建“射亭”，考古制，校文艺，全国士风为之一新。万历三十二年（1604）转左中允，翌年升右谕德，万历三十五年（1607）春升右庶子，翌年升祭酒，赠礼部右侍郎，乡人惯称其为“周祭酒”。其间历任太子学官右赞善、左赞善、右中允、左中允、左谕德、右谕德、右庶子及经筵学士等职。周如砥还于万历二十三年、万历二十九年曾两次分礼校闱，也就是参加会试阅卷，并于万历三十一年任京畿副主考。他崇雅还淳，力正文风，所选拔者皆为名士。他还精选历代优秀官员事迹绘成图录名《中学》，建议皇上晓谕大小官员予以效仿，得到皇帝和皇后的赞赏。

---

① 刘爱民:《凝固的记忆》，中国和平出版社2006年版，第324页。

（三）晚年

虽然得到皇帝和皇后的赞赏，周如砥任职期间常有归隐之心，曾上疏50余道乞休，未得获准。直至万历三十七年（1609）秋始得如愿，归乡后隐居即墨城。周如砥回乡后也十分关心地方事宜，如当局议迁即墨营于胶州，周如砥撰《驳迁即墨营于胶州议》，力陈利害，使即墨营终不得迁。他去世后营人为其立"追思至恩碑"。万历二十八年敕毁崂山海印寺，他力请当局将所拆木石运回即墨用以重修文庙。"同年进士董其昌评价周如砥'其学以不欺，幽独为主，以简默坐忘为乐，不标名，不树异，视荣枯进退如四时寒暑之淡如也。'"①周如砥居官20余年，"布衣蔬食，然如寒生"，在京都无一椽私第。曾先后两次奉旨赴河南、山东谕示藩王，大小馈赠一概谢绝，其清廉之举备受人尊崇。明朝曾为周如砥在即墨城里大街立"世恩坊"，在北阁里立"经筵学士坊"，不过在20世纪50年代被毁坏了。董其昌曾叹曰："以公之德，卜公之世，将构造我国家，公品望系人思者远矣！"

总的来说，周如砥这一生的仕途还是平坦的，基本上一直在升官，没有遭受过迫害和贬谪。这主要是因为他在为官方面，认真地吸收了许多邑内先贤的经验，比如蓝田和黄作孚。他们两个也是进士出身，而且蓝田比周如砥大七十三岁，蓝田去世的时候，周如砥才五岁，也就是说周如砥和蓝田的三个孙子以及黄嘉善年龄差不多。蓝田是周如砥的祖父辈，黄作孚是黄嘉善的叔叔，黄作孚和蓝田交往密切，黄嘉善和周如砥交往也十分密切，而且这五大家族之间关系紧密。那么，蓝田和黄作孚从政的风格，以及仕途的挫折，宦海的沉浮，也就自然引起周如砥、黄嘉善二人的注意，并把蓝田和黄作孚的从政经历当作一种借鉴，在他们以后的官场生涯中参照蓝田和黄作孚的经历适当地调整自己的从政策略。蓝田和黄作孚当官的时间是在嘉靖年间，黄嘉善和周如砥从政是在万历年间，嘉靖和万历这二位皇帝是祖孙关系，而且这二位祖孙皇帝一个在位四十五年，一个在位四十八年，他们在位的时间占明朝统治二百七十八年的三分之一还多，在中国历史上都以薄情寡恩和不作为而著称。试想在一个薄情寡恩的皇帝身边工作那么长时间却从没被贬谪过，周如砥一定很懂为官之道。周如砥从政十七年，除为伯母守丧三年，这期间大多从事文秘、教育等工作，虽然伴君如伴虎，但由于长期工作在君主身边，深谙君主的为人和工作作风，加之"升平沉静端庄寡言"的性格，加上他能从蓝田、黄作孚从政的经历中吸取经验教训，他的仕途还是平坦的。

---

① 周世强：《周如砥诗选》，中国文联出版社2009年版，第5页。

三、周如砥的交游

（一）黄嘉善

黄嘉善（1549—1624），字惟尚，号梓山，明代即墨城里（现新建村）人。他生而聪敏，并且端庄伟然，读书过目能诵，试辄高等，文武兼备。万历四年（1576）中举人，万历五年（1577）成进士。初授叶县令，历任大同知府、宁夏巡抚、陕西三边总督等职。后累升至兵部尚书、柱国少保、赠太保、官极一品。周如砥和黄嘉善二人少年时就同窗共读，入仕又同朝做官，交往甚密。周如砥的次子周燝还娶了黄嘉善的女儿为妻，因此周如砥与黄嘉善还是儿女亲家。

（二）董其昌

周如砥与明代著名书画家董其昌关系也很好。董其昌和周如砥是同科进士，由于他们两个都喜欢书法，所以经常切磋。周如砥的书法还得到过董其昌的高度评价。董其昌虽是书画大家，但周如砥也是翰林出身，书法水平自然不低，现在存世的《大司成季平公书法》虽然是拓片，但是可以反映出周如砥的书法风貌，他的书法从魏晋入手，法度和结体严谨，中规中矩，这也反映周如砥的为人，性情沉静端庄，严谨而无戏语。

（三）于谷峰

周如砥和于谷峰也是私交甚好。因为在周如砥的诗作中，有两首是和于谷峰唱和赠答的，分别是《于谷峰老师赠诗四章和韵称谢》、《赠于谷峰老师请告东归三十韵》，还有一首《过东阿为于谷峰老师祝寿四首》，可见周如砥和于谷峰私交甚深。

（四）王邦直

王邦直所在的王氏家族虽然不属于即墨五大家族，但王氏家族仍然与五大家族保持密切联系："王邦直和黄作孚是亲家，而周如砥和黄作孚的侄子黄嘉善是亲家，因而两人也算是有姻亲关系。周如砥跟王邦直的关系非常密切，他不仅把王邦直的《律吕正声》上于国史馆，而且他的文集中还保存了他写给王邦直的一封信以及一首长诗。"①

---

① 王守伦:《王邦直与即墨五大家族》,《潍坊学院学报》2013年第5期。

四、周如砥的创作

"在文学创作上，周如砥一生著作颇丰，著有《青藜舘集》、《漕运志》、《周太史文集》、《青藜舘法帖》、《道德经集议》等，其中《青藜舘集》在清代被收入《四库全书》。"① 周如砥的诗歌则以五言和七言为主，有五言律，五言排律，五言古诗，七言律，七言排律，七言绝句。根据周世强先生的《周如砥诗选》，周如砥现存诗歌约 185 首，有送别诗，山水诗，赠答诗，怀古诗等。其中送别诗和山水诗比较多，送别诗有 48 首，占了周如砥诗歌的四分之一。这些送别诗虽然大多是诉说周如砥对朋友的思念之情，例如，"怪得临歧重惆怅，襄阳遗爱手难挥"（《送周用修南返襄阳》），但很少有感伤情调，例如《送冯琢庵学士归省》，虽然是一首送别诗，却少见愁思，更多是一种安慰与祝愿，充满一种义薄云天的豪气，旷达刚健，乐观向上。《送麻大将军》和《送张可庵》还在送别中赞美了主人公，表达对他们的一种敬佩之情。《送麻大将军》突出麻大将军运筹帷幄，用兵如神。《送张可庵》则是突出张可庵的风采和才华。而周如砥的山水诗则多以景色之美突出自己悠然自得的闲适心情，语言清新自然，例如《九日饮兴德寺池台二首》、《游仙人洞》、《和渊明九日闲居》。根据清代黄肇颚的《崂山续志》，周如砥的山水诗中也有写他游崂山的诗歌，例如《白云庵二首》、《黄石草堂》、《黄石宫二首》、《游法海寺二首》、《王公祠铭》、《春日偕江健吾孙肖溪游含风岭》、《再过含风岭二首》②。周如砥还在万历四十二年撰写了《重修鹤山遇真庵碑》、《鹤山正殿碑记》。这两篇文章对崂山诸峰中最秀的山峰——鹤山的景观及遇真庵的历史都有记述，为研究道教提供了宝贵资料。周如砥还有 15 首赠答诗，其中，有感于旧雅而作的《赠崔昌平》，有出于敬佩之情而作的《赠护运袁守戌归守即墨者》。这些赠答诗大多表达周如砥的敬佩与思念之情。除了诗歌，而周如砥还写过很多文章，主要有《与李瀛洲邑令轮备倭书》、《重修城隍庙记》、《双烈传》、《备荒弥道议》、《驳迁即墨营于胶州议》等。

周如砥一生没什么大病，只有小时候被瓦砾伤了脚，加上染了南中湿气，脚经常隐隐作痛，以致蹒跚。万历四十三年（1615），周如砥病逝于即墨，终年六十六岁。整个朝野为之惋惜，叹他寿不配德，年未酬庸，经万历皇帝同意，诰赠通议大夫，礼部右侍郎。万历四十五年（1617）四月十五日，赐葬于即墨城北二里河河南之阡，首癸趾丁（南北向），墓前树立神道碑和"大司成坊"和石人马。

---

① 孙鹏：《即墨史乘》，方志出版社 2010 年版，第 57 页。
② 黄肇颚：《崂山续志》，山东省地图出版社 2008 年版，第 292 页。

艺文品谭

明代胶州赵完璧生平与诗集初探

王海燕

（青岛大学　文学院，山东　青岛　266071）

摘要：赵完璧是明代胶州人，由岁贡生官至巩昌府通判，其诗文集《海壑吟稿》十一卷，收入《四库全书》集部。完璧人品、文品均高，是胶州名贤、天才诗人，但由于其名位未高，史不立传，生平事迹不详，其诗文研究目前仍然是一个学术空白。本文主要采用"以诗证史"等方法，集中考察赵完璧生平事迹、辞官归隐的原因，研究《海壑诗集》主要内容和特点，为古籍整理项目《海壑吟稿校注》之初期成果。

关键词：赵完璧　《海壑吟稿》　生平　归隐

赵完璧字全卿，文全，号云壑，晚号海壑，明代山东胶州（今山东省青岛市黄岛区六汪镇）人，由例贡生[①]官至陕西巩昌府（今甘肃省境内）通判。赵完璧生于明孝宗弘治十三年（1500），卒于万历八年（1580）与万历十九年（1591）之间，享年80多到92岁。其诗文集《海壑吟稿》十一卷，包括诗六卷，文五卷，收入《四库全书》卷一百七十二，集部二十五。王之垣序其诗集，述其因抗忤权奸锦衣卫都督陆炳获罪，于狱中与杨继盛唱和一事，推重其志节；《胶州志》谓其"执法不避权贵"；四库馆臣亦称其"可谓志节之士"，赞其诗歌"多触事起兴，吐属天然，绝无叫嚣怒张之态，亦与有明末造矫激取名者有殊"，惜其"徒以名位未高，史不立传，遂几于湮没不彰，仅赖此集之存，犹得略见其始末"。可见其人品、诗品之高。

赵完璧父从龙，明弘治十五年举人，官至湖广武昌府同知。子慎修，嘉靖四十四年（1565）进士，历任盐城知县、扬州知府、大名知府、河南驿传道按察司副使，著有《清廓诗集》。赵慎修及其子赵儆（万历三十八年庚戌进士，1610）皆参编明万历十九年《胶州志》，赵慎修作序。赵家实乃胶州望族、山东乡贤，世代书香，斯文名世。今当发明其文章道德，使有裨世教，有益于当代青岛精神文

---

① 按道光《重修胶州志》卷十，表九，选举："正德赵完璧例监"。卷二十五，列传五，人物："由例贡入监"。（清）张同声修、李图等纂：道光《重修胶州志》，2009年影印版，第87、229页。

明建设。

赵完璧诗文集,历来未经整理。笔者申请了古籍整理项目,对赵完璧诗文集《海壑吟稿》[1]进行全面整理注释。赵完璧于诗用力尤勤,主要文学成就也在诗歌,本文为对其诗集研究之初期成果。

一、天才诗人赵完璧生平与诗集考述

赵完璧诗集并没有明确的编年。其诗集首先按体裁编次,在同一题材下,或同一卷中,虽有大体的时间顺序,但并不严格按时间编排,有些诗歌之间年代明显颠倒。例如:卷一《盐城送侄怀慎游杭州》、《行路难》二诗,是完璧随仕盐城期间侄怀慎来访,并将游浙江,完璧写诗纪之,按完璧盐城时期应是嘉靖四十四年(1565)至隆庆元年(1567);紧接着却是写于赴任巩判路上的一首叙事长诗《颓室叹》,序云具体时间是丙辰七月二十七日,即嘉靖三十五年(1556)。但大体来说,完璧诗有相当一部分注明地点和年代,甚至年月日,其余大部分经过推敲考证,也可知其创作地点和时间背景。赵完璧诗集,是其生平活动和思想感情的忠实记录,对了解其生平事迹很有帮助。本文根据其诗文内容,结合《胶州志》等史料,考察赵完璧生平及创作。此亦"以诗证史"之一法也。

赵完璧于明弘治十三年(1500)秋出生在家乡胶州,今山东省青岛市黄岛区六汪镇河北庄村。先祖于明初自徐州迁来,从祖父赵本始由农耕变为书香世家。赵本,弘治年间贡生,精通经书,为一方通儒,以经学授徒为生,亲自教子业,授之以《易》。完璧父赵从龙为弘治十一年(1498)举人,但此后五次会试不中,遂因母老而入仕,正德六年(1511)授河南开封府水利通判,负责治理荆隆、铜瓦、逻葡和张口等地水患,在任六年,以政绩闻于当时。正德七年(1512)水患,黄河南北流寇猖獗,从龙被赋予兵马大权,破贼有功,擢武昌同知。从龙有五子,完璧为第三子。赵完璧母亲兄弟随仕梁楚,到丙子(1516)春父擢贰武昌,这年秋天全家离开开封,完璧在开封度过了青少年时代。因赵从龙爱琴乐,但无暇习练,遂命子习琴。完璧擅长弹琴,精通乐理。开封画家张路(号平山)受赵从龙赏识,完璧与之结为忘年交,培养了书画爱好和艺术趣味。

从龙在武昌任上三月,因不习谄媚,招致中伤,即辞任东还。归来两袖清风,隐居读书,赋诗课子。出身在这样的书香门第,赵完璧的前半生自然追求"学而优则仕"的人生道路。早年即接受祖、父启蒙,他酷爱读书,自春至冬,手不释卷,但他像乃祖、乃父一样,科举之路充满坎坷。乡试屡试不售,弘治年间由例贡入

---

[1] 后文括号注文篇目,均出自台湾影印文渊阁四库全书本《海壑吟稿》。

国子监，乡试不利，遂入仕，授兵马司指挥。当时厂卫缇骑横行，完璧绳之以法，以此忤九门提督陆炳，嘉靖甲寅（1554）秋遭诬下狱，"劲执坐死"（《海壑吟稿提要》）。赵完璧在狱中与杨继盛赋诗唱和，作律诗二首，坦然自若。按杨继盛在狱时间为1553—1555年，1555年十月朔弃市。杨继盛就难后，完璧还写了《杨烈妇词》以挽之。完璧由尚书徐阶援救出狱。他在北京任职计五年半时间，诗歌多有吟咏北京等地风光的，其中六首被明人沈榜收入《苑署杂记》。

嘉靖三十五年（1556）秋，赵完璧外任陕西巩昌府通判，这年他58岁。出发前回故乡祭祖，携长子慎修赴任。"岁饥，以督赈著劳，权固原州通判。"① 不过在任前后仅6个月，以固原州通判致仕。此间写了一些风格遒劲的边塞诗，具有较高的艺术性。

此前一年，慎修乡试中举人，接着春闱失利，即随父宦游。赵完璧辞宦归来，囊空如洗。靠祖上留下来的薄产，倒也丰衣足食。回乡隐居，琴酒诗书自娱，并期待晚辈科举成功。嘉靖四十四年（1565）慎修中进士第，初授南直隶盐城知县。完璧年过花甲，欣慰之余，仿效世交丘逸庵翁，随子赴任，"谆谆详切，辅郎所未及"（《祭逸庵丘翁文》）。隆庆元年（1567）慎修主持南闱，他留守护孙。完璧在盐城三年，与老妻、幼子天各一方，生活虽称不上美满，但淮南风光自与北地相异，得江山之助，此一时期他诗歌创作颇丰。

慎修知盐城，多惠政，内擢兵部主事，迁职方司郎中。慎修赴朝就任，完璧归乡闲居，虽岁家事牵绊，但不废吟咏，诗集的一半以上写于晚年，多歌咏故乡风物。他在家乡的居所，应在灵山卫城②，有诗《盐城归迁旧居登楼偶成》可证，晚年诗文中多处称"山城"，可见不是原籍六汪镇河北村。除了琴诗陶情，足以使他欣慰的是儿孙辈科甲蝉联。除长子慎修外，侄赵怀礼，弟白璧子，官江西瑞州府教授；族孙赵俨，怀慎子，万历十年举人，十一年（1583）进士；赵佑，赵俨兄，武举人。期间因党人之祸，子侄辈受牵连，后得昭雪③。完璧夫妇寿考，74岁因慎

① 《道光重修胶州志》卷二十五《列传五·人物》，第373页。
② 据清苏潜修《灵山卫志》载："灵山卫，建于明洪武五年（1372），设立以防海也。"明初诏令天下设立卫所，跨县设所，连府设卫。洪武五年（1372），鉴于今胶南沿海倭患频繁，调指挥金事朱兴筑灵山卫城城，并从内地迁民圈占屯守，共建立军屯三十个，军兵五千六百人。卫指挥使为正三品，辖三所：左所在卫城，前所在琅琊，后所在胶州城。前所即夏河寨备御千户所，建有城池，故址在今胶南市琅琊镇驻地夏河城；后所即胶州守御千户所，附于胶州城；左所在卫城内。同时还于沿海设烽火墩台30座，临海城堡12处。防区西起日照两河，北至胶南洋河，主要护卫原莱州府胶州、青州府诸城沿海一带（即今青岛市黄岛区沿海地区）。清初，废除世袭官兵，改设卫守备。雍正十二年裁灵山卫，分地入胶州、诸城。
③ 赵完璧《答福山郭嗣翁尚书》云："党人之变，诸子侄无妄被灾，苦何可言。幸昭然，余不足憾矣。"《海壑吟稿》卷十一，第9页。

修受万历嘉封。完璧曾有志于编辑《胶州志》未果①。至老吟咏不辍，诗集经手自编纂，手稿本曾名《海天泉壤》二册②，慎修外任扬州知府时刊刻于扬州，"刻制端正，装缮雅丽"，首尾有扬州同知严绍峰等人的题诗（《谢维扬严绍峰二守》）。再版于慎修任大名府知府时，交其同僚王辅刊刻，名《海壑吟稿》，并拜托王之桓（王辅兄）作序。序云赵完璧"今年八十余岁"，"神犹屹屹不衰，其文思不少减于壮岁"。除了身体一些小毛病③，赵完璧晚年健康良好，80岁时行走不需杖藜。赵慎修不久迁河南驿传道按察司副使，以亲老告归，此时赵完璧应未卒。到万历十九年慎修序《胶州志》，完璧已过世。完璧享年达80多到90余岁，可谓善终者。

二、赵完璧辞官归隐原因初探

赵完璧外任判巩昌6个月即辞职归隐。时人无不惊诧惋惜，他自己却深感欣幸："世方弹指咄咤，以未能究先生之用为惜，而先生内沾沾自喜，以长有天地之日而竟其适于诗为幸"。（《王之桓序》）其人生态度甚为高蹈，不同流俗。王之桓认为，在仕宦与诗歌两者之间，赵完璧选择了做一位诗人，这当然包含着揄扬其诗歌之意。笔者以为，赵完璧辞官归隐的缘由比较复杂，试析一下，对理解其人其诗当不无裨益。

赵完璧辞官归隐的首要原因，当归于仕途不畅。虽然父辈曾出仕，但赵家这时毕竟算不上仕宦世家，由于朝中没有得力的援引，赵从龙、赵完璧等不仅功名卑微，而且仕途坎坷。赵完璧还因为触犯权贵而下狱，狱中写诗道："乌纱成晚祟，白发悟前非。"（《狱中不寐》）虽得徐阶赏爱，但并不能明显改善其官场地位。"眼前无路想回头"，此时他对仕进生出悔意，或成为其思想与创作的转折点。

明朝中期，朝政趋于腐败。嘉靖帝久不视朝，严嵩专国柄，万历后又有张居正专权。赵完璧的好友丘橓（1516—1585）（诸城人，嘉靖二十九年进士）因强直敢言，多次被贬。万历十一年秋，擢左副都御史，入朝陈吏治积弊八事，言："臣去国十余年，士风渐靡，吏治转污，远近萧条，日甚一日。此非世运适然，由风纪不振故也。""贪墨成风，生民涂炭。"④由于这种时代背景，赵完璧仕途坎坷、不得展才是值得惋惜的，他的诗文中对于未一展怀抱也颇多感慨。

---

① 见赵慎修《胶州志序》："则夫为志以考古维风，信不可缓。我先君海壑尝有志而未逮。"道光《重修胶州志》第3页。

② 见赵完璧《与任丘边通府书》，《海壑吟稿》卷十一，第4页。

③ 完璧73岁病疥疮三年，写《送疥文》。《用韵丁丑除夕》有句"骨隐余酸只自知"，这或是骨关节炎，风湿骨痛。分别见《海壑吟稿》卷十第18页，卷五第19页。

④ 《明史》卷二百二十六，列传第一百十四，中华书局1974年版，第5934页。

完璧出狱后，擢判巩昌是一种升迁。通判是在知府下掌管粮运、家田、水利和诉讼等事项，是州郡官的副职，对州府的长官有监察的责任。官正六品。但是离开朝廷权力中心外任总归是不得已，何况巩昌偏僻荒凉，"邈在边陲，荒山紫草，殊绝中原。虽上下之情，每有相宜，而风土之薄，良无所赖"（《与舒城孙生书》）。对比长期生活的开封、北京等繁华都市，甚或有着山海美景的家乡胶州，都具有强烈的反差。特别是对于经历了政治风浪、年近花甲的诗人来说，到此有投荒万死的贬谪之感，不由发出身世凄楚之叹。

出门在外的风险是不可控的。完璧携慎修赴任巩昌途中，旅店屋顶颓塌，父子几乎遇险，虚惊一场①。这时仕途厌倦之感渐浓，途中作《张茅道中》：

> 世路应愁绝，胡为来此哉。崚嶒崖畔度，窈窕壑中回。仰面青天小，低头黄雾来。艰危向衰老，不觉此心灰。

此时期其诗歌怀念家山，向往隐居生活。时不我待，父赵本卒于58岁，这时完璧已58岁矣。慎修于前一年乡试中举人，次年春闱失利，随父宦游，这时还要备考下一次的会试。完璧自知年纪渐老，很难有所作为，于是将仕进希望寄托于儿子身上。大凡仕宦根基不深的人家，要博取科举名次，只能以数量拼概率。再加上这一年，家乡胶州灵山卫养马岛遭遇倭寇袭击②。如此之多的内外忧患和牵连，促成赵完璧辞官回乡。

然而，赵完璧辞官隐居的根本原因，在于他的个性和志趣。我们知道，古人的自号往往表达其志向和情趣。完璧号云壑，晚号海壑。云壑，意为"与林壑居，与云霞侣"（《与任丘边通府书》），"沉迹丘壑"（《盐城答刘雪溪太守书》），无非隐逸之意。早在北京做官期间，他就写下诗句"何时谢朝组，随意踏莓苔"（《朝回望西山》），"山水幽闲何日遂，蓬瀛回首浪生愁"（《九日集饮边乐亭工所二首》）。等到终于归隐故乡，更号海壑，无非强调了隐居家山之意，沧海又为隐逸之代称，他每每向友朋自称"悠游海上"，"结蕙海山云暮"，"徒怀安于沧渤"。诗中每道隐逸之乐，如《夏夜独坐》诗云："有酒闲仍醉，无官负自轻。年年沧海上，高兴此平生。"又如《次韵春日匡氏西堂二首》更云："白眼寰中谁是伴，青山海上一佳宾。"海壑，是对归隐的纪念和自志。个性较为洒脱放达，是完璧归隐的内因和主因。

完璧这种淡泊的个性志趣渊源有自，深受家庭传统和友朋影响。完璧自称"家

---

① 见赵完璧《颓室叹（并序）》，《海壑吟稿》卷一，第17页。

② 道光《重修胶州志》卷三十四，记一，大事：世宗嘉靖三十五年（丙辰），倭寇灵山卫养马岛，第344页。

声琴鹤以相承"(《送疥文》)，家世业儒，追求仕进是其本分。而儒家奉行"达则兼济天下，穷则独善其身"。赵家虽非显宦，几代人都颇通穷达进退之道，身体力行。祖父赵本，明弘治年间贡生，精通经书，为一方通儒，为世所知，却厌弃仕途奔趋："绩学种德，纯雅君子。弘治间，有司贡礼曹，辄厌奔趋，归颐天和。"他每抨击世风士风："今世所称仕进者，率脂韦以投世好，吾安能局促效辕下驹哉！"(《收春先大夫暨先母恭人高氏行状》)"脂韦"出自《楚辞·卜居》："宁廉洁正直以自清乎？将突梯滑稽如脂如韦以絜楹乎？"后因以"脂韦"比喻阿谀或圆滑。历史上多数时候是贾谊《吊屈原赋》所云"鸾凤伏窜兮，鸱枭翱翔。阘茸尊显兮，谗谀得志；贤圣逆曳兮，方正倒植"，不想与世俯仰，同流合污，只能退隐以保全清白。赵本与世无竞，自号退斋，隐于铁橛山，足迹不入城市，卒年70余。虽然完璧出生前，祖父已卒，但这种正直狷介的人生态度，是让他钦佩追慕的。父赵从龙，迁任武昌同知3个月，因"先以不狎媚悦，中伤姜菲，拂衣而东"。归隐后，"酣畅赋诗，陶写林壑，以终天年"，并有"未老得闲真是闲，回看官爵是泥沙"之语（《收春先大夫暨先母恭人高氏行状》）。完璧赴巩昌任六月即辞职，在这一点上与乃父所为有惊人相似。自云："迂疏方稜，动见触迕，滋谤贾祸，竟所不免，委弃山野，适分之宜"(《与任丘边通府书》)。其人品直节不弯，亦是绍承家风。另外，《易经》是其家学，赵本亲授学于从龙，完璧也得家传，晚年有《落日》诗云："倦点灯前《易》，徐调膝上弦。"其他诗文多处用典出自《易经》。完璧能够看淡仕途穷达，通晓运数，并能知行合一，是与这种家学素养分不开的。

从完璧诗文看，其所往来虽多半为官场中人，但至交好友则多为隐逸自高之士。在巩昌时，与朋友怀乡"同味秋鲈"(《祭毛行斋亲家太守文》)，向往归隐；辅助慎修任盐城期间，朋友王冠峰中年致仕，急流勇退，"烟溟云峤，恣意徘徊"(《盐城与王冠峰书》)，他大为称赏；姜石泽"颐养沧溟，陶意种种"(《盐城与姜石泽封宪老亲家书》)，黄海洲"晦养云需，会心鱼鸟"(《盐城答黄海洲书》)，他都非常羡慕，期待早日东还偕隐。

完璧辞官后写下的《冬夜闻逢迎鼓角》咏怀诗，也可以说明他得偿心愿的快乐，和摆脱官场羁縻的庆幸：

> 寒夜三更鼓角鸣，遥知下吏苦逢迎。冰霜透骨微名缚，轩冕凌人四体轻。枯柳门外无限趣，紫芝山静有余清。衡茅真自高风在，榾柮煨炉睡到明。

对比身为下吏的拘束逢迎，隐居生涯实在是自由自在，称心快意。另一首《次韵秋日书怀二首简纪湛泉》云："掇得篱英轻斗粟，步来溪壑谢蒲轮。"他抛弃了功名利禄，真正换得了"秋风潇洒自由身"。晚年回忆往昔，仍不胜欣幸："十年宦迹惊残梦，一息尘机慰老闲。"(《早春雪后独坐》)追求闲逸、安守家山是他晚年诗歌的主调。

完璧辞官归隐，实现了做个诗人的夙愿。赵完璧和清代的蒲松龄一样，有着纯儒的道德理想和社会理想，却怀才不遇，乡试屡试不中。但比起蒲松龄，赵完璧有过官场生涯，对政治的残酷有着更多的体认。与官场决裂后，完璧成为一个真正的诗人，文学艺术成为其真正的精神支柱，在这一点上与蒲松龄可谓殊途同归。作诗、弹琴、品画，艺术鉴赏的爱好在完璧一生不衰。

读赵完璧诗集，犹如读其日记，记晴记雨，吟风弄月，闻捷则喜，闻丧则悼，哀乐情怀，叹老之念，无不入诗。我毫不怀疑，如果完璧生活在四五百年后的今天，他一定会用诗的形式写网络日志，发微博，刷微信。他于诗用功甚勤，日复一日，似乎终老是乡足矣。那么，对于赵完璧来说，诗歌创作在人生中到底居何地位？真的像王之桓序言所说的，完璧放弃官场生活，是因为宁可做个诗人吗？

完璧何时开始其诗歌创作？考其诗歌，早于任职兵部，如《商林晓行》云："山水倦人休未得，功名老我少无缘。蓬瀛冉冉东来近，早晚华堂莱彩翩。"按其父卒于乙酉，其母卒于嘉靖二十六年（1547）。此诗作时其母应在世，当时赵完璧未仕，应在北京国子监读书。所以说其诗歌创作始于兵部郎，不确。那么有没有更早的诗作？查其诗歌有《己丑开封》，己丑年为嘉靖八年（1529），离开开封后所做，当时30岁。又《题张平山古山春色图》，称忘年交张平山"龙钟老夷门，霞想终难谐"，大体也是作于此时。所以说，完璧诗歌创作，不是始于对仕途失望，更不是始于归隐之时，而是更早。

赵完璧有近十年的仕宦经历，但名位不高，终老卑职，一生襟抱未曾开，诗歌中总隐约有着壮志难酬、老大无成的愤懑和自惜。作于60余岁的《自伤二首》其一："晚来岁月惊如掷，老去情怀澹自酸。冥造不须愁里误，酒杯端合强追欢。"大约作于同时的《次韵秋日书怀二首简纪湛泉》又云："叹老惊秋倚画屏，抟沙功业竟何成！心劳刻叶终无补，技擅屠龙岂令名。"可见他对此深为自惜，只能将功名事业寄托于儿辈。自鸣不平，但怨而不怒。

结束仕宦生涯之后，诗歌是他的立言事业，完璧遂以诗人自命。《用韵书怀三首》其三，表现了他辛苦搜诗的情景："冥搜太苦绎蛛丝，得意醋歌向暮时。花鸟闲情惟我适，松篁雅操更谁知。名虚蝴蝶须臾梦，身寄蜉蝣浩漫期。事变古今堪大笑，悲丝何必泪交颐。"

其现存500多首诗歌中，有五分之一提到诗歌创作。其中《癸酉次韵新春，试笔十首，酬友人》更是集中笔墨描述了"人"与"诗"、与"真"之间的关系，诗品关乎人品，人品是诗品的基础，他以创作实践践履了这一创作主张。诗歌创作在其生活、人生中居于核心地位。晚年虽住在城市，但寡少交游："城市意闲青嶂在，交游情淡紫尘违。"风晨月夕，吟哦不倦。《小楼晚兴》："悠然清兴不可写，明月满庭梧叶飞。"《春晓枕上偶成》："衰残无事冥搜苦，清对琴床卧翠微。"写诗，是他的生活重心，每用"琴诗""诗酒生涯"描写晚景，足以说明他对诗歌事业的重视。诗歌创作在后期尤其是他的重要精神支柱，其人生理想也由立德、立功转向立言。千古文人，一点名心，在于兹编。

三、《海壑诗集》主要内容和特点

《海壑吟稿》成秩时，经赵完璧手自编定，其诗歌编排首先按体裁：卷一五言古诗 12 首，七言古诗 36 首；卷二五言律诗 77 首，五言排律 6 首；卷三七言律诗 80 首；卷四七言律诗 104 首；卷五七言律诗 92 首；卷六三言诗 1 首，四言诗 2 首，五言绝句 19 首，六言诗 5 首，七言（绝句）104 首。共计 538 首。赵完璧古体诗缘诗人之意，多托物言志，格调古雅；亦长于近体，七言律最多，整饬优美，通脱流丽。

按时间划分，赵完璧诗歌以辞官归隐为界，可分前后两期。前期诗歌内容和风格较为多样，包括西台前、西台时期、赴任巩昌期间。后期诗歌多闲适之趣，明显又分为盐城时期、胶州时期。

赵完璧诗歌按题材内容划分有以下几种：

1. 言志咏怀之作。前期多以香草美人托物寓意，诗集开篇《感兴》云："淳风不可挽，大道成微茫。椒兰不自保，恶樗以充囊。自爱琼佩姿，期以扬清芳。美人改中路，徒此明月光。"正如李白《古风》说"大雅久不作，吾衰竟谁陈？"这类古体诗，祖述诗人之意，有《小雅》怨诽不怒之遗意，贯穿着屈原以来的高尚文人情操，即在复杂政治环境下如何保持尊严和操守。再如《代鹤言》《笼鸟叹》、《渔父词》、《樵父词》、《弃妇辞》、《盐城获双鹤》，托物言志，自写怀抱。归隐后"通猿鹤"而"友麋鹿"，写下了《咏渔》、《咏樵》、《咏耕》、《咏牧》一系列诗歌，其中的樵夫、渔人、耕者、牧者，皆是文人化的隐逸形象，作者遗世独立的人格的自写。

后期咏怀诗数量也很多，达到入世而不媚俗，超然而并不弃世的境界。王之桓赞其诗："先生既归，徜徉林壑，触趣成声，或幽踪雅致，广萧散之怀；或精裁婉托，寓无聊之感；悯时迪志，谈理训真，则翛然方之内；含和茹泊，悟玄超凡，则悠然方之外。"（《王之桓序》）他追求超脱，却并不沉溺佛道，认为"仙凡枘凿终难合，海岳沉迷岂易磨"（《自伤二首》其二）。代表作如写于晚年的《用韵抒怀三首》其一：

红尘回首笑牵丝，正尔烟霞放浪时。碧水青山如有待，好风良月属相知。侯封姜望今非望，寿拟安期那可期。陶意琴尊从白首，不将熊鸟作颠颐。

"熊经鸟伸"见于《庄子》，是古代最早的一种仿生体操，模仿熊、鸟的活动形态，伸展肢体，调和气血，从而达到健康长寿的目的。这里其实暗含了作者对于修仙的态度。如所知，嘉靖皇帝迷信方士，尊尚道教，于嘉靖二十一年更移居西苑（今北京北海、中南海），一心修玄，日求长生，20余年不问朝政，以致严嵩横行乱政，后因服丹药中毒死。赵完璧在另一篇文章里说："要皆理之所不可知也。蛊惑之深，虽帝王亦不能自已。荒哉，燕昭、周穆、秦皇、汉武之为心也。"完璧的批评也从不出于激烈。

2. 吟咏性情的山水诗。这类诗作最多。所咏山水主要包括北京、陕西、淮南盐城、家乡海滨几处。前期多叹羁旅行役之作，描写北京及陕西等北地风光，希望摆脱王事羁绊，向往隐逸，不乏佳作。盐城期间，淮南风物，自不同于北方，极大激发了诗人的创作热情，写《淮村八景》等，过镇江、苏州等地，也有歌咏。后期隐居家山，山海形胜，形诸吟咏，多闲适之趣。例如《夜坐用韵》："沧溟无梦绕秦关，日绝尘劳夜更闲。云吐月来看不厌，风吹雪散酒初阑。残更诗思碧窗静，半夜琴声绛蜡寒。布被茅堂从坐卧，浪无羁束漫成欢。"表达夙愿得偿的喜悦，似写于归隐家山初期。

3. 酬唱之作。多是节序时令诗、祝寿诗、题画诗等。

4. 前后期都不乏关心民瘼的作品。如《感蝗》："倏作青娥摧绿野，旋看赤土泣苍旻。谁将无食悲生计，只有催租愁杀人。"同情天灾下百姓的苦难，暗讽了官吏不恤民情。

5. 纪事诗。完璧归隐后以诗人自命，诗歌是其纪事抒情言志的工具，是生活的记录。完璧随慎修令盐城期间，颇多吟咏，晚年隐居家乡，更是以大量诗作记录田园闲居生活。嘉靖皇帝去世，作《悼世皇三十韵》，忠君爱国，拳拳不已。更多篇章着眼于文人交往和家庭生活，例如慎修的秋捷、春捷、每一次任职、封诰父母，完璧都欣然命题写诗。其他如春花秋月、夏雨冬雪、志喜悼亡，触事起兴，闻则命笔，记事与抒情兼擅，称得上诗史。

从诗歌艺术来说，完璧诗的最大特点是天然平淡。他的诗多触事起兴，随物赋形，意在笔先，达到了自然而工的境界。《海壑吟稿》四库提要赞完璧诗歌"多触事起兴，吐属天然，绝无叫嚣怒张之态，亦与有明末造矫激取名者有殊"，确为至论。

完璧诗歌得江山之助，在不同创作时期呈现不同风格特点。北京、巩昌时期，处于人生中壮年，有一些气势磅礴的古体，如《次韵元遗山送李参军赴塞上》有："冲风单于庭，踏雪贺兰山。孤臣夙中热，不知铁衣单。王灵振无极，何恤凋朱颜。

雄飞本自猛将志,丘园徒老冥与顽。"巩昌任上作边塞诗颇称佳作,例如《塞垣晓行》:"野寺疏钟尽,寒山残月斜。冰溪惊雁阵,石径破霜花。杯酒全无力,边风不可遮。孤臣一万里,肠断塞垣笳。"颇为古朴苍劲。

对故乡风物的歌咏,云霞满纸,饱蘸浓情。家乡灵山卫城,山海毗邻,完璧诗文中每称"海隅"、"蓬瀛"。游宦的岁月中,他就对家山的思念不释于怀,晚年家居,黄海岸边江山形胜,气象万千,受山海名胜、崂山道教传说的影响,一些诗文神话色彩颇浓,想象丰富惊人,风格奇丽。如表现风雨的"蓬瀛望绝连天雾,湖海波翻蓦地风"(《癸酉秋苦雨》),气势飞动;描写晓晴的"乱水拖蓝遥接海,千峰凝翠蔼连城"(《登楼晴眺》),这种瑰丽壮美不能不说是山海赋予的。再如《石门寺晚眺》:"白发朱栏快一凭,珠山南跨枕沧溟。烟中浩漫连天浸,云际峥嵘括地青。千古画图诗兴阔,四时风月醉魂醒。蓬瀛不用飞翰去,坐啸青云送暮龄。"全诗色彩丰富,气韵流动,景中见情,情景交融。直至晚年,其诗歌毫无衰飒之气。

由于饱读诗书,满腹经纶,赵完璧的诗文常用典故,使得其风格高古简雅,精炼深刻。这也是校注工作的重点和难点。

总之,赵完璧有着纯儒的追求,退隐后遂成为一名真正的诗人。数十年人格的锤炼,发之于诗,成就其情感不失雅正、兼具弘丽的诗风,独立于明代各流派纷争之外,卓然自成一家。《王之桓序》对完璧诗的评价是恰切的:"盖先生之发愤于诗,垂数十年,而不为傥来之物,以滑其内,而夺其功,故振之以雄丽,而出之以优游。"赵完璧的才华、情性在诗歌创作中得到很好的展露和抒写,成为明代中期以来不可多得的天才诗人。

王海燕,文学博士,青岛大学教授,中国古代文学专业硕士研究生导师,研究方向为宋元明清文学。

清代即墨黄氏词人群体述论

丁　鹏

（中国石油大学（华东），山东　青岛　266580）

摘要： 清代是词学复兴的时代，出现了大量家族词人群体，清初即墨黄氏词人即是其中一个。黄氏词人词风幽寂淡泊，时有雄豪之作，其词风与当时全国词坛的主流——浙西词有一定相通之处，但由于黄氏词人活动范围基本囿于即墨一地，甚少与外界词人往来，很难判定其词风是否直接受主流词风之影响。据现有资料来看，其词风的形成与其家族遭际及即墨的自然环境有很大关系。

关键词： 即墨　黄培文字狱案　黄坦与黄墝　黄㙔　黄立世　山海词

即墨县在清代隶属莱州府，地处黄海之滨，有墨水崂山之胜。从明代中后期一直到清代，即墨县出现了周、黄、蓝、杨四大名门望族，而黄氏堪称诸族之冠。"墨多望族，而黄为最，金以诗礼忠孝世其家"①"吾黄氏自青徙墨，以文学世其家。高平而后，绩学掇甲科者代不乏人。数百年来风雅相尚，罔不拔帜词坛，称极盛焉。"②黄氏在明清两代中举人、进士和受赠封、荫袭知县以上官阶者不下五六十人，可谓世代簪缨之族。黄㙔《沁园春·丁巳秋，大中孙高捷北闱。报至，作沁园春小词志喜，且示勉焉》上片云："黄氏科名，逮子之身，于今六传。自青州远徙，来居即墨，越我高祖，有积德焉。清白家声，箕裘世业，甲第相承二百年。人都说，是天心眷顾，家学渊源。"首句点明即墨黄氏的仕宦历史：黄氏仕宦之途自六世祖黄作孚始显，黄作孚为明代嘉靖三十二年（1553）进士，官山西高平知县。作孚侄黄嘉善为万历五年（1577）进士，历官山西大同知府、宁夏巡抚、三边（陕甘宁）总督，升兵部尚书，赠太保，是黄氏族人中地位最高、声名最著者。作孚孙黄宗昌为天启二年（1622）进士，官山西道监察御史，巡按湖广。嘉善孙黄培荫锦衣卫指挥佥事，升提督街道、都指挥同知。黄培从侄黄贞麟为清顺治十二年（1655）进士，初授凤阳府推官，后擢至户部主事。从黄作孚到黄大中辈正是六辈。此外，

---

① （清）王埖:《黄仪山先生传》,《黄氏家乘》卷9,《山东文献集成》据清即墨黄氏钞本影印。

② （清）黄簪世:《黄氏诗钞跋》,清乾隆三十一年刻本,国家图书馆藏。

黄氏中举、为官者还甚多，这里只是择要录出，以见其家世之显赫。

簪缨仕宦之家，也往往是文学大族，这种情况在家族文学发达的清代尤其明显，即墨黄氏亦是文学之家。乾隆年间黄簪世所辑《黄氏诗钞》共录明清两代黄氏6世17位诗人作品，同治年间黄守平在此书基础上辑《黄氏诗钞》6卷，广为10世72位诗人作品，收诗达3815首，可见黄氏诗风之盛。黄氏填词之风不如作诗之盛，然在清初山左亦算是一个家族词人群体。据现有资料，黄氏填词者最早是黄宗庠，《黄氏家乘》中存其《南乡子·寄含章侄》1首，从内容来看大约作于明亡之后①。此词的淡泊幽寂之风正是后来"三黄"所心摹手追。词曰：

> 着意恋南乡，莲叶菴边久遁藏。前事难期心都冷。彷徨，近水遥山总断肠。
> 疏直露锋芒，几使潜身术不臧。尘外随缘偕汝去。商量，瓦钵蒲团羽士装。

黄氏填词大都集中在康熙前期，词集现存黄坦《紫雪轩诗馀》、黄壎《修竹山房诗草》附词及黄垍《露华亭诗馀》。据《山东通志·艺文志》、《即墨县志》等书记载，另有黄壎《友晋轩诗馀》，惜未见流传，可能已佚。雍乾年间则有黄立世《四中阁诗馀》。此外，黄垍《露华亭诗馀》中有多首词写给他的侄辈黄贞麟、黄贞晋、黄贞明、孙辈黄大中等人，写给黄贞麟的尤多。作为晚辈，黄贞麟等人不可能没有回应，但至今未见他们有词流传。

黄氏词风以清空幽寂为主，与同时稍晚的浙西词风近似。但据现有资料，黄氏与浙西词派中人并未有过交往。黄坦曾官浙江金华府浦江县知县，是否与浙西词人有过来往却不得而知，其填词是在辞官归乡后，仅与其从弟黄垍唱和，似乎并未受外界词人或词派影响。黄壎、黄垍大部分时间僻居乡野，活动范围很小，黄垍很多词都是写给他的兄弟辈、侄辈的，外界词人仅与曹贞吉有过词学往来，集中有多首词属和曹之作。曹贞吉对黄垍的词有过影响，但主要在咏史词之豪放壮阔这一面，与"清空幽寂"词风无涉。要言之，黄氏三人填词基本在家乡即墨完成，似乎并未受同时词坛风气之影响，其"清空幽寂、低咽回旋"词风之形成与明清易代大背景下士子敢怒不敢言的心态及他们家族遭遇了文字狱案的独特经历有关。

---

① "含章"指黄培，黄宗庠胞兄黄宗宪子，"黄培文字狱案"主角。明亡后，黄培一度想以身殉国，因母柩在京，先使其妾安氏自缢，归乡葬母后，托其幼子于其叔，遂拟自杀，后经其叔黄宗庠开导，打消此念。此词似为黄宗庠的劝导之语，"前事难期心都冷"似指明亡难以再兴，使人"总断肠"也。"疏直露锋芒，几使潜身术不臧"则是劝其在新朝统治下小心行事，怀念前朝之心不可过于发露。潜身乡野，不为新朝所用，亦是不负旧朝的一种方式。

一、黄培文字狱案及其对黄氏词人的影响

康熙初年发生的黄培文字狱案是清初一大要案，从案发到案结历时四年之久，牵连二百余人。案起于康熙五年（1666），黄家世仆姜元衡控告黄培有反清复明举动，并罗列其十大罪状，如刊刻逆书、集会结社唱和逆诗、违抗清朝剃发令、诗集中有逆句逆语等。黄家世受明廷重用，黄培曾以祖嘉善三边大捷荫锦衣卫指挥佥事等职。明亡后，黄培不忘故国，蓄发留须，不着清服，与莱阳遗民宋继澄、宋琬、董樵以及即墨黄、蓝诸族结诗社①，朝夕吟咏，反清情绪时溢于诗文。不料这一切都成为日后姜元衡控告他的把柄。姜元衡本名"黄元衡"，其祖父本为流浪乞儿，为黄嘉善所救，收为家仆，改姓黄。主人为其娶妻，子孙亦受黄家教养。明亡清兴，黄元衡于顺治年间中进士，任翰林院侍讲。黄元衡遂未经黄家允许复姜姓。黄培坚持民族大节，对在新朝求取功名的人嗤之以鼻，况且姜元衡作为家仆擅自改姓名，是背弃主恩的行为，就更加对他不满，经常给他难堪，在各种场合羞辱他。姜元衡对黄培的积怨愈来愈深②，最终导致了控告黄培"反清"。由于牵扯的关系太多，不只是姜元衡告黄培这一告，还有黄培的反告姜元衡、姜的同伙金桓、杨万晓分别告黄培，黄培的同伙秦胤奇告姜元衡，并且顾炎武作《忠节录》曾往即墨黄家采访明末遗民事也被牵扯在内。这场文字狱案直到康熙八年（1669）才了结，结果是黄培在济南被执行绞刑。其子黄贞明将灵柩运回即墨，葬于水清岭，自此入崂山深居不出。其女年方及笄，入崂山潮海院为尼。

这次文字狱案归根结底是改朝换代的大背景下忠心于前朝的遗民与甘心受异族统治的新贵之间的冲突，也是旧主与爬升到高位的仆人的冲突，是那个时代民族矛盾与阶级矛盾十分尖锐的体现。这个案件对黄家的打击是巨大的，成为黄家兴衰的转折点，从此黄家虽宗风不断，但已不再有昔日的辉煌。黄坦有词记曰：

---

① 同治《即墨县志》卷9："继澄与黄、蓝诸族结诗社，朝夕吟咏。子林寺琬、乡人董莺谷樵亦与焉。"，台北成文出版社1976年据同治十一年刊本影印本，第653页。宋继澄（1594—1676），字澄岚，号绿溪，又号万柳居士，莱阳人，黄培的姐夫。崇祯癸未（1643），清兵攻陷莱阳城，家族10人遇难。曾与宋璜、宋琬及赵士喆等91人结为大社，以应复社。著有《四书正义》、《五经正义》、《万柳诗集》等。宋琬（1615—1694），字殷玉，号晓园，一号林寺，宋继澄次子，入清随父隐居不仕，其继母为黄培姐。董樵（约1615—？），字亦樵，号东湖，莱阳人，姜埰内弟，清兵攻陷莱阳城，家族多人惨遭杀害，与清兵有不共戴天之仇，明亡隐居。著有《西山诗存》等。

② 如黄培刊刻《含章馆诗集》，遍送诸人，唯独不送姜元衡，使姜怀恨在心。宋琬曾作《好我十三君》诗，内有赠姜元衡的诗，黄培刻入《含章馆诗集》时将赠姜元衡诗删去，改为《好我十二君》诗，姜也以此成隙。据《审黄培告姜元衡一词》，姜元衡控告黄培原因："后因他辱我父母极了，我与他誓不共戴天，所以才揭告他。"见《黄培文字狱案》，即墨市政协文史资料研究委员会编，第50页。

南唐浣溪沙　闻将鬻宅有感

累叶家声渐式微，百年堂构一朝非。回想儿童行马地，泪沾衣。
里改鸣珂花尽落，庭无飞盖草应肥。为问堂前王谢燕，向谁飞。

黄坦也对黄家前途表示了忧虑：

百字令　九日诸弟集饮

粉凝黄绽，竹篱下、画出柴桑风味。遥忆南山看不尽，山外云飞叶坠。对酒临风，登高望远，何处容吾醉。天涯回首，夕阳衰草无际。

羞说谩集龙山，一时称胜，为誇参军事。失足呈身千古恨，莫道贤愚不异。眼底琴书，胸中湖海，毕竟吾兄弟。且销佳节，休论明日晴未。

此词格调低沉哀婉，充满感慨。"失足呈身千古恨"似指黄培事，"休论明日晴未"暗含了对经历过文字狱案打击的黄家前途未卜的担忧。

黄坦是一个家族感特别强的人，家族意识经常在词中出现。他的这种意识或许与黄培文字狱案不无关系。一个家族群体共同面对灾难往往会促使内部的团结，增强他们的家族意识。黄坦希望经历了挫折的家族能走上复兴之路，他对黄家后辈寄予了殷切期望：

满江红　病中示诸侄

七代家声，望中叶、亭亭振起。须回想、晏安鸩毒，隙光如驶。对月欲攀丛桂影，闭门且养雕龙技。趁东风、年少速加鞭，吾衰矣。

光门户，掇青紫。揣摩熟，拾芥耳。尚萤窗雪案，焚膏继晷。东壁旧藏书万卷，南溟独步云千里。二百年、甲第再生辉，荣桑梓。

黄培文字狱案对黄氏族人的影响更多的是在心态方面。案发后，黄坦、黄塛、黄坦都被牵扯在内，姜元衡告黄培的状词中有一项即是告黄坦《夕霏亭诗集》、黄塛《修竹轩诗集》内有逆句逆语，三人曾在济南系狱待审。虽然最后审理三人均幸免于难，但待讯期间的惶恐与失去兄弟的痛苦对其影响是巨大的。宋琬描述黄坦当时的状况曰："己酉吾舅大金吾培蒙难，叔舅伤心人纪，淹于沈疴数年，几弗生，得苟延也，□□遂谢人世往来，甘自老。"[①]但碍于异族统治者的残酷，又不能

---

① （清）宋琬：《白鹤峪处士孝廉黄公澂菴墓志铭》，《黄氏家乘》卷14，《山东文献集成》据清即墨黄氏钞本影印。

在诗文中明确表达这种感情，与丁耀亢、张尔岐等遗民词人的狂放不同，他们的心态是收缩的、内敛的，颓寂的，由此造成了他们的词的盘桓郁结、清空幽寂之风，而家国之变也使得他们对人生与命运的感慨尤多。如黄堪：

木兰花慢　寄慨次德舆元韵

凭高开远目，看日月、迭沈浮。才影落昆仑，霎时又到，旸谷东头。顿令年光衰暮，是何来、满镜雪霜稠。怪尔惊丸不定，浑如江海奔流。

吁嗟于尔复何尤。天地一浮沤。计元会终穷，山河大地，毕竟都休。堪笑鲁阳多事，却挥戈、叱尔久淹留。漫说彭觞殊致，看来总是蜉蝣。

此词不是一般的咏史词，其内容没有局限于特定历史人物或事件，而是一种普泛化的对宇宙、对人生的认识。起句高远，振起全篇。"看日月，迭沉浮"大气豪迈，写出年光流逝之无法遏止之势，"是何来、满镜雪霜稠"则引入对人生易老的感慨。下片则弥漫着虚无主义气氛，"计元会终穷，山河大地，毕竟都休"指出现存一切终将走虚无，更何况只是"天地一浮沤"的人呢，是动荡的时代背景及残酷的家族遭遇促使词人对宇宙、人生作出这样的思考。再如黄坦词：

宣清　秋怀

渺渺今何夕。正风褰雨霁，高悬明月。照荒凉、关塞河山，历繁华、汉秦宫阙。抚此萧秋，对吾虚室，怜伊皎洁。思不极，望难通，处处使人心折。

久绝鸾笙，虚传鹤驾，冷落清商节。但翘倚双星，有怀如结。昔人问天何说。隔代箫声，却吹来、梦中悲咽。

此词抒情不如上词明了，而是通过营造一种朦胧凄冷的意境以表现人面对宇宙所生发的对前代历史的沉思。"思不极，望难通"既可指明月，又可暗指历史上的人物，或暗指前明。"久绝鸾笙，虚传鹤驾"的主人公具体指谁，也可自由联想。"有怀如结"是何种情怀，则有多种可能性。这是黄坦词的特色，深具词之回环含蓄之美。但此词又不是完全无法理解，"照荒凉、关塞河山，历繁华、汉宫秦阙"是一条线索，点明怀古主题，"隔代箫声，却吹来、梦中悲咽"则是对不可复现的过往历史的伤悼，或者也可理解为对前明的怀念。与这种隐约对"历史之不可回复性"的体认相比，黄坦亦有明白直接的对宇宙、人生的认识，如"恰似角上蛮争，穴中蚁斗，总是生前幻。"（《百字令·感述》）、"顷刻荣枯成变幻，谁肯浮云相视。百岁流光，千年逝水，今古皆如此。"（《百字令·重阳前一日看云作》）、"七十年前蕉叶冷，三千岁后桃花暮"（《满江红·偶然作》）等。在词中作这种深刻思考是黄氏词人的共同点。

二、黄坦与黄壖

黄坦（1607—1689），字朗生，号省菴，明御史黄宗昌长子。以副榜贡生官浙江浦江知县，洁己爱民，后辞归。里居淡泊，自号秋水居士，著有《紫雪轩诗集》、《秋水居文集》、《紫雪轩诗馀》（又名《秋水居诗馀》）。黄坦六十岁左右始填词，时在康熙五年（1666）之后，其间与族弟黄壖多有唱和。黄壖曾有《临江仙》记黄坦词为盗所窃事，序曰："余录《紫雪轩词》，为数言弁其首，甚宝爱之。丙辰冬，大中携去，为盗所窃。夫盗能窃词，则盗非常盗。词为盗窃，则词非常词也。乃为《临江仙》以纪之。"由此可见其词为时人所重，但由于他归家后的活动范围较小，影响也只是在很小地域内。关于其词风格，黄壖有过总结：

蝶恋花　题紫雪轩词
意致云骞词景焕。气吐长虹，山岳皆摇撼。犹恨南唐情婉娈，独为辛陆开生面。
愧我十年学搦管。童子雕虫，敢令秾公见。春草池塘真可美，应同宝鼎供香案。

此处，黄壖强调黄坦词"气吐长虹，山岳皆摇撼"的辛陆风格。黄壖《紫雪轩词序》曰："壬子夏，余以谢茉莉小词投之，遂援笔赓倡，迄今不数年，词源潆丛，骎骎乎遭周柳堂奥，其气骨之豪宕且迈稼轩而上之，盖所进不次焉。"①也是强调黄坦词气骨之豪迈。黄壖的认识具有片面性，这种评论只适合黄坦的部分长调，尤其是山海词。黄坦词的主导风格并不是这种"气吐长虹"的发扬蹈厉风格，他的长调往往有一种盘旋郁结的低沉幽咽之气在内，寄托遥深。如：

百字令　忆南山
春回昨夜，望南山、一片空明积雪。万壑千峰琼玉满，飞鸟人迹俱灭。劲节松声，虚心竹色，恰映南窗月。适逢此际，知他形影清绝。

还问屋角寒梅，岭头纤草，可会迎时节。凭昔东风都不管，但使劳人心折。物象昭昭，星河隐隐，无限伤心说。人情天意，未知何处分别。

此词格调清冷，颇有白石风。上片写回忆中的南山景色，清幽逼人，下片重在抒怀，"屋角寒梅""岭头纤草"似有所指，寒梅迎雪怒放，纤草遇雪则枯，似

---

① （清）黄壖：《紫雪轩诗馀序》，《黄氏家乘》卷10，清即墨黄氏钞本。

人之不同境遇与品性。"物象"句置身于无限苍茫之宇宙中，真有无限伤心无处诉说也。"人情天意"无法推测，只有等待命运的安排。黄坦词每有这类深沉的忧思。再如：

凤凰台上忆吹箫　和漱玉词

云坠清阴，花凝香露，鸣蝉犹在枝头。看烟生楚岫，光敛吴钩。莫忆经行燕处，人去后、意想全休。方知道，一从怨别，百不宜秋。

还忧。长空无际，那去鸿缥缈，孤影谁留。况波沈瑶海，雾幛琼楼。隐隐天风吹断，徒使我、引望穿眸。惊心在，旧盟浸冷，未是新愁。

此词哀怨凄幽，表面写情人怨别，然不可坐实，亦可看作旧日理想消逝后的惆怅。黄坦长调每每给人一种联想，这是他的高明处。上片先写初秋景色，"莫忆"句逆入，勾起对往事回忆，遂又回到现实。下片抒怀，"去鸿缥缈"可指人，可指事。"波沈瑶海"、"雾幛琼楼"则指欲往无由，世路多险。结句警醒，引人深思。再如：

木兰花慢　和子厚忆郡城旧游

入春方数日，春入梦、却无涯。似大泽云平，三山月满，岩壁衔花。光景依稀如昨，曾梦中、掷笔问烟霞。几载龙溪掩洞，何方鹭影惊沙。

近来春色落谁家。九陌骤青骢。想许史园开，松筠结翠，杏柳浮芽。聊作卧时游览，今醒余、自觉是空华。不见天边飞鹤，徒闻树上啼鸦。

此词亦写回忆，笔法虚实结合，有一种迷离奇幻之美。上片不断在梦与现实间转换。起句写实，"似大泽云平"句完全是浪漫瑰丽的想象，"光景"句又转入现实，"几载"句则虚虚实实，无从分辨。下片亦虚实难分，"近来春色落谁家"暗指人世之起落，有升有降。结句意味深长，"天边飞鹤"盖指君子隐没，"树上啼鸦"则小人当道也。

黄坦小令清空流丽，幽冷缠绵，爱写秋天的月、雨、露、风、云等凄清意象，以"秋思"、"秋感"、"秋意"、"秋情"、"秋雨"、"新月"为题的词比比皆是，与长调一样充满深沉的忧思，耐人寻味。代表作如：

卜算子　秋思

明月驾云涛，荡漾寒光影。隔院风飘画角声，吹得星河冷。

欲问月何心，寂寂蓬山顶。出没千年不一言，落叶催秋景。

菩萨蛮　秋思

云飞木落西风起，一声哀雁秋千里。何处最关心，寒花被雨侵。

北池南院侧，销尽群芳色。独有美人蕉，红鲜对寂寥。

黄壎，字子明，邑诸生，黄坦从弟，黄坤仲兄。黄壎为人沉静，康熙元年（1662）丈石斋唱和，初着笔即高人数等，著有《修竹山房诗集》。黄壎词在黄氏词人中数量最少，仅存 51 首，然自有可观处。他尤擅小令，清倩流丽，颇耐寻味。集中闺情词不少，然不作秾丽语，多写别后相忆，下笔简淡清冷，是黄氏的一贯词风。如：

丑奴儿　闺情

夜闲欹枕思千里。林外疏钟，残月朦胧。梦绕巫山第几峰。

闷来斜倚阑干立。几阵西风，无限情惊。都在梧桐落叶中。

黄壎小令写风景、闲居、客况的也颇多，也是清冷风格。自我抒怀词则自叹多愁多病，与上述词的冷静相比，多了愁苦不平气，这一点颇与黄坤类似。如：

相思儿令　述怀

年少气凌星岳，肮脏意难平。不觉鬓边华发，忽向梦中生。

蹉跎底事无成，老逢节序偏惊。那堪风翻银海，吹来一片秋声。

减字木兰花　寄家坤弟

无端扰扰，女嫁男婚催我老。白发盈头，对镜踌躇只自羞。

凄风苦雨，寂寞三秋常闭户。兄弟沉疴，我惭龙钟尔若何。

黄壎长调很少，然亦有佳者，除去上引《木兰花慢·寄慨次德舆元韵》，尚有：

沁园春　郊饮

胜友招寻，散步东郊，林峦郁葱。见荒烟古木，纵横衢路，兔葵燕麦，摇荡春风。物态全非，年光未改，今夕升沉感慨中。休嗟叹，幸兰亭少长，冠盖雍容。

念予落魄衰翁。任岸帻、科头老不恭。况缠绵痼疾，渐馀鸡骨，蹒跚步履，自愧龙钟。时际良辰，人皆陶谢，畅饮酣歌豪兴同。甘肥避，笑弋人空慕，天外冥鸿。

此词写与友人郊饮所生感想，上片写"物态全非，年光未改"的时光流逝之感，下片写自己落魄无成、多愁多病的境遇，都是词中惯于表现的内容，新意无多，但下笔典雅清峭，气脉连贯，自有可观。

三、黄垍

黄垍（1629—1689后），字子厚，号澂菴，又号白鹤峪处士，康熙二年（1663）举人，黄堞季弟。《即墨县志》称其："恬淡不慕荣利，坐卧图史中以自娱，书法出入晋唐，诗古文词雄深雅健，下逮宋元词曲无弗赡也。主骚坛数十年，为同邑诗人之冠"，[①] 著有《白鹤峪文集》《夕霏亭时文稿》《夕霏亭诗集》《露华亭诗馀》、《露华亭词馀》、《法书辨体》、《草法集略》、《拂石居谈馀》数十卷。李焕章《夕霏亭集序》曰其"诗馀多至千余首"[②] 今《露华亭诗馀》存词405首，可见已亡佚不少。

黄垍有一首《沁园春·大兄有约戒词，戏答，且更索和》曰："承惠箴规，绮语劳神，终身佩之。但胸中垒块，五丁敛手，目前光景，二竖相欺。不假歌吟，定难陶写，眼见愁城万堞齐。当戒否，还从容商榷，三复寻思。　漫言寿考维祺。念造化、从来似小儿。思谪仙词客，不皆夭折，菜傭笨伯，何必期颐。我爱阿兄，词源濬发，波决龙门百丈飞。愿洗耳，听云璈逸响，珠玉新词。"词中"大兄"指黄堞，其《友晋轩诗馀》今不存。观词意可知，黄堞认为"绮语劳神"，所以奉劝黄垍同他一起"戒词"。这是严重的"词体不尊"观念，且不说黄垍词中并无多少绮语，即如黄垍所说"我爱阿兄，词源濬发，波决龙门百丈飞"，可见黄堞词本身也不是绮艳一路，却还要否定这种文体，只能说词为艳科的观念已深入人心。黄垍并不同意黄堞的观点，认为"胸中垒块""目前光景"，若"不假歌吟"，则"定难陶写"。可见黄垍不是将词作为无聊试笔的游戏文体，而是将词作为"自我陶写"的工具，这是对词的"言志"功能的认识进一步加强的表现。对于黄堞的"绮语劳神"观，黄垍也委婉地进行了反驳。他说"思谪仙词客，不皆夭折，菜傭笨伯，何必期颐"，人的寿命长短与作诗填词的多少无必然联系，也就否定了"绮语劳神"的说法。

黄垍词内容很广，正如他自己所言，抒写"胸中垒块"、"目前光景"是其词的主导内容，也是成就最高的一类词。黄垍一生身体屦弱，多灾多难，《黄氏家乘》称其"性好学，多病，病已则学，然终以病废进取。"[③] 他自己亦称"十载殢烟霞。自童年至老，以病为家。"（《夏日迟·自度曲》）他的仕途小无起色，《即墨县志》

---

① 民国《即墨县志》卷9，台北成文出版社，第620页。

② （清）李焕章：《夕霏亭集序》，《黄氏家乘》卷10。

③ 《黄子厚传》（德行文学传），《黄氏家乘》8。

记载他曾做过一个"郯城训导"的小官,并于康熙二年中了举人,但此后并无进展。原因之一可能是"因病废进取",原因之二是受黄培案件的影响。据宋琬讲黄垍是因为黄培事而隐退,"大金吾久矣疢心甲申之不死,今而正蒙难也,得死所矣。子厚方以售知于文字为憾,而适值风涛,得自引避,以丘壑老。"① 他一生大部分时间是在家乡崂山西峰白雀峪过着隐逸生活,他有多首词描写这种生活。如:

贺新郎　夏日遣兴

不必求名胜。傍城隅、一区茅舍,斜斜整整。种树栽花三十载,赚得浓阴满径。有竹枕、藜床松凳。摊饭浇书无个事,笑平生、疏懒随成性。谁与疗,嵇康病。

日当卓午眠方醒。隔湘帘、濯枝细雨,丝丝香冷。剥啄无声人语俏,红绿阶前相映。描写出、闲中风景。柳下柴门终日掩,避茶烟、鹤立梧桐影。身宛在,华胥境。

但这种闲适逸兴只是他的生活很表层的一面。虽然他自称"利锁名缰都解脱,于今才得身轻"(《临江仙》),名利或许对他不再重要,但贫病带来的痛苦萦绕了他的一生。他说"不怨长卿贫,不怨休文病"(《卜算子》)并不真实,事实上他每以长卿、原宪等历史上的穷困人物自比,如"相如老矣休文病,卫玠清癯羞对镜"(《偷声木兰花·七月望作》)、"文园以病为家。更那堪、春愁似麻"(《柳梢青》)、"衰病相催,原宪门前草不肥"(《减字木兰花·有感》)、"莫言陋巷无兼味,原宪于今食万钱"(《鹧鸪天·食榆钱口号》)等。他的生活充满了"病里年华浑似梦,愁中春色惨于秋,人间何处可埋忧。"(《浣溪沙》)这样无法解脱的忧愁和痛苦,也是黄壎劝他戒词没有成功的原因。因为他有太多的孤苦需要倾吐,这方面的作品在他词集中占了相当比例。

江月晃重山

八月西风病骨,十年东野愁人。门庭久已绝车尘。无个事,端坐到黄昏。

闷数阶前落叶,细看眼底浮云。比来何物解相亲。梁上燕,甘与共清贫。

水调歌头　年五十作

一万八千日,碌碌竟何为。翩翩竹马游戏,犹记作儿时。谁教六龙飞辔,一似追风蹑影,转眼到崦嵫。镜中见潘岳,两鬓渐如丝。

守陋巷,称聋叟,号书痴。仰天慷慨长啸,五十未知非。堪叹枥边老骥,徒

---

① (清)宋琬:《白鹤峪处士传》,《黄氏家乘》卷8。

拥崚嶒骏骨，羞对锦障泥。二月春风动，犹自向人嘶。

第一首词主要抒发贫病带来的孤寂之感，第二首写一生无为的落拓意识，词意悲苦。黄垍的暮年境况更为凄凉。他似乎并无子嗣，孤苦伶仃，更加深了他词中的悲苦意味。

临江仙　病吟简大兄

两两相看皆骨立，悽然泣下沾巾。多愁多病复忧贫。伤哉两兄弟，同此历艰辛。
堪羡阿兄犹胜我，老来两子三孙。惭余憔悴一孤身。若怜芳草色，须咏谢池春。

百字令　怀大兄之一

流光荏苒，叹芙蓉镜里、都非年少。伯氏六旬双鬓白，余亦知非过了。能几多时，儿童竹马，转眼桑榆到。鹡鸰原上，风日还有多少。
如兄瓜瓞绵长，儿孙满眼，催得身先老。晚景凄凉谁似我，底事不堪重道。半世沉沦，一生孤苦，却也凋零早。连床风雨，何时舒此怀抱。

黄垍与其胞兄黄壎感情很好，这几首将兄弟之情与身世之感融合在一起，真挚浓郁，若非身涉此境，不能道来如此真切。相较而言，黄垍也写了不少闺情词，其中虽有佳作，但多数为文造情，缺乏动人力量，远不如这类有自身经历的自抒"胸中垒块"之作来得真切自然。其闺情词佳者如：

河传

芳草。春晓。半窗松影，一声啼鸟。路迢迢，梦摇摇，楚水吴山音信杳。
鸳鸯戏水波纹皱。情拖逗，泪湿香绡透。卷帘钩，望平畴，凝眸，春风人倚楼。

黄氏为词，大都集中在即墨一地，鲜与外界词人接触，唯黄垍与曹贞吉有过词学上的交往。曹贞吉《沁园春·读子厚新词却寄之一》云："不见澂庵，六年于兹，思如之何。忆大明湖畔，论心握手，芝罘海上，痛饮高歌。"可见二人在大明湖与芝罘海上有过痛饮畅谈。黄垍有一首《沁园春》，小序曰："丙辰，曹升阶年兄以三词寄余，余病不能和。隔岁，乃仅赋一章见意，时曹在中祕"。另有一首《满庭芳·曹升六舍人寄珂雪词九阕，赋赠》，可见二人有互赠新词的经历。黄垍词似乎也或多或少受到了曹贞吉影响，以清幽悲苦为主。而其《风流子·怀古》6首、《百字令·咏史》6首俱是和曹之作，另有多首咏史怀古词未标明和曹，却都一改往日风格，雄豪壮阔，有剑拔弩张之势。曹贞吉《沁园春·读子厚新词却寄之二》

上片云："凭藉飞鸿，贻我一编，花间草堂。喜风流旖旎，小山珠玉，惊心动魄，西蜀南唐。更爱长篇，嵚崎历落，辛陆遥遥一瓣香。吟哦久，妒金荃佳句，遂满奚囊"。这里指出黄词的两种不同面貌，小令之花间草堂风与长调之辛陆风。其实，与其说黄埙直接师承辛陆，倒不如说他受曹贞吉之影响更为直接，或者说他通过曹贞吉这座桥梁而遥承辛陆。代表作如：

风流子　易水怀古

田光真烈士，年垂老、刎颈别荆卿。记壮士悲歌，寒生易水，冲冠怒发，直指秦廷。咸阳殿，襟裾空断绝，匕首总无灵。督亢图穷，祖龙绕柱，白虹贯日，天道何凭。

舞阳还乳臭，杀人能报怨，浪得虚名。可惜甘棠余荫，一旦飘零。任举国奔号，难回震怒，东宫授首，无救颓倾。徒使英雄扼腕，千载吞声。

此外，值得注意的是，黄埙词中还有一种以议论为词的倾向。这部分词虽然不多，艺术成就也不高，但却是词体中确实存在的现象，对考察词体演进过程有资料价值。如下面这首《卜算子·有感》。

凤凰啄琅玕，鸱鸮嗷腐鼠。甘苦由来只自知，各有相投处。
物物不同心，心心不同趣。若把香丸易粪丸，翻惹蜣螂怒。

这类词只是一味说理，缺乏形象性与感情，与词之审美特质背道而驰。实际上，除去自我抒怀词之外，黄埙的词，尤其是部分闺情词和咏物词缺乏一种动人的力量，这或许与他写作数量太多有关，以至感情来不及积淀，或纯粹为了写作而写作，使得有些词如"游词"，不值得揣摩玩味。如咏物词贵在寄托，若只得形似，则落为下乘，黄埙咏物词即徒然得一形似，无寄托可言。

四、黄立世

即墨黄氏为词主要在康熙前期，此后很长一段时期无以为继，直到乾隆年间又出现一位黄立世，他是三黄的族曾孙。黄立世（1733—1787），字卓峰，号柱山。乾隆十八年（1753）举人，历官广东新宁、花县、宝昌、潮阳县知县，罢后云游吴、粤、燕、晋间。著有《遂初文集》、《四中阁诗钞》、《四中阁诗馀》、《柱山诗话》等书。黄立世填词大体沿其三位曾祖之路数，小令似黄坦、黄壎之清丽圆润，长调则有黄埙之清苦意味，然亦有豪放之作。小令如《浪淘沙·寒食》：

花气昼冥冥，乍雨还晴。连朝绣陌草痕青。多少邻家游女伴，趁尽流莺。
回首忆平生，浪迹如萍。十年好梦半凋零。今岁东风无赖甚，吹过清明。

黄立世远在广东为官，罢官后又云游四方。长期的羁旅生活使他常怀有一种"断梗浮萍"的漂泊感。他的词中经常写旅行中的风景、对家乡及家人的怀念。这类词中充满了他哀贫叹病、郁郁不得志的牢骚不平之气，与黄埉的心态非常像，词风也有黄埉词的悲苦意味。代表作如：

念奴娇·江上晚兴

烟岚如画，看春山妆点，征人行色。日落天涯双极目，不断空青淡碧。冷雨初侵，东风犹峭，帆影迷南北。垂杨渡口，潮声万里孤拍。

可奈烟水茫茫，暮云稠叠，一片飞鸿集。酒尽芳樽寒梦醒，无数鸣榔风急。树乱昏鸦，渔歌明月，客绪纷如织。萧萧瑟瑟，江楼夜半吹笛。

此词写旅行中的词人面对江上暮景所生发的孤独感，风格清冷孤峭，既得柳永羁旅行役词之笔法，又有姜白石、张玉田词之清空意味。再如：

凤凰台上忆吹箫·岁暮言怀寄内子

雪色弥天，风声匝地，平添一段新愁。看羲车和辔，几易春秋。潦倒平生事，思量着、何似全休。比年来，我如病鹤，人亦呼牛。悠悠。无端浪迹，似断梗浮萍，处处淹留。闻柱山乡里，病与贫谋。多应二劳峰顶，为念我、日夜凝眸。销魂处，西山西畔，东海东头。

此词写长期漂泊在外的词人对妻子的怀念与愧疚之情，其间融合了身世飘零、多愁多病之感，情感真挚，字字是泪，与黄埉自叹身世词风格绝似。

五、即墨黄氏与山海词

地域文化对于文学创作的影响是文学史上一个古老的话题。魏徵在《隋书·文学传序》中说："江左宫商发越，贵于清绮；河朔词义贞刚，重乎气质"这种说法着眼于大的地域文化背景对作家心理、气质的渗透，而自然地理状况对文学的影响亦是明显的。杨海明《唐宋词史》在论述唐宋词带有"南方文学"的柔美型风格特征时，提到"江南多水帮助造就了词境的柔媚性"。具体说来，"一方面，南国多水的景色映照到词中，就很自然地会使它的'外景'表现得烟水迷离、幽细柔婉。另一方面，江南水乡的风物，钟秀于作者的心灵，改造着他们的气质，并从而使他们的感情发生柔化，这种山川景物对于作者的移情现象在词苑中屡可得见。"① 缪钺先生曾说："南宋词人大抵足迹不过淮水，没有见到过黄河、太行、燕山等北方山川的雄伟气象，故词中也少有与此相称的风格、境界。元好问生长云朔，其词有苍茫雄壮之气。"② 这些都是在谈论地域环境对词人词风有绝大之影响。

即墨地处山海之间，有崂山之雄秀，黄海之壮阔。秦锡九《即墨诗乘序》曰："厥有名山大川，是即大块之文章也。而人得山川奇气之助，往往理足气充，闳中肆外，其诗文必传。大小二劳，即邑之胜，为神仙窟宅，与方丈、蓬莱、瀛洲三神山名几埒。又东负大海，泱漭浩渺，潮汐往来，低昂万象，日月丸跳，珍宝鳞萃。生其地者，率胸襟壮阔，不必尽以文显，而风雅士要常项背相望，虽曰庠序乐育，师友渊源，独非山海灵气使然哉！"③ 生于斯长于斯的黄氏词人，得山海之灵气，其写山写海的词亦呈现出"天风海涛"般的雄豪气势。如黄坦的：

满江红·望海

一望苍茫，接天去，杳无涯际。几万里，洪涛南涌，澄霞东起。岛屿参差浮日下，星辰灿烂生波里。引香风、直下凤麟洲，吹衣袂。

三山渺，百川积。蜃楼灭，鸥溟徙。笑从来兴废，有如此水。何处月明潮影白，几年风云澜光紫。远思量、乘鲤向扶桑，寻飞舄。

上片融化曹操《观沧海》入词，气势宏大，心胸开阔。下片由自然风景引入对历史的思考，格调转为低沉，结句想象奇幻，振起全篇。黄坦写山海的词还有《贺新郎·登浮峰》、《蝶恋花·望海》、《满江红·忆故山》、《沁园春·忆巨峰》等。黄埍的《满江红·观海》一词，亦是这种气贯长虹的豪迈气势。

滚滚秋涛，问此去、扶桑几里。望不断、参差岛屿，螺形累累。水面浮来星汉影，潮声荡尽英雄气。听中流、雷电响秋空，鱼龙起。

方丈内，蓬壶里。秦与汉，空劳使。但凭阑长啸，悲歌而已。日月沧桑曾几变，古今浩荡何时止。试看他、万派赴朝宗，疾如驶。

---

① 杨海明：《唐宋词史》，天津古籍出版社1998年版，第13—14页。
② 缪钺：《论张炎词》，《灵谿词说》，上海古籍出版社1987年版，第573页。
③ （清）秦锡九：《即墨诗乘序》，见《即墨县志·艺文志》，台北成文出版社，第949页。

词史上的山水之作并不少见，但绝大多数都是写山水之明媚、幽秀。因填词者多数为南方词人，长于南方秀丽川河与平原之间，对于北方的山海之势并无深刻体验。"山海"词作为山水词的一个分支，其奔放之气势、雄奇之想象以及神话因素的运用是对山水词境界的开拓，自有其词史价值。

作者简介：丁鹏（1986—　），男，中国石油大学（华东）国际教育学院，讲师，文学博士。研究方向为中国古典诗词。

周至元山水诗简论

周远斌

（青岛大学　文学院，山东　青岛　266071）

摘要：周至元吟咏崂山山水的数十首诗作，乃中国古代山水诗之遗响。周至元对崂山非常熟悉和热爱，其对崂山山水的观照是直接的，不受宗教、功利等观念的影响，其山水诗视野开阔，物象生动，意境纯净，"表现出一种纯美的境界"。

关键词：周至元　山水诗　崂山风物　境界

中国古代山水诗，以山水为主要审美表现对象。这一天人合一的诗歌创作，从晋宋至有清一朝，一直没有间断，作者及作品数量可观，而且不同时代表现出不同的创作特点。但新文化运动以后，中国现代诗歌发生转型，山水诗尤其是古代体裁的山水诗淡出。周至元吟咏崂山山水的数十首诗作，乃中国古代山水诗之遗响。时志明《清代山水诗的因变创新论略》一文论曰："清代人对山水的观照是直接的，这种直接表现在剔除了许多宗教观念、社会功利、生活思辨的介引而径入山水，使人的审美目光和山容水态在顷刻间发生关系，表现出一种纯美的境界。"[①] 可能与清朝接近的缘故，周至元的山水诗也表现出同样的审美追求。不贤识小，拙文仅从视野、气象、意境三个方面谈谈自己对周至元山水诗的观感。

一、视野开阔

一个人的视野开阔与否，主要与其胸襟学识有关。周至元自幼喜欢读书，年少时就识见超群，魄力非凡。王仁山《周至元传》云："至元少有卓识，入小学数载，即动至悔曰'圣贤经传炳耀天霄，学问根蒂尽在六经，如此者岂足留名而传后耶？'"周至元读过三年私塾，1921年转入公学，但自觉公学所学无益于自己发展，于是三年后再入私塾，师从沈丹庭，课经书五年。2000年台湾倡导读经班的王财贵在

---

① 时志明：《清代山水诗的因变创新论略》，《苏州大学学报》1992年第1期。

北师大演讲时，曾就亲身经历指出过公学语文教育的失败。[①] 早于王财贵八十年，而且在公学渐盛、私塾渐衰的时代，年少的周至元能看到公学之弊端、私塾之长处，并毅然决然地弃公学入私塾，可见其胆识和抱负。这一次选择和十余年的苦读，为他以后的发展奠定了基础。虽然周至元以行医务农为生，但胸怀天下。其诗《闻华北有警感赋》云："破碎山河感不禁，倭寇蚕食又相侵。已成弱宋偏安局，难厌强秦虎狼心。十载教训时已晚，几回和议失尤深。书生爱国诚多事，对酒狂歌且楚吟。"从该诗可见周至元胸襟情志之一斑。周至元的学识、气度、胸襟，使其山水诗视野开阔，无论长篇短什，均表现出思接千载、视通万里的美感。

《巨峰》用古体，以七言为主，间杂以五言、九言、十一言句：

> 二崂之峰亿万计，谁其主者为巨峰。众山罗列儿孙小，此独巍然主人翁。我亦不知入尽青山几十里，上尽白云几千重。但觉峭岩绝壁不易登，古洞幻壑沓难穷。造巅顿觉眼界阔，六合之内隐罗胸。举手扪星星离离，俯首瞰日日瞳瞳。沧海如杯水，群山似朝宗。蓬莱在其北，阆苑当其东。西望岱岳何处是，但见齐烟九点青蒙蒙。呼吸帝座若可通，欲叩阊阖问天公。山灵含怒似不容，罡风吹下白云中。

诗之发端，即以夸张性的笔触，给人一个崂山峰数以万计的全景，在众山罗列中，巨峰突起。巨峰雄视亿万群山，这已见其高，也已见崂山之广，但这仅仅是开始，接下来又以铺陈之笔"入尽青山几十里，上尽白云几千重"再写崂山之深、巨峰之高。因兴致刚起，所以诗人的眼睛至此并没有打住，"造巅顿觉眼界阔，六合之内隐罗胸"两句把描写引向无限高远的空间。"沧海如杯水，群山似朝宗。蓬

---

① 王财贵说："台湾的语文教育失败了，严重的失败。我们费了那么多的时间，来学国语、国文，但是语文程度，一年不如一年。……要由我自身的经历来说，才能够知道这种教育到底是成功的、还是失败的。……我是个乡下孩子，距离我家最近的国民小学叫做公立小学，公立小学一概都照政府的办法教白话文。这个小学在十里之外，我们上不了公立小学，只好在家里由祖父开一个私塾来教我们几个亲戚的孩子。他却规定我们要背诵古文，作文也要用文言文，不许用白话文。我在这个私塾之内，读了七、八年之久。我的国文就'床前明月光'一直背诵到'若稽古帝尧'。'若稽古帝尧'是《尚书》，号称佶屈聱牙。把《尚书》都背完了，大概四书五经、诸子百家都背完了。最后，连《左传选粹》和《史记精华录》，也能整本的背。在我们这些同学当中，除了二、三个实在背不下去之外，大多数的孩子都不以为是辛苦。最后在家长的鼓励之下，竟然也主动去读《资治通鉴》和《昭明文选》这些大部头书，那时候几岁？ 11岁！在我们12岁那年上中学。家长送我们上中学，必须有一张小学文凭。所以只好把我们插班到公立小学去。我现在还清楚记得，在公立小学上的第一堂国语课，就是有关早上那个公鸡的白话文诗。他的诗是这样子的：'喔喔喔白月照黑屋，喔喔喔只听富人笑，哪闻穷人哭，喔喔喔喔喔喔。'"

莱在其北,阆苑当其东。西望岱岳何处是,但见齐烟九点青蒙蒙。呼吸帝座若可通,欲叩阊阖问天公"数句,既写眼见之高远,亦写心中之无限,以虚实之笔把视野写到极致。

《棋盘石·一》,五律:

> 危石峰头搁,相看我亦猜。二分重在外,千古不堕来。
> 遥视浑如戟,登临忽似台。沧溟俯视处,历历指蓬莱。

诗一开篇即写棋盘石峰头"搁",既写其危,也写其高远。"二分重在外,千古不堕来",继续写棋盘石之危,亦突出其"搁放"之态;"千古不堕"一语,表现了诗人穿越历史的思绪。

诗以"沧溟俯视""历指蓬莱"告结,造"篇终接浑茫"之境。时空之辽阔,足见诗人心胸之远大。

再如,《华表峰》诗句"上干青冥天,下插无底壑",写华表峰之高耸,俯仰上下,有难测之高深。《石门》诗句"石门高矗浮云隈,晴日登临眼忽开",视野亦高远阔大,有"九天揽月"之高致。《崂山头》诗句"山到路穷处,孤峰海底攒。怒涛如雪涌,造化足奇观",山势逶迤,海涛怒涌,两宏阔之境以耸立之孤峰相接,此乃造化之奇观也。

元人汤垕言:"山水之为物,禀造化之秀,阴阳晦冥,晴雨寒暑,朝昏昼夜,随形改步,有无穷之趣,自非心中丘壑,汪汪洋洋,如万顷波,未易摹写。"(《画论》)周至元山水诗视野开阔,不止是登高临远所见,亦是胸中丘壑之"摹写"。李白的山水诗,以视野宏放高远见长,周至元的山水诗虽然难以颉颃,但亦有自己的特点,有自出奇意处。

二、物象生动

周至元摹山范水,总能抓住主要特征,赋予无限生机。《美人峰》,七律:

> 奇秀孤峰入窈冥,乍看疑是美人停。化成巫女双痕碧,眉点文君一抹青。
> 云作衣裳劳想象,玉为肌体自娉婷。如何姑射仙人在,海上名山又现形。

诗的开篇即显奇特造意,"乍看"之下,窈冥中的奇秀孤峰仿佛是窈窕娉婷的女子停在那里,"双痕碧""眉点文君一抹青"又使人联想到"山如眉黛"的精妙比喻,峰的形象愈发灵动鲜活,秀丽可喜,若顾盼生姿的美人。还有想象中的"云"

给她作衣裳，圆润的"玉"给她作肌体，似仙女下凡。

《二仙传道峰》一诗，化用前人诗句，以五言体赋予传道峰鲜活的生命力：

> 海上耸双峰，状如二仙立。不知空谷中，所谈竟何事。
> 想系安期生，相伴美门至。餐霞不肯还，化作岩头石。

李白曾在游崂山之后写下《寄王屋山人孟大融》一诗，诗中有云："我昔东海上，劳山餐紫霞。亲见安期公，食枣大如瓜。"李白以后，以"餐紫霞""安期生"等意象入诗的大有人在，周至元想必也从该诗中受到启发，但他又在李白诗的基础上重造意境。诗人由双峰的形状想到两个仙人在山谷中交谈不为人知的事情，紧接着又联想到道教中传说的神仙安期生，想象他携友到达此地，又因紫霞味美而不愿离开，化作岩石长立于此。这一系列的联想和想象使原本静止不动的山峰披上了一层神秘的面纱，变得生动迷离，仿佛这两座山峰随时都会幻化成仙，腾云驾雾离开这里。双峰耸立海上本是静态之状，诗人却通过特殊的表现使其充满生命力。

周至元写山生趣盎然，写水更是一派生机。《玉龙瀑》，五律：

> 凌空乱溅沫，疑是玉龙飞。白挂虹千仞，青环山一围。
> 抛来珠落落，舞处雪霏霏。游客贪清赏，斜日不忍归。

诗人开头便以飞舞的玉龙来形容瀑布凌空乱溅的景象，突出瀑布的飞动之姿。继以挂千仞的白虹，拟写玉龙瀑的飞流直下，"青环山一围"的青幽更显其声势。"抛来珠落落，舞处雪霏霏"两句甚是绝妙，频频落下的水珠和纷飞的水花，晶莹剔透，如珠似雪，美不胜收，以于"游客贪清赏，斜日不忍归"。

《泄云瀑》，七律：

> 飞泉高泄碧山头，错落珠玑散未收。斜日乍惊彩虹出，晴天忽见白龙游。
> 危岩秀映群峰色，幽谷寒生六月秋。疑是银河谁决破，滔滔不绝水长流。

首句"飞泉高泄"，即突出了泄云瀑的飞动之势；"错落珠玑散未收"可与白居易的"大珠小珠落玉盘"相媲美，形象地表现了水流的错落之致和连贯之势。斜日照射下，泄云瀑状如彩虹，飞动的水流具有了别样的美感；"晴天忽见白龙游"既是诗人之联想，又是泄云瀑游走之姿的形象再现。"疑是银河谁决破，滔滔不绝水长流"两句，写泄云瀑的滔滔之势，与李白诗句"飞流直下三千尺，疑是银河落九天"相较，有不同的韵致。

三、意境纯净

　　周至元的山水诗，主要是对山水进行摹写，几乎不掺杂哲理思辨，也没有植入宗教观念和社会观念，所写皆为"真景物"、"真感情"，追求物我合一、无涉功利的纯净境界。

　　《采药谷》，五律：

　　　　道人采药处，泉石自清幽。涧阔秋风细，林深竹影修。
　　　　落花浮水面，野鸟鸣枝头。即此堪供隐，烟云朝夕稠。

　　全诗营造了一纯净的意境。采药谷泉石清幽，宽阔的山涧、细微的秋风、修长的竹影，这些意象构成了一幅清新的山水画；漂浮在水面的落花和在枝头鸣叫的野鸟又给这幅山水画增添了许多生机。"即此堪供隐，烟云朝夕稠"两句，表达了诗人对采药谷山水之美的迷恋，以至于有与道人一起供隐于此的心动。王维《辛夷坞》诗"木末芙蓉花，山中发红萼。涧户寂无人，纷纷开且落"，同样是写山中的美景，但王维的诗表现的是渗透着佛理的清空之美，而周至元的诗追求的是天人合一的圆融境界。

　　《大仙山》，七绝：

　　　　一片沧溟落眼前，峦峰朝夕起云烟。苍松白石断尘想，信是人间好洞天。

　　进入大仙山，顿觉超旷空灵，近处苍松白石，远处云烟缭绕，可谓别有洞天。诗人以有我之境，写无我之境，对山水的钟情和留恋在字里行间荡漾，松石云烟、峦峰沧溟与诗人的心灵相合，这也就难怪诗人有断却尘念、洞天修仙之想了。

　　《贮月潭》，七绝：

　　　　回亘群山曲涧通，一潭倒映月空明。先天古寺荒凉甚，惟有寒泉依旧清。

　　这是一幅带有禅意的山水画。诗人没有佛教信仰，诗句间所再现的色空意象，纯是对山水之直接观照所得。群山回亘，曲涧通潭，潭映明月，水月清幽，旁边有荒凉的古寺相伴，是写？是画？是欣赏？还是冥悟？想必诗人有其自得也。

　　《鱼鳞瀑》，五古：

涧路行已尽，四围峭壁起。壁尽白云端，划然石门辟。
飞瀑就中泻，疑决银河水。界破乱峰青，素练挂一疋。
一叠又一叠，滚滚浪花激。乍惊苍龙飞，复恐玉山颓。
乱点作雨飞，余沫化烟起。奔泻动谷崖，迅雷走洞底。
澄潭照胆清，沉沉深靛色。白昼自阴森，六月寒彻骨。
石上片刻坐，尘襟一时涤。贪览景物幽，不觉衣衫湿。
龙湫何足拟，雁荡未能比。山水奇至此，喟然叹观止。

这一首长达二十八句的五言古诗，仅写对金鳞瀑的观感，虽然篇幅较大，但不枝不蔓，无冗长感。全诗围绕瀑布的雄奇壮观，从上至下，层层写来，物象生动，意境圆融。

周至元以前，很多人以诗咏赞过崂山，如刘若拙、邱处机、黄宗昌等。他们从不同的角度摹写过崂山的山水，亦不乏佳作，但像周至元这样几乎篇篇想象丰富、造意奇特者，可谓寥寥无几。这与周至元对崂山山水的熟悉和热爱分不开。周至元十六岁开始考察崂山，三十余年间深入崂山数十次，每次进山，少者十余日，多则逾月，足迹遍及崂山全境。攀危崖，历幽洞，触景生情，才吟咏成篇，故其作多琳琅珠玉。但学界对周至元的诗（包括文）研究不多，愿拙文有抛砖引玉之用。

作者简介：周远斌（1969—），文学博士，博士生导师，青岛大学文学院教授，主要从事中国古代文学和古代文学批评史研究。

高凤翰诗歌内容初探

赵　胜

（青岛大学　文学院，山东　青岛　266071）

摘要：清代山东胶州著名书画家和诗人高凤翰为"扬州八怪"之一，其一生创作三千多首诗，根据内容可分为纪实诗、题画诗、即景抒怀诗、山水咏物诗和赠答诗五类。其诗歌反映了高凤翰坎坷的仕途与多难的人生经历，清朝世俗生活百态及文士的内心沉思。清四库馆臣对高凤翰的诗歌评价有失中肯，其纪实诗足承少陵、乐天之遗风，题画与山水咏物诗又秉王孟之自然神韵，唱和赠答亦有元白之潇洒，至于即景抒怀则有太白、陶潜之放纵。语言方面更融入了自由化、口语化等杂言体式，具有朴实无华、纯净自然的特点。

关键词：高凤翰　诗歌内容　分类　评价

高凤翰，山东胶州人，诗人、画家、书法家，精于篆刻与制砚。原名翰，字仲威、羽中，又字西园，别号丁巳残人、南阜左手、南村、南阜山人，亦署老阜、南阜农、南阜老人、西园居士、息园叟、竹林叟等。高凤翰在诗、书、画、印、砚等领域都留下了大量的作品，并取得了很高的成就，他的诗、书、画、印也被尊为"四绝"。高凤翰在童年时就展现了其异于常人的天赋，后拜师李世锡，诗才渐丰。高凤翰又深得王士禛赏识[①]，《清史稿》、《山东通志》均有其传。高凤翰少年时已有文名，与蒲松龄为忘年交[②]，袁枚亦言素慕其名，并在《随园诗话》等著述中多次提及高凤翰。

高凤翰天赋极高，加之受家族的熏陶，"意自九岁受书，即从先君子窃声律，

---

① 据高凤翰所作《元日祀渔洋先师像毕，忽见绕屋梅花有欲放者，怅然有作》一诗所作小注可知："余以康熙辛卯自济南奉渔洋先生遗命，召入新城，拜画像，受赐书，得为私淑门人焉。"

② 高凤翰曾为《聊斋志异》作跋。《聊斋志异》卷九《张贡士》记高凤翰及其友人张卯君事。又见高凤翰《赠新城王扶九·序》："往者余常以诗见知新城先生，许以执贽，未及而先生归道山，有遗命付后。余省试过长山，其嗣兄弟闻之，辄来远迓，述先生意殊恻恻，因至其家，受赐书，拜遗像称弟子焉。"《南阜山人诗集类稿》，第491页。

时以意为小词咏之，颇自喜；每就草藏衣带间，未尝敢以示人"①。他在《春草堂诗自叙》中说："丁丑春，先君以公车走都门，余已生十四年，差长知人事，因得假以书笥管钥，于是乃大搜所藏书，得唐人集读之，虽意未了了，然自是顿知体制矣。"② 诗人张历友谓其："佳儿弱冠弄柔翰，笔阵横扫千人军。"③ 作为"扬州八怪"之一，高凤翰的画尤为出众，因此，其诗名常为画名所掩，而历年来对高凤翰诗歌的研究也较为少见。高凤翰"生平所作凡三千余首，曰《击林集》，曰《湖海集》，曰《岫云集》，曰《鸿雪集》，曰《归云集》，曰《归云续集》，曰《青莲集》"④。这是一个很庞大的数字，应该说，高凤翰首先是一名诗人，而后才逐渐成长为一名画家。高凤翰自己编选了许多诗集，有"丁巳本"、"乙丑本"、"壬午本"、"壬戌本"等，孙龙骅的《高凤翰诗集笺注》⑤ 以《南阜山人诗集类稿》"壬戌本"为底本，共收诗437首，本文即以此为参照。《四库全书总目》评其诗"天分绝高，兴之所至，亦时有清词丽句"⑥，这虽不是很高的评价，但对高凤翰的才情与佳作亦可窥见一斑。

近现代以来，对高凤翰的研究主要集中在绘画与篆刻等方面，而对其诗歌研究的学术成果并不多。近年来高凤翰的诗集逐步整理问世，但相关的研究论文也就只有寥寥几篇，而又多集中在题画诗中，如王荣华的《高凤翰题画诗考论》⑦，袁伯诚的《高凤翰的人格结构及诗画风格与扬州八怪之关系》⑧ 等几篇主要从题画诗角度对其诗歌进行初步的研究，对于创作三千多首诗的这样一位诗人来说，显然是不足的。笔者将从高凤翰的生平着手，结合其人生的不同际遇在诗歌内容方面的体现对其诗进行初步的探析。

一、高凤翰诗歌的内容分类

高凤翰生活的康、雍、乾三朝基本都是太平盛世，然而他的一生却并不太平。如此祥和的社会背景也并未给高凤翰创造理想的生存环境。高凤翰19岁中秀才，此后乡试却一再折戟，前后八次科试皆失意，直至45岁才由胶州牧黄之瑞举荐任安徽歙县县丞。后又代任仪征县丞并掌管盐务。高凤翰为官清廉，不为贪官所容，

---

① 宋和修：《高凤翰年谱》，中国文联出版社2002年版，第52页。
② 宋和修：《高凤翰年谱》，中国文联出版社2002年版，第57页。
③ 刘德增主编：《山东重要历史事件：宋元明清时期》，山东人民出版社2004年版，第357页。
④ 陈文新主编：《中国文学编年史 清前中期卷 上》，湖南人民出版社2006年版，第329页。
⑤ 以下皆简称《孙笺》。
⑥ 陈文新主编：《中国文学编年史 清前中期卷 上》，湖南人民出版社2006年版，第329页。
⑦ 王荣华：《高凤翰题画诗考论》，《太原大学学报》2014年第3期。
⑧ 袁伯诚：《高凤翰的人格结构及诗画风格与扬州八怪之关系》，《青岛大学师范学院学报》1996年第1期。

又受好友卢雅雨案的牵连，最终入狱，此后虽得以平反，但却彻底对仕宦生活失去了兴趣。高凤翰在南方的 12 年间，与当地诗画家往来频繁。此间曾做过一些小官，但是生性不羁的他无法适应官场的风云变化，作为一个理想的文人也难以在复杂的官场立足，最终他还是决定远离仕途，漫游于扬州、泰州等地，与郑板桥、李方膺、高翔等人赋诗作画，共同形成了在当时影响颇大的"扬州八怪"。乾隆六年（1741）因病重重返山东胶州。一生坎坷穷困，晚年饱受贫病折磨，乾隆九年（1744），更是因病笃不得已典卖田亩以及自己钟爱的书砚等家产，足见诗人晚年的潦倒生活。乾隆十四年（1749）一代大师高凤翰病逝于胶州三里河村，葬于胶州河西八里辛置岭，友人郑板桥为其书"高南阜先生墓"墓碑。

虽然作为一个官场的游客他是不幸的，但作为一个文人，这段游学的经历使他的眼界大为开阔，并留下大量诗篇，无疑他是幸福的。高凤翰终其一生笔耕不辍，《南阜山人诗集》自跋云："总生平所为诗，起戊子止甲子，三十八年中凡得诗二千三百六十有六首，订为六册共三十九卷为一帙。其前此《骑竹集》皆幼年所作，及频年随手散落者概未阑入，其后此自乙丑续成者亦另存，粗拣编辑，倩王甥静思陆续手抄。于岁甲子自春徂冬，经数阅月始告竣。其第三十九卷奇零未完者，则又倩宋表侄汉庭所补抄而成者也。（《南阜山人诗集》卷末）"①

高凤翰曾《作客谈诗二章》云：

　　诗有异境，与奇为趣，寻常耳目不是穷其变也，诗有妙境，与苦为极，握月担风，拈花狎酒，不足尽其上也。顾是两境者，必非株守荒村，日对妻孥所可得，人不出游，游不于殊方异俗，鸟言卉服之级，亦何以有此哉？②

高凤翰是一位性情诗人，他的诗朴实无华，无论纪实、抒怀、题画，都是有感而发而并无苦吟之风，读来便觉色彩纯净。"《类稿》从内容约克分为四类：即景纪实诗、言志述怀诗、题画寄情诗、应酬赠答诗。"③笔者据《孙笺》对其所录437 首诗歌的内容重新将其分为五类：纪实诗、题画诗、即景抒怀诗、山水咏物诗、赠答诗。

（一）纪实诗

高凤翰是一位平民诗人，这并不是说他终生不仕，而是说高凤翰如"诗圣"

---

①　陈文新主编：《中国文学编年史 清前中期卷 上》，湖南人民出版社2006年版，第329页。
②　宋和修：《高凤翰年谱》，中国文联出版社2002年版，第92页。
③　《孙笺》第4页："《类稿》从内容约克分为四类：即景纪实诗、言志述怀诗、题画寄情诗、应酬赠答诗。"

杜甫一样，站在广大平民的角度，关心民生疾苦，同情劳苦人民，并作诗抨击黑暗的现实政治。但是，因为当时诗人为了结集与出版的便宜，不得不忍痛割爱删掉了大部分纪实之作。目前孙龙骅《高凤翰诗集笺注》总共收录了18首纪实诗，虽然仅占此集的4%，但其中所折射的事件足矣重现当年的社会现实。如《苦灶行》：

> 南风一夜卷海水，海上晨趋走妇子。河锸持帚群相招，笑指池中雪花起。卤淹赤脚红鳞斑，灶下蓬头炊湿烟。饥肠霍霍日向午，尚待城中换米钱。得盐尽入豪贾手，终年空作牛马走。人生百役各辛勤，观此一笑真何有。就中老妇尤堪伤，长号向我泪满眶。白头半世作亭户，今年不幸阿公亡。阿公一死谁当语，家有丁男解鹰去。小儿觅米未归来，府牒勾人虎吏怒。只今孤苦一身支，为民为灶互参差。不惜垂老死徭役，可怜一兔两三皮。几回欲去恋乡井，儿女柔肠空鸣喡。天阍万里叫不开，直须抱石投东溟。我闻此语首频搔，口衔石阙心忉忉。老妇老妇且莫号，巡盐御史按部来，飞章入告救尔曹。①

诗人自序"睹徒役之作哭，悼里胥之催诃，怒焉伤心，作诗以造司醝政者"②，目睹家乡盐民的艰辛劳作和苦难生活，于是诗人用诗歌记录了这样真实的场面来寄给掌管盐务的长官，为民请命，深刻抒发了诗人对盐民的悲悯和对官商巨贾重利盘剥的批评，正如杜甫的《石壕吏》一般，同样抒写了诗人对劳苦百姓的同情，而且以细节的描写，再现了当时盐民蓬头垢面在赤日炎炎的晌午时分仍然拼命劳作，只为换得一餐的温饱。而官商巨贾则袖手盘剥，阿公终于在超负荷的劳作与饥饿中死去，只有老妇空长号，儿女依然饥肠辘辘。

当然还有更加犀利的诗篇，《孙笺》中未收录，如诗人在泰州任盐坝盐掣期间所作《捕蝗谣》：

> 蝗起蝗起，四乡报不已，问蝗多少？报蝗人摇手，遮莫论顷不论亩。官来捕蝗，什么赏格，一枝板打两条腿，刀笔吏滑来吊诡，刀笔杀人，不能杀蝗，官去诈食官来藏。蝗食苗，吏食瓜，蝗口有剩苗，吏口无遗渣。儿女哭，抱蔓归，仰空号天天不知，吏食瓜饱看蝗飞。③

诗歌如同民谣般朗朗上口，语言诙谐之中带着辛辣，将那些贪官、刀笔吏刻

---

① 孙龙骅：《高凤翰诗集笺注》，北京师范大学出版社1993年版，第63页。

② 孙龙骅：《高凤翰诗集笺注》，北京师范大学出版社1993年版，第63页。

③ 宋和修：《高凤翰年谱》，中国文联出版社2002年版，第259页。

画得入木三分。是年泰州蝗灾，官吏却作壁上观，百姓深受其苦，诗人遂书成此篇，怒指贪官更猛于蝗灾。诗人也因此入狱。虽然不久冤案大白，但四五十天的监狱生活把他右臂折磨致残，又紧接着右臂突发风痹症即废。乾隆十三年，他又写下《荒年一首》、《邻县》、《海蓬莱》等诗，正如《诗经》中的《硕鼠》篇，亦如盛中唐的杜甫与晚唐的白居易，高氏不断托物托事以抨击官吏的黑暗残酷，揭示人民的疾苦，用慷慨激扬的诗歌来抨击封建王朝末代社会的种种不公现象。虽才不及少陵，但从其诗作中我们也能看到诗人对百姓的关心和对人民苦难生活的担忧。他无力在政治上运筹帷幄，但依然胸怀天下苍生，便只好作为一个诗人用文人特有的方式来抨击官场的黑暗，以告慰生活在水深火热之中的黎民。虽屡遭诬陷，并痛失右臂，但诗人的一颗爱民之心和一身铮铮铁骨足以流芳百世。

（二）题画诗

高凤翰不仅有着济世的情怀，同样也有着文人的风流雅致。虽仕宦多难，但诗人依然是以乐观的心态面对，并不断作画赋诗来陶冶情操，为我们留下大量的题画诗。高凤翰存世的题画诗数量居"扬州八怪"之首，以五、七言绝句为主，语言流畅自然，情感真挚，散见于各诗集中，笔者从《孙笺》中辑得题画诗 84 首，约占全集的 19%，从内容看多以花鸟、山水、人物等为依托，多抒写诗人各种心境，其中描摹景物则有色泽淡雅、多发议论之特点。

如他的《题画牡丹后寄怀罗朴园》："岁在龙蛇劫数奇，辰宫才过巳宫悲。欲纸老骨填沟日，多在三春为尽时。"高凤翰的牡丹图一向为人称道，而这一幅则是诗人垂暮之年作画赋诗寄怀友人罗朴园之作。诗中诉说了诗人知年岁将尽时日无多，正是绝笔之感慨。高凤翰的题画诗正是他生活的写照，也是他内心的独白，如他的《画兰叶一丛，未及着花，以病弃去。偶从纸堆中拣得，感而题诗》："王者名香草，孤生江水涯。天寒余病叶，空老未成花。"[1] 诗人在画兰叶时突然发病，不得已而放弃。后又寻出此残卷，不禁感慨此生正如此画，一生宦海沉浮，遭受牢狱与病痹的折磨，晚年更是寥落凄凉，以花之未成喻自身之一事无成，对于一个胸怀天下的文人来说，想来怎不令人痛心。当然还有他的名画《博古图》："介子城边老瓦窑，田夫掘出说前朝。阿翁拾来插莲供，常结莲房碗大饶。"[2] 诗题在为《博古图》中，画中是一个陶器，形状古朴，里面插着莲花，有的含苞，有的绽放，也有很大的莲蓬。高凤翰的故里三里河地区，常有人挖出旧陶器，疑是古董，诗人却拿来栽种莲花，结出大大的莲蓬非常好吃。此诗是诗人晚年的游戏之作，却

---

① 孙龙骅：《高凤翰诗集笺注》，北京师范大学出版社1993年版，第342页。
② 宋和修：《高凤翰年谱》，中国文联出版社2002年版，第492页。

意外地引起了考古工作者的注意，最终发现了三里河古文化遗址。这首诗功不可没，若只是简单的一幅画，所画之物即便再古朴也很难引发考古者的注意与猜想，故诗歌的内容才是点睛之笔。

高凤翰还写了大量的题山水诗，内容多涉及山东、江南等地的自然山水、亭台楼阁。如"山水淡不流，濛濛四山顶。渔舟向晚归，笠子照云影。"[①] 流云青雨与渔舟江畔交相辉映，构成一幅美妙绝伦的自然山水图，不必有图，只读诗歌便可想象其中的盛景可谓"诗中有画，画中有诗"，诗人将山水自然地融入画中，再化入诗中，虽摩诘在世，亦当称赞。

（三）赠答诗

高凤翰一生所游之地颇为广泛，"余从先君以薄宦游般阳。般阳因名胜地，又去新城王司寇不远，以故其乡人往往能诗。一时名士如李希梅尧臣、高梓岩之潃、张殿传元、刘世琦肇昌。皆卓荦有才气，而余以世好故得从之游。"[②] 所到之处多与当地名士相交，文人相交，历来喜以诗文酬唱赠答，遂留下诸多此类诗篇。笔者从《孙笺》中整理得 79 首，约占全集的 18%，其中有与诗友雅集的唱和之作，如《平山堂雅集二首》、《依韵酬高密单青侅荒年唱和诗》;有与朋友离别的留恋之情，如《送姜先生仕可远游》、《江上留别李丹徒》;也有追思故人的忆赠之作，如《寄怀赵阜亭、闲斋兄弟，兼讯两家子弟》、《忆旧感时寄王超可》;可见，作为一代文士，高凤翰也是颇爱以诗文赠答，当然这还是得益于他难掩的才情，如《和张伯刚耐冬诗》、《赠山中何老》、《赠同学张榆村》、《赠栗朴村》、《赠别郭虞受》等，皆感情真挚，令人感同身受。

"淡如我辈成胶漆，狂到狂怒有怪情。便去故乡寻旧迹，断碑犹爱板桥名。"[③] 此诗是写诗人对郑板桥的怀念，诗中说道我们是君子的淡泊之交，但情感却如同胶漆般深刻，而且皆是性情中人，不为世俗所扰，在艺术上也同样都有着怪思与奇情。后两句则言诗人回到故乡，难以再见，但对朋友的思念却丝毫不减而且更加深沉。高凤翰与郑板桥一向颇为交好，又同为扬州八怪，无论写诗作画都有着类似的风格特征，即人们所说的"怪"。君子之交淡若水，他们二人见面的机会并不多，尤其是晚年，但在诗文绘画等方面却都有着广泛的交流，两位才子也是惺惺相惜，民间常说高郑一家，堪称佳话。

还有他的《赠同学张榆村》:"别后相思何处求，天涯魂梦接离愁。鬓毛种种

---

①　孙龙骅:《高凤翰诗集笺注》，北京师范大学出版社1993年版，第58页。

②　宋和修:《高凤翰年谱》，中国文联出版社2002年版，第57页。

③　孙龙骅:《高凤翰诗集笺注》，北京师范大学出版社1993年版，第275页。

悲霜雪，世事茫茫付马牛。五岳向平谁结伴，三秋王粲独登楼。云旗欲载张公子，同驾飞鸿遍九州。"① 诗人与张榆村向来交好，并在诗文中多次提及，如《寄怀张榆村客绿玉堂并柬朱彝存兄弟》、《忆旧古诗一首答淄川故人张榆村》等，表现出诗人对同学的思念，对人生苦短的感慨以及对自身遭际的悲哀。

通过诸如此类的赠答诗，我们可以看出高凤翰不仅是一个画家，更是一个潇洒不羁的诗人，他有着正常人的离别之忧与相思之苦，也有着诗人固有的豪情诗意与多愁善感，有相互唱和的快乐，也有着临别赠答的悲愁。如此种种，都在高凤翰的诗中表现得那么真实、平凡，而又那么令人感动。

（四）山水咏物诗

高凤翰是一个山水诗人，遍游天下，留下的不仅仅是足迹，更多的是那一篇篇脍炙人口的山水咏物诗。《孙笈》中共计 109 首，占全集的 25% 之多，而且更多的即景抒怀诗也掺杂了大量的山水景物描写，若将这二者相加，则占到全集的近 59%，故从这个层面来看，谓高凤翰是一个山水诗人并不为过。

诗人不能登高位以兼济苍生，遂只好遍游祖国山河，用美丽的诗篇来记述神州的点滴画面，如其《鹰阿涧》："削壁千寻立，鹰阿识旧名。石花披锦烂，雪窦射云明。古鹤盘松下，仙葩匝地生。何当荷长铲，岩下劚黄精。"② 这是诗人年轻时游崂山九水，在鹰阿涧观水所作，以古鹤盘松、仙葩匝地等风物的描写，再现崂山仙道之气的隐逸之乐。诗人在游览的过程中，创作了大量的游记诗，《游天池山二百字》便是代表：

> 读画爱名山，天池结梦想。每恐未或然，毋乃笔墨罔。今兹叩山灵，初至犹恼倪。槛猿笼鹤人，顿觉天地敞。临水坐空明，魂精招半晌。性定耳目真，乃敢纵俯仰。群峰罗殊形，名字各不爽。披拂莲花青，突兀云关朗。憨态坐老蟆，瘦纹开仙掌。石浪涌波涛，窪洼破榛莽。想见秋瀑垂，玉龙走莽苍。高下万象呈，环池浸瀁沆。静涵绿玻璃，融膏同一酿。譬如百宝珠，金碧相磨荡，开匣出雪藤，铺石试摹仿。灵异未可追，所得但皮相。缅然怀昔人，几辈成孤往。神游太古初，目极青冥上。松风动野绶，梦逐云中响。③

诗人在欣赏画作的同时，爱上了画中的名山，只是苦于一直无缘一见。终于

---

① 孙龙骅:《高凤翰诗集笺注》，北京师范大学出版社 1993 年版，第 109 页。
② 孙龙骅:《高凤翰诗集笺注》，北京师范大学出版社 1993 年版，第 85 页。
③ 孙龙骅:《高凤翰诗集笺注》，北京师范大学出版社 1993 年版，第 177 页。

有机会得游天池山，如槛猿笼鹤逃出升天一般，诗人此刻的心境是愉悦的，俯仰天地开阔，心情豁然开朗。莲花峰团圞、瀑布白浪翻滚、峭壁雪峰险峻、神游太古仙界，自然地构成了一幅自然山水画面，诗人正是由画入此仙境，又以此境作画，摩诘之后，舍高氏其谁哉？不仅如此，他还创作了大量的咏物诗，花鸟虫鱼等在画中显现的风物，在高凤翰的诗中也能活灵活现，"黄芦下夕阳，野塘秋水冷。隔岸鹭衔鱼，侧眼窥云影。荻花卷雪来，海风吹断梗。惊起破青天，残霞红在岭。"①描写野鹭在夕阳余晖掩映下的池塘里静默地捕鱼，荻花随风飘散如雪，勾勒出一幅夕照白鹭晚霞的唯美画面，作为一个画家，高凤翰总是以画入诗的，同时他又是一个造诣颇深的诗人，所以他的诗总是很容易入画。

（五）即景抒怀诗

这一类诗歌在《孙笺》中所占比例是最高的，共计147首，约34%，三分之一还多。当然在抒怀的同时，诗人不忘以景衬情，或有触景生情等描写，如《拜渔洋先生墓（二首）》："下马长林外，朝霞带树明。如闻松荫里，拂石落筇声。"②"山斗人千古，烟霞土一丘。可怜身后事，零落亦风流。"③诗人曾拜师王士禛，并深得渔洋赏识，故常来先生墓前吊唁，见到先师墓，难免心伤，遂不觉追思渔洋生前的风流事迹，而今天人相隔，怎不令人痛心。

高凤翰作诗并非处处斟词酌句、推敲韵律，而是如李白那样，不守法度，兴之所至可以率意而作，更不必在意什么五言七言格律声色，脱口吟出即成绝响，彰显自然之本色，全无脂粉铅华面相。诗人难掩的才气，一旦触景生情，便可以即兴赋诗，故有巧夺天工之妙。"此行端不叹飘零，饱有奇书伴驿亭。才子笔携鹦鹉赋，仙人符佩木郎经。蛮笺投字春争艳，白雪充囊手自拎。何必金符与虎竹，始堪腰下压青萍。"④此诗是诗人抄得王士禛《衍波词》及《仙人白玉蟾祈雨书》，又值春光醉人，万象更生，百花争奇斗艳，目睹如此盛景，遂诗兴大发，提笔立就，并将手中之笔豪喻青萍金符，表现诗人如太白一般在赋诗的狂放姿态。

《因忆杜老〈促织〉诗有感》更是借杜少陵漂泊艰辛的一生道出了诗人对自身境遇的反思。文人总是孤独的，特别是高凤翰生活的满清代，虽社会太平相安无事，而非杜甫生活的战乱乾元之际，但清朝官场却是更加黑暗，诗人则仍守护着文人的清高，不愿与世俗同流合污，只好以诗歌宣泄自己的孤独，世人不懂，诗人也并不责怪，但他自会坚守在自己文化阵地，坚守属于自己的净土。一个午迈

---

① 孙龙骅：《高凤翰诗集笺注》，北京师范大学出版社1993年版，第18页。
② 孙龙骅：《高凤翰诗集笺注》，北京师范大学出版社1993年版，第79页。
③ 孙龙骅：《高凤翰诗集笺注》，北京师范大学出版社1993年版，第79页。
④ 孙龙骅：《高凤翰诗集笺注》，北京师范大学出版社1993年版，第125页。

多病的诗人、画家，虽然蜷缩着右手，却依然倔强地用左手挥毫泼墨，笔走龙蛇，诉说着自己的心境与人生，书写着生活中的百态，颤抖而细腻的笔下形成的不仅仅是一幅幅怪诞的画，更是从心间流露到笔尖的细如游丝、团如云阵的诗歌。画作好了，老人眼中一道精光闪过，提笔一蹴而就，一首潇洒的诗跃然纸上，既放纵飘逸又别有奇趣。

二、高凤翰诗歌的评价

《四库全书总目》将高凤翰的诗歌列在"存目"，可知这基本上是一个否定性的评判。"凤翰工于书画，笔墨脱洒，不主故常。风痹后右臂已废，乃以左臂挥洒，益疏野有天趣。闲作诗歌，不甚研炼，往往颓唐自放，亦不甚局于绳尺。然天分绝高，兴之所至，亦时有清词丽句。故少时以诗谒王士稹，极称赏之。"①

可见，这对高凤翰诗歌的文学史地位是极为不利的，而且这一评语在清代乃至后来一直有极高的权威性，影响人们对高诗的看法。然而，现在我们重新对高凤翰的诗歌进行整理研究，发现这一评语实则是对高凤翰诗歌艺术价值的极大贬低与不公，故笔者从高诗内容方面作出初步探析，可知，高凤翰的诗歌是具有极大魅力的，"其实四库馆臣所鄙薄者，正是其诗之特点，最值得珍视"②。

纵观高凤翰的诗歌，无论从思想内容还是艺术成就方面，其文学与历史价值都是颇高的。谓其"不甚研炼"则是对高凤翰个人学术修养的漠视。前面提到，高凤翰首先是作为一个诗人存在的，后来才逐渐走上了作画的道路。至于"闲作诗歌"，则是泛泛而谈，当然高凤翰一生因闲情也创作了大量的诗歌，但这样以偏概全则有失偏颇，因为高凤翰也留下了大量关心民生疾苦的纪实诗，诸多刻画主观感情的抒怀诗，这并非全是闲而所作，而是真正发自内心的情感。"卢见曾评论说'工书画，尤豪于诗，酒酣耳热，挥洒烟云，往往千言立就。'宋弼说：'而山人之于东野、圣俞，亦庶几伯仲云尔。'其族弟高元质在《类稿》付梓之后评其诗曰：'虽不敢攀少陵、东坡，至放翁、遗山仿佛近之矣。'"③高氏是用身心感受来作诗，正如杜甫一般，居于官位则忧心国计，身处江湖之远则关注民生，其中的一些纪实、赠答、抒怀等诗歌，也不乏格律严谨，词正语工、风致嫣然之佳作。而当时却被忽视，怎不令人叹息。所谓"往往颓唐自放，亦不甚拘于绳尺"，从编修者的角度来看，高凤翰的诗歌多有讽刺政治之作，但在为政者眼中则是一篇太平盛世，

---

① 陈文新主编：《中国文学编年史 清前中期卷 上》，湖南人民出版社2006年版，第329页。
② 孙龙骕：《高凤翰诗集笺注》，北京师范大学出版社1993年版，第11页。
③ 孙龙骕：《高凤翰诗集笺注》，北京师范大学出版社1993年版，第2页。

故觉其诗多牢骚，然而这句话本身正说明了诗人的本性与作诗的风格，从这一层面看来，又是在褒扬了，这也正是高凤翰豪放不羁的性格在诗中的显现。

李贽《杂说》中说：

> 追风逐电之足，决不在于扎牡骊黄之间，声应气求之夫，决不在于寻行数墨之士；风行水上之文，决不在于一字一句之奇。……且夫世之真能文者，比其初皆非有意于为文也。其胸中有如许无状可怪之事，其喉间有如许欲吐而不敢吐之物，其口头又时时有许多欲语而莫可所以告语之处，蓄极积久，势不能遏。一旦见景生情，触目兴叹；夺他人之酒杯，浇自己之垒块；诉心中之不平，感数奇于千载。①

高凤翰正是以这种状态来创作诗歌的。诗人怀揣绝高的天分，"兴之所至，亦时有清词丽句"，创造了中国诗歌史上又一座丰碑。在清代小说文学逐渐繁荣的时代，高凤翰仍然以诗人的身份用诗歌抒写这个王朝的社会百态和文人的内心沉思，而且，诗人更是对诗歌形式做出了新变，将其诗加入了更多自由化、口语化的成分，许多诗歌也不再那样严守格律与字句，而是重新向乐府文学靠拢，以三言、五言、七言等诸多杂言纳入诗中，这样既便于平民百姓理解，也便于传唱。可以说，诗人在此时又如白居易般在清代发起了最后一场无声的新乐府运动，使诗歌一改自魏晋六朝开始的贵族化风气而更加趋向平民化，从而回归《诗经》、乐府的原始风格，读来质朴自然。

高凤翰正是站在王朝末代，承继先贤遗风，用实际行动对诗歌作出了新变。因此，对待高凤翰的诗歌，我们应该有一个整体的认识，而不能刻意褒贬或者唯前人之言是从。"自跋其后曰：'盲子顽孙，箧笥谁付？不知后来所作，尚复几许，亦不知得成卷与册否？尚有人拾取于蛛丝蠹腹之余，以少得流传于人世否？露电茫茫，老病日笃，死且不知何时，而犹倦倦于此故纸窠中物，愚哉南阜，不直达人一笑矣。'其志亦可哀也。"② 诗人临终绝笔，仍在担忧自己的诗作能否传世，故作自嘲之语聊以自慰。其作品虽不及杜甫那般享有"诗史"的美誉，但其纪实诗足承少陵、乐天之遗风，题画与山水咏物诗又秉王孟之自然，唱和赠答亦有元白之潇洒，至于即景抒怀则有陶潜之放纵。笔者谨以此文抛砖引玉，愿高凤翰的诗歌能够在文学史中得到重新审视，就其诗歌的成就与价值而得到应有的重视。诚

---

① 郭绍虞主编：《中国历代文论选》（第三册），上海古籍出版社2001年版，第120页。

② 陈文新主编：《中国文学编年史 清前中期》卷 上，长沙：湖南人民出版社2006年版，第329—330页。

如此，亦足慰先生坎坷的一生了。

作者简介：赵胜（1990—），男，山东胶州人，青岛大学文学院硕士生，主要研究方向为魏晋南北朝唐代文学，中国诗学与东亚汉诗。

宗教求真

崂山道教传入考

赵 伟

（青岛大学　文学院，山东　青岛　266071）

摘要：崂山自从被提出之时，就被赋予了浓厚的神仙色彩。兴起于东汉末年的道教，传入崂山的时间，有多种不同的说法。在一些古灵宝经中，提到了崂山所秘藏的道经以及葛玄在崂山传道的信息。这些信息不能被简单地认为不是史实而忽略。这些信息的出现，可能是当时对于崂山亦有道教的反映。根据这些信息来推断，道教传入崂山的时间有可能是在东晋，甚至在更早的西晋时期。

关键词：崂山　道教　古灵宝经　葛玄

在金庸《射雕英雄传》、《神雕侠侣》等武侠小说中出现的全真教，并非作者的虚构，在历史上是真实存在过的，并且一直延续到今天，仍是中国道教非常重要的教派之一。全真教的初创者王喆（重阳）首先在金统治区的陕西境内活动，之后来到山东宁海一带传教，收了马钰、谭处端、刘处玄、丘处机、王处一、郝大通和孙不二，号称"全真七子"。全真七子中的丘处机等人曾来到崂山传教，之后崂山便发展成为著名的全真教道场，广为人所熟知。直至今天，崂山被称为"全真教北方第二大丛林"，道教氛围浓厚。那么道教最初是什么时候传入崂山的呢？在全真教传入之前，崂山有没有道教？关于这个问题，目前有几种不同的说法，本文对此加以进一步的探究。

一

崂山曾有劳山、不其山、牢盛山、牢山、大劳山和小劳山、辅唐山、鳌山、牢盛山等不同的称呼，其中的一些称呼中带有浓厚的神仙和道教色彩。

崂山原属古琅琊地，清人朱鹤龄《尚书埤传》卷六引罗泌语云："虞夏以前，四正疆理，东至琅琊之海，西至积石之河。"① 越王勾践在海边建琅琊台，以控制东海地区，"越王既已诛忠臣，霸于关东，从琅邪起观台，周七里，以望东海。"② 秦始皇二十六年（前221），在全国设立三十六郡，其中之一为琅琊郡，管辖范围大体相当于现在的徐州、临沂、日照、胶南、即墨等地，崂山即在境内。

始皇二十八年（前223），秦始皇大行天下，"南登琅琊，大乐之，留三月"③。秦始皇此次登上了崂山，徐绩提到说："崂山在即墨县东南七十里，史称秦始皇自琅琊北至劳盛山，说者谓盛即成山，劳则今所谓崂山者是也。"④ 此时的崂山被称为劳盛山。徐绩所说的"说者谓盛即成山，劳则今所谓崂山者"之语，出自顾炎武。顾炎武转引《寰宇记》中"秦始皇登劳盛山，望蓬莱，后人因谓此山一名劳盛山"之语，认为这个说法是错误的，并指出"劳盛"并非一山，而是二山："劳即劳山，盛即成山。"顾炎武征引了多种文献进行了说明：

> 《史记·封禅书》："七曰日主，祀成山。成山斗入海。"《汉书》作"盛山"，古字通用。齐之东偏，环以大海，海岸之山莫大于劳、成二山，故始皇登之。又《史记·秦始皇本纪》："令入海者赍捕巨鱼具，而自以连弩，候大鱼至，射之，自琅邪北至荣成山弗见，至之（芝）罘，见巨鱼，射杀一鱼。"《正义》曰："荣成山即成山也。"按史及前代地理书，并无荣成山。余向疑之，以为其文在琅邪之下，成山之上，必"劳"字之误。近见王充《论衡》引此，正作"劳成山"。乃知昔人传写之误。唐时诸公亦未之详考也，遂使劳山并盛之名，成山冒荣之名。今特著之，以正史书二千年之误。

顾炎武考明所说的劳盛山是指劳山和成山。关于崂山之名，顾炎武则说：

> 劳山之名，《齐乘》以为"登之者劳"，又云一作"牢"，丘长春改为"鳌"，皆鄙浅可笑。按《南史》："明僧绍隐于长广郡之崂山。"《本草》："天麻生太山、崂山诸山。"则字本作崂。若《魏书·地形志》、《唐书·姜抚传》,《宋史·甄栖真传》并作"牢"，乃传写之误。

按照顾炎武的说法，崂山最初之称就是"崂"山。至于目前有些书籍中言《诗经》

---

① 朱鹤龄：《尚书埤传》，《四库全书》本。
② 赵煜：《吴越春秋》卷六，《四库全书》本。
③ 司马迁：《史记》卷六，中华书局1982年版，第244页。
④ 同治《即墨县志》卷之十《崂山观日出记》，第215页。

中称"劳山"的说法是不准确的,《诗经》中并无"劳山"一词,之所以会有这个说法,也是起因于顾炎武引用《诗经》"山川悠悠,维其劳矣"之语解释"劳"之意义,说"此山或取其广阔而名之"①,后人以此认为崂山本名为"劳山"了。顾炎武又在《崂山志序》中解释"劳山"之意:

> 齐之东偏,三面环海,其斗入海处,南劳而北盛,则尽乎齐东境矣。其山高大深阻,磅礴二三百里,以其僻在海隅,故人迹罕至。凡人之情,以罕为贵,则从而夸之,以为神仙之宅,灵异之府。其云说:吴王夫差登此山,得《灵宝度人经》。考之《春秋传》,吴王伐齐,仅至艾陵,而徐承率舟师,自海入齐,为齐人所败而去,则夫差未尝至此。而于越入吴之日,不知《度人》之经,将焉用之。余游其地,观老君、黄石、王乔诸迹,类皆后人之托名。而耐冬、白牡丹花,在南方亦是寻常之物,惟山深多生草药,而地暖能发南花。自汉以来,修真守静之流,多依于此,此则其可信者。乃自由齐之末,有神仙之论,而秦皇汉武谓真有此人,在穷山巨海之中。于是神仙之祠,遍于海上,万乘驾,常在东莱,而崂山之名,至此起矣。夫崂山皆乱石巉岩,下临大海,逼仄难度,其险处,土人犹罕至焉。秦皇登之,是必万人除道,百官扈从,千人拥挽而后上也。五谷不生,环山以外,土皆疏瘠,海滨斥卤,仅有鱼蛤,亦须其时。秦皇登之,必一郡供张,数县储待,四民废业,千里驿骚,而后上也。于是齐人苦之,而名曰劳山也。其以是夫古之圣王劳民而忘之,秦皇一出游,而劳之名传千万年,然而致此则有由矣。②

顾炎武认为,因为崂山道路艰险难行,加之秦始皇在登山时又有大量官员扈从,使当地之民疲敝不堪,遂称此山为劳山。清人秦笃辉引顾炎武此文,言秦始皇为求神仙而"屡登此山求之",致使"齐人苦其供亿",命名此山为"劳山"③。在顾炎武稍前的明人屠隆,在考察天下佛、道遗迹时,提到崂山说:"即墨县劳山,山高峻绝,登陟为劳,故名。秦始皇登此山,望海外蓬莱三岛。《神仙记》云:'乐子长遇仙于劳山。'又吴王夫差尝东游,登此山,得《灵宝度人经》。"④按照屠隆的说法,登此山令人力疲体劳,所以在秦始皇登之前就已经得名劳山了。屠隆的说法,得到周至元的认同:"劳之义有二说:一谓始皇游此劳民,民因名之;一说谓山势险峻,攀跻不易,登者劳之。二者较以后说为是。不然始皇东巡不只登此一山,何以此

---

①　顾炎武:《劳山》,《日知录》,岳麓书社1994年版,第1128页。
②　黄宗昌:《崂山志》卷首,中国海洋大学出版社2010年版,第7页;又见同治《即墨县志》第233页。
③　秦笃辉:《平书》卷三,四库全书本。
④　屠隆:《琼笈考》下,《鸿苞》卷之三十二,《屠隆集》第九册,第922页。

山独名劳乎？"①顾炎武和屠隆所提到的乐子长在崂山遇仙、吴王夫差在崂山得《灵宝度人经》事，下文有详述。

山之名最初为崂山也好，劳山也罢，有两个问题是可以肯定的，一是秦始皇有可能真的登上过崂山，二是崂山从一开始进入历史记载的视野，就带有浓厚的神仙色彩，被视为"神仙之宅，灵异之府"。与秦始皇发生过关系的还有传说中的琅琊仙人安期生，《列仙传》卷上"安期先生"云："安期先生者，琅琊阜乡人也。卖药于东海边，时人皆言千岁翁。秦始皇东游，请见，与语三日三夜，赐金璧度数千万。出于阜乡亭，皆置去。留书，以赤玉舄一量为报，曰：'后数年，求我于蓬莱山。'始皇即遣使者徐市、卢生等数百人入海，未至蓬莱山，辄逢风波而还。立祠阜乡亭海边十数处云。"②秦始皇是在"东游"时见到安期生的，"东游"是二十八年"东行郡县"时，"于是乃并渤海以东，过黄、腄，穷成山，登芝罘，立石颂秦德焉而去"③。秦始皇东游时在海边见到了安期生，他们的会面地点有在崂山的可能，当然也不一定。《崂山志》中说，秦始皇派徐市、卢生入海去蓬莱山，寻找安期生和长生不死药是从崂山出发的，这是一种不能确定的说法。

顾炎武说丘处机将崂山改名为鳌山，是"鄙浅可笑"的。事实上，根据现有的资料来看，将崂山成为鳌山，确实是出自丘处机，但却并不"鄙浅可笑"。丘处机有《牢山吟》二十首，在本诗的序中，丘处机说："东莱即墨之牢山，三围大海，背俯（或作负）平川，巨石巍峨，群峰峭拔，真洞天福地，一方之胜境也。然僻于海曲，举世鲜闻，其名亦不佳。予自昌阳醮罢，抵于王城永贞观，南望烟霭之间，隐隐而见。道众相邀，迁延数日而方届。遂闲吟二十首，易为鳌山，因清畅道风云耳。"这里明确地说他把牢山改名为鳌山，并在诗中屡屡称呼鳌山，如第一首："卓荦鳌山出海隅，霏微灵秀满天衢。群峰削蠟几千仞，乱石穿空一万株。"第十五首："修真野客非才子，行到鳌山亦有诗。只欲洞天观海日，不劳云雨待青词。"周至元在作《崂山志》时，即根据这些记载，称丘处机将劳山改名鳌山："携屐云游至崂山，爱其奇秀，因更名曰鳌山，以为栖真处。"④

丘处机《牢山吟》的第七首诗云："牢山本即是鳌山，大海中心不可攀。上帝欲令修道果，故移仙迹近人间。"仔细品味"牢山本即是鳌山"之意，牢山本来是鳌山，鳌山是什么呢？丘处机的这个说法，有可能是来自当时宋代时期元宵节的一种观鳌山灯的习俗。《御定月令辑要》卷五"鳌山"条记载一些观鳌山灯的一些

---

① 周至元：《崂山志》，齐鲁书社1993年版，第2页。
② 王叔岷：《列仙传校笺》，中华书局2007年版，第70页。
③ 《史记》，第244页。
④ 周至元：《崂山志》，齐鲁书社1993年版，第163页。

轶事说：

　　《乾淳岁时记》："元夕二鼓，上乘小辇，幸宣德门，观鳌山，擎辇者皆倒行，以便观赏。山灯凡数千百种，极其新巧，中以五色玉栅簇成'皇帝万岁'四大字，其上伶官奏乐，其下为大露台，百艺群工竞呈奇技，内人及小黄门百余，皆巾裹翠蛾，效街房清乐，傀儡缭绕于灯月之下。宫漏既深，始宣放烟火百余架，于是乐声四起，烛影纵横，而驾始还矣。"《西湖志余》："鳌山灯品以苏灯为最，其后福州所进纯用白玉，新安所进圈骨悉皆琉璃，号无骨灯。禁中作琉璃灯山，高五丈，人物皆为机关，转动如活，结大彩楼贮之原。"《皇明通纪》："永乐十年正月元宵，赐百官宴，听臣民赴午门外观鳌山三日。时尚书夏原吉侍其母往观鳌山，上闻之，曰'贤母也'，命官赍钞二百锭即其家赐之。"【增】王珪《元夕应制诗》："双凤云中扶辇下，六鳌海上驾山来。"晁冲之《上元词》："御楼烟暖，对鳌山彩结。箫鼓向晚，凤辇初回宫阙。千门灯火，九衢风月。"向子諲《上元鹧鸪天词》："紫禁烟光一万重，午门金碧对晴空。梨园羯鼓三千面，陆海鳌山十二峰。"①

　　这种活动在宋元时期十分活跃、盛大，丘处机对此可能印象十分深刻。元宵节观鳌山灯的习俗始于汉代，原为扮演神仙聚会场景。丘处机因此可能是用鳌山来指代神仙或神仙活动。如在《蓬莱阁·仙山》词中，丘处机再次提到鳌山。词云："蓬莱阙，漫漫巨海深难越。深难越。洪波激吹，怒涛翻雪。玉霄东畔曾闻说，虚无一境天然别。天然别。鳌山不动，蜃楼长结。"②这里的鳌山，显然不是指劳山，而是说蓬莱是一座神仙所居的仙山。同时期与丘处机具有同样看法的人还有。如金人王丹桂《元宵》词云："时令相催。又还是，元宵报春田。桂轮新满，金莲乍坼，不待栽培。六街三市遍，列鳌山、辉映楼台。竞追陪，簇香车宝马，驰骋多才。吾侪。情忘企慕，绛宫深处保仙胎。觉花芬馥，慧光明灿，则是欢谐。玉浆琼液泛，结刀圭、不让樽罍。恣开怀。任鸾迎凤引，游宴蓬莱。"③这里的"鳌山"就是指中秋节晚上的鳌山灯，用鳌山灯指代神仙之境，而非是说崂山了。再如明初道士张宇初《元夕留茅山》诗中用鳌山指代茅山："几愿寻幽访羽宫，偶逢灯夕宴崆峒。阳林雾隐庭台月，茅洞云深桧柏风。歌鼓鳌山怀故旧，烟霞鹤磴任西东。浮尘世事应多感，高视寰区一笑中。"④唐人伪托汉黄玄钟所作的《含金枝》云："俗为紫檀，书无名。

---

① 《御定月令辑要》卷五，四库全书本。
② 丘处机：《磻溪集》卷六，《中华道藏》二十六册，第629页。
③ 《草堂集》，《中华道藏》二十六册，第721页。
④ 《岘泉集》卷十一，《中华道藏》二十六册，第252页。

性温。出岭南。树有金影。治五般蛇毒。歌曰：排金金影影重重，此树人间不易逢。臣到鳌山山北面，真人亲手赐玄钟。"① 这里的鳌山，也是指蓬莱之仙境。

因此，丘处机用"鳌山"来言崂山，是将崂山视为仙山。明人周如锦在《牢山考》文中亦是如此认为，他说："元羽士邱长春，欲易牢山为鳌山，此道家者流，往往喜慕鳌山为仙景，且取鳌牢声相通，彼亦直寄焉耳，非此山命名之本义也。"② 所以说，丘处机将崂山改名为"鳌山"，并不"鄙浅可笑"，而是视崂山为仙山了。后来，丘处机再游崂山，就直接将崂山称呼为鳌山了，《再题牢山》诗二十首序中说："大安己巳（1209）胶西醮罢，道众相邀再游鼇山，复留题二十首。"其中题上清宫诗第一首云："醮罢归来访道山，山深地僻海湾环。棹船即向波涛看，化出蓬莱杳霭间。"把崂山视为如蓬莱山一样的仙山。丘处机之后，很多人在称呼崂山时，呼为鳌山，如明人陈沂，在《巨峰》诗中说："鳌山驾海入青云，远见浑合近复分。重峦高下极杳霭，翠岫出入排氤氲。千奇万怪倏变态，陟历惊魂望仍爱。遥指天际悬孤峰，峰头更有僧庵在。奔涛怒石声潺潺，绝顶止可猿猱攀。双屋劈处一微径，一窍直上烟霄间。壁断梯折路亦绝，五石飞梁临不测。西北峰垂返照阴，东南海映长空色。仙人见说多楼居，无奈缥缈乘清虚。此地安期且未至，与子跨鹤今何如？"③ 陈沂又在《劳山记》中说："鳌山亦曰劳山，有大劳小劳，《齐记》谓泰山高不如东海劳，秦始皇登劳盛山即此，以劳于陟也。在今即墨东南四十里，东西南直距海上……栖禅炼真，灵异之迹，不可以遍。"④

总起来看，崂山从出现在历史视野中到越来越被瞩目，它始终被认为是一座与神仙有关联的仙山。崂山后来成为一座道教名山，自然是在情理之中的事了。

二

按照一般的说法，道教是在东汉末年创立的，张角的太平道和张鲁的五斗米道被认为是早期道教。道教创立后，是什么时间传入崂山的呢？这个问题一直没有得到明确的解决。

有一种说法，认为西汉武帝建元元年（公元前140）张廉夫来崂山搭茅庵供奉三官并授徒拜祭，这是崂山道教的开始。由崂山太清宫道士执笔的《崂山太清宫志》中，所述的第一位道士就是张廉夫。书中的记载说："六年后，于汉武帝建

① 《蓬莱山西竈还丹歌》卷下，《中华道藏》十八册，第223页。
② 周如锦：《牢山考》，载黄肇颚《崂山续志》卷首，第5页。
③ 同治《即墨县志》，第266页。
④ 同治《即墨县志》，第201页。

元元年（前 140），来崂山之阳，临海之滨，建茅庵一所，供奉三官（即天官、地官、水官）大帝神位，名为三官庙；自称乐山居士，开垦山麓，自食其力。至建元三、四年左右，又建筑殿宇一所，供奉三清神像，名'太清宫'。至始元二年（前85），委弟子刘方清、赵冲虚、冯若修等，继续庙事，自回江西，潜居鬼谷山三元宫。后曾屡来崂山，云游东海诸名胜，每次都带来江南各道庙的经书和经韵曲牌，充实太清宫的经书，所以太清宫的经乐和经韵曲牌历史很早，内容也很丰富。"①

这段对于张廉夫的描述，有些夸张，"三清神"的完整出现和完善，是在六朝时期。苑秀丽和刘怀荣所著《崂山道教与〈崂山志〉研究》中，对张廉夫之事有详细的考辨，指出《太清宫志》称张廉夫建太清宫、供奉三清神像的说法，是不可轻信的，详见该书第二章"齐文化与道教及崂山道教之关系"。任颖厄所著的《崂山道教史》对此也有说明，指出《太清宫志》将太清宫的创建上推到西汉时期，目的是为了拉长太清宫的历史，详见该书第二章"崂山道教的发展轨迹与脉络"。

据记载，张廉夫之后在崂山活动过的还有西汉初的盖公和东汉的逢萌。盖公为西汉初之齐国人，《史记》言曹参相齐时，盖公言以黄老之术为治："孝惠帝元年，除诸侯相国法，更以参为齐丞相。参之相齐，齐七十城。天下初定，悼惠王富于春秋，参尽召长老诸生，问所以安集百姓，如齐故俗诸儒以百数，言人人殊，参未知所定。闻胶西有盖公，善治黄老言，使人厚币请之。既见盖公，盖公为言治道贵清净而民自定，推此类具言之。参于是避正堂，舍盖公焉。其治要用黄老术，故相齐九年，齐国安集，大称贤相。"② 曹参为了尊敬盖公，给他盖了一座盖公堂，自己则住到侧堂中。《史记》中不言盖公之为人，苏轼则称其为"得道而不死者"。他说："吾为胶西守，知公之为邦人也，求其坟墓、子孙而不可得，慨然怀之。师其言想见其为人。庶几复见如公者。治新寝于黄堂之北，易其弊陋，达其壅蔽，重门洞开，尽城之南北，相望如引绳，名之曰盖公堂。时从宾客僚吏游息其间，而不敢居，以待如公者焉。夫曹参为汉宗臣，而盖公为之师，可谓盛矣。而史不记其所终，岂非古之至人，得道而不死者欤？"③ 从《史记》中所述而言，盖公非"得道不死者"，而可能是当时的一位精通黄老之说的学者或者隐士。

东汉的逢萌，《后汉书》有传：

逢萌字子康，北海都昌人也。家贫，给事县为亭长。时尉行过亭，萌候迎拜谒，既而掷楯叹曰："大丈夫安能为人役哉！"即解冠挂东都城门，归，将家属浮

---

① 《崂山太清宫志》卷一，第6—7页。
② 《史记》卷五十四《曹相国世家第二十四》，第2028—2029页。
③ 苏轼:《盖公堂记》，《东坡全集》卷三十六，《四库全书》本。

海，客于辽东。萌素明阴阳，知莽将败，有顷，乃首戴瓦盎，哭于市曰："新乎，新乎！"因遂潜藏。及光武即位，乃之琅邪劳山，养志修道，人皆化其德。北海太守素闻其高，遣吏奉谒致礼，萌不答。太守怀愤而使捕之，吏叩头曰："子康大贤，天下共闻，所在之处，人敬如父，往必不获，祇自毁辱。"太守怒，收之系狱，更发它吏。行至劳山，人果相率以兵弩捍御，吏被伤流血，奔而还。①

《后汉书》将逢萌列为逸民，而后来道士们在编纂道经时，将其视为仙人，如陈葆光《三洞群仙录》中"北海挂冠，南阳遗履"条云："逢萌字子康，北海都昌人也。家贫，给事县为亭长。时尉行过亭，萌候迎拜谒，既而掷楯叹曰：'大丈夫安能为人役哉！'即解冠挂东都城门，归，将家属浮海，客于辽东。后之琅琊劳山，养士心修道，人皆化其德。"② 这一条目基本上就是对《后汉书·逢萌传》的复述，但不再将其作为逸民看待，而是视为仙人了。元人张天雨编的《玄品录》中，也是复述《后汉书》内容，云："逢萌，字子庆，北海都昌人。间王莽杀其子宇，谓友人曰：'三纲绝矣，不去，祸将及人。'即解冠挂东都城门，将家属浮海客于辽东。萌素阴阳，知莽将败。乃首戴瓦盎，哭于市曰：'新乎，新乎！'因遂潜藏，及光武即位，乃之琅琊劳山养志修道。人皆化其德，连征不起，以寿终。"③ 内容虽然一样，因为出自道士之首，便具有了道教的意味，不再是逸民了。由《后汉书》来看，逢萌是一个行事高蹈的逸民，并非道士，甚至也不能完全算作是方术之士。

即墨人蓝水于1996年印刷的《崂山志》中，也提出了自己对这个问题的看法，云："自列子盖受海市影响，倡渤海有五神山之说。由是齐威王、宣王、燕昭王皆遣人入海求所谓蓬莱、方丈、瀛洲。及秦始皇并天上至海上。遣徐福入海求之至十年之久，汉武帝幸不其筑太乙仙人祠九所。而海上燕齐间所谓方士者蜂起，莫不扼挽自言有禁方能神仙。劳山为齐东大山、固先后为诸方士荟萃处，称为'神仙窟穴'。而此类皆讹诈希取荣利之狂徒。故求其深入不出。'考槃在涧'者无一人。南北朝以来，自称为老子嫡派之道教，即前此方士，而良莠不齐。劳山有道教自华盖始，华盖为老子后所谓道教，偏于清静自修之正派。前此唐有姜抚、孙昙，姜抚事虽见《唐书》，但称其采药牢山遂逃去，则其至劳否尚不定。孙昙事不见史传，而棋盘石壁间刻有其大像，并题其来由三处，称奉敕祭山海采药，后亦无闻，亦独守空山，死而后已。华盖派独栖劳山三百年……"④ 华盖指五代时道士

① 《后汉书》，中华书局1965年版，第2759—2760页。
② 陈葆光：《三洞群仙录》，《中华道藏第》第四十五册，第321页。
③ 张天雨编：《玄品录》卷二《道化》，《中华道藏第》第四十五册，第453页。
④ 蓝水：《崂山志》第二部分《崂山琐记》，第133页。

刘若拙，被称为华盖真人，刘若拙事后有详述，此处不论。蓝水明确说自刘若拙来崂山，崂山始有道教，而此前所谓之道徒，实际上都是"诡诈希取荣利"的方士。此又是一说。

在关于崂山道教的传说当中，还提到一些更早的记载。《灵宝略纪》中记载吴王夫差登崂山而得灵宝五符真文事，说：

> 距吴天王阖闾时，王出游包山，见一人在中。问曰："汝是何人？"答曰："我姓山，名隐居。"阖闾问曰："子在山，必有异见者。试为吾取之。"隐居诺，乃入洞庭，访游乎地天一千五百里，乃至焉。见一石城，不敢辄入。乃于外斋戒三日然后入。见其石城门闭，于室内玉几上有素书一卷，文字非常。即便拜而奉出，呈阖闾。阖闾即召群臣共观之，但其文篆书不可识，乃令人赍之问孔子。使者忽然谲诳曰："吴王闲居殿堂，忽有赤乌衔书来落殿前。"王不解其意，故令请问。孔子愀然不答。良久乃言曰："丘闻童谣云，吴王出游观震湖，龙威丈人山隐居，北上包山入灵墟，乃入洞庭窃禹书，天帝大文不可舒，此文长传百六初，若强取出丧国庐。若是此书者，丘能知之。赤乌所衔，则丘未闻。"使者乃自首谢曰："实如所言。"于是孔子曰："此是灵宝五符真文。昔夏禹得之于钟山，然后封之于洞庭之室。"使者反白，阖闾乃尊事之。然其侈性慢易，不能遵奉道科，而真文乃飞上天，不知所在。后其子夫差嗣位，乃登劳山，复得之。奉崇供养。自尔相承，世世录传。至三国时，吴主孙权赤乌之年，有琅琊葛玄，字孝先。孝先乃葛尚书之子。尚书名孝儒，年八十乃诞玄。玄多灵应，年十三，好慕道德，纯粹忠信。举孝廉，不就。弃荣辞禄，志尚山水。入天台山学道。精思遐彻，未周一年，感通太上，遣三圣真人下降，以《灵宝经》授之。[①]

这段话是说，吴王阖闾得到灵宝五符真文，因阖闾"侈性慢易，不能遵奉道科"，真文飞走，不知所终。吴王夫差即位后，登崂山复得之。

这里提到的灵宝五符真文，是指道教的灵宝经，说吴王阖闾得到该经，失去后又由夫差在崂山得之，显然是在神化道经的创作，吴王阖闾时期还没有道经，道教也还没有建立。周至元则从吴王伐齐失败说明夫差没有到过崂山："吴王夫差登崂山，得《灵宝度人经》，见《度人经序》。考夫差伐齐仅至艾陵，其水师寇齐败绩而去，则夫差至崂为不可信。今有是说，姑存之。"[②]周至元之论，是非常有道理的。

---

① 《云笈七签》卷三，《中华道藏》第二十九册，第45页。
② 周至元：《崂山志》，齐鲁书社1993年版，第172页。

与道教界看法不同，学术界认为，无论是张廉夫还是逄萌，都不是真正的道教人物，他们只能看作是当时的方术之士或隐逸之民。学术界指出崂山道教的发端是在唐代，任颖厄《崂山道教史》认为李哲玄是第一位见诸史料的崂山道士，苑秀丽、刘怀荣《崂山道教与〈崂山志〉研究》则认为崂山道教虽然是从李哲玄开始，当时天下纷乱不安，李哲玄在崂山仅仅是建立了一座三皇庵，真正对崂山做出贡献的是后唐的刘若拙。

《灵宝略纪》对于吴王阖闾和夫差与灵宝经的记述，自然不是史实，当时没有道教和道经，顾炎武《崂山志序》中对此的考辨也是非常合理。不过，灵宝经中对崂山的提及，是不应当被忽视的，它为考察崂山道教传入的时间提供了线索。

<h1 style="text-align:center">三</h1>

灵宝经分古灵宝经和今灵宝经，所谓的古灵宝经，是指敦煌本陆修静《灵宝经目》所著录的一批早期灵宝经。上面所引《灵宝略纪》之语，实际上出自东汉袁康的《越绝书》，明人孙毂《古微书》卷三十二引《越绝书》语云："禹治洪水，至牧德之山，见神人焉，谓禹曰：'劳子之形，役子之虑，以治洪水，无乃怠乎？'禹知其神人，再拜，请诲，神人曰：'我有灵宝五符，以役蛟龙水豹子能得之不日而就。'因授禹，而诫之曰：'事毕可秘之于灵山。'禹成功后，乃藏之于洞庭包山之穴。至吴王阖闾之时，有龙威丈人得符献之，吴王以示群臣，皆莫能识。乃令赍符以问孔子，孔子曰：'昔禹治水于牧德之山，遇神人授以灵宝五符，后藏于洞庭之包山，君王所得无乃是乎？赤乌之事，某所未详。'使者反白，阖闾乃尊事之。先是江左童谣云'禹治洪水得五符，藏之洞庭之包山湖，龙威丈人窃禹书，得吾者丧国庐。'寻而吴果灭。"①这里说明，灵宝经所产生的年代实际上还是比较早的。关于阖闾得灵宝经之事，后来还是有人相信的，如陈沂《南天门》诗云："望入天门十二重，复然飞雾半虚空。千寻不假钩梯上，一窍惟容箭括通。风气荡摩鹏翮外，日光摇漾海波中。欲求阖闾无人问，但拟彤云是帝宫。"②

所谓的"灵宝"，类似于"道"，生乎天地万物之先，《太上无极大道自然真一五称符上经》中说："太上灵宝，生乎天地万物之先，乘于无象空洞大道之常，运乎无极无为而混成自然。贵不可称，尊无有上，曰太上。大无不包，细无不经，理妙叵寻，天地人所由也。在天五星运气，日月耀光；在地五岳致镇，山高海渊；王侯中原，在人五体安全。夫天无灵宝，何以耀明？地无灵宝，何以表形？神无灵宝，

---

① 孙毂：《古微书》卷三十二，《四库全书》本。
② 同治《即墨县志》，第272页。

何以入冥？人无灵宝，何以得生？故天地人三五合冥，同于一也。是故万物芸芸，以吾为根，以我为门。何以为根门？吾有灵宝文，诣蓬莱府，揭为真人。诸天中央入明堂，历璇矶，登无极紫宫，拜为道君。"有了"灵宝"，天地人才能正常存在和运行，万物都以"灵宝"为根。在该经名称下，有小字说明云："此乃太上宝之于紫微台，众真藏之于名山洞室，一曰秘于劳山之阴。"文中也说："下治万物，来入中原，秘于劳山之阴。五帝代禅，不得妄传，妄传必有死殃。"[①] 这里将灵宝经进行了神化，赋予了灵宝无上之意，这里也明确提出这部道经与崂山的关系，即道经造好之后，被秘藏于崂山之阴。《云笈七签》沿袭了这个说法：

> 天尊曰：吾以延康元年，号无始天尊，亦名灵宝君，化在上清境，说洞玄经十二部，以教天中九真，中乘之道也。《玉纬》云：洞玄是灵宝君所出，高上大圣所传。按，元始天王告西王母曰：太素紫微宫中，金格玉书灵宝文，真文篇目十二部妙经，合三十六帙。又《四极盟科》云：洞玄经万劫一出，今封一通于劳盛山。昔黄帝于峨眉山诣天真皇人，请灵宝五芽之经。于青城山诣宁封真君，受灵宝龙蹻之经。又九天真王降于牧德之台，授帝喾问灵实天文。帝行之得道，遂封秘之于钟山。又夏禹于阳明洞天感太上，命绣衣使者降授灵宝五符以理水，檄召万神。后得道为太极紫庭真人。演出大、小劫经，中山神咒，八威召龙等经。今行于世矣。时太极真人徐来勒，与三真人以己卯年正月降天台山，传《灵宝经》以授葛玄。玄传郑思远，思远以灵宝及三洞诸经付玄从弟少传奚，奚付子护车悌，悌付子洪，洪即抱朴子也。又于马迹山诣思远告盟奉受。洪又于晋建元二年三月三日于罗浮山付弟子安海君、望世等。后从孙巢甫，晋隆安元年传道士任延庆、徐灵期，遂行于世。今所传者，即黄帝、帝喾、禹、葛玄所受者。十二部文未全降世。[②]

灵宝经被造作出来之后，有一些被秘藏于崂山。这段话里的《四极盟科》是《太玄都四极盟科》，《云笈七签》卷六《三洞品格》中又引该经语云："洞玄经万劫一出，今封一通于太山，一通于劳盛山。"[③] 二处在语句上稍有差别，不过都提到封灵宝经于崂山。

尽管灵宝经可能出现的时间比较早，但从文献来看，早期的经书是极少的，实际上更多的经书，是上文中提到的葛巢甫所造作。东晋中叶之后，在杨羲、许

---

① 《太上无极大道自然真一五称符上经》卷上，《中华道藏》第三册，第193页。
② 《云笈七签》卷六《三洞经教部》，第64页．
③ 《云笈七签》卷六《三洞经教部》，第65页．

谶造作"上清经"之后，葛巢甫"造构灵宝"，构成了道教"三洞经书"中洞玄部的最初内容。查阅陆修静《灵宝经目》（根据王承文《敦煌古灵宝经与晋唐道教》附录"敦煌本《灵宝经目》著录的古灵宝经"），其中提到崂山的有三部。

一、《太上洞玄灵宝天文五符序经》一卷，或作三卷。《道藏》本名为《太上灵宝五符序》三卷，《中华道藏》本名为《太上洞玄灵宝五符序》，Kristofer Schipper（施舟人）和 Franciscus Verellen（傅飞岚）主编的 The Taoist Canon: A Historical Companion to the *Daozang*（《道藏通考》）（The University of Chicago Press, 2005）中录为三卷。该经卷上在提到《灵宝要诀》时说："霍林仙人授乐子长，隐于劳盛山之阴。"[①] 卷中有"《灵宝巨胜众方》"，下注为"霍林仙人授乐子长，隐于劳山之阴"[②]，"《夏禹受真人方》"下注为"乐子长书出，隐于劳山之阴"[③]；卷下收的"劳盛山上刻石作文"下注"仙人乐子长作，吴王夫差写取"[④]。南朝梁道士宋文同（字文明）撰《灵宝经义疏》中说："《太上洞玄灵宝天文五符经序》一卷。右二件旧是一卷，昔夏禹例出《灵宝经》中众文为此卷，藏劳盛山阴，乐子长于霍林仙人边得，遂行人间。仙公在世时所得本，是分为二卷，今人或作三卷。"[⑤] 本经的造作，任继愈主编的《道藏提要》也是根据陆修静的记载，认为是六朝时期的天师道道徒所为。《中华道藏》收录时认为是出于魏晋时期，《道藏通考》根据陶弘景《真诰》和孟安排《道教义枢》中的记载，认为葛巢甫造构灵宝经是在 397—402 年间。由此，本经应该是晋末时的产物。

二、《太上洞玄灵宝大道无极自然真一五称符上经》一卷。《道藏》本名为《太上无极大道自然真一五称符上经》上、下两卷，《道藏通考》也载为两卷。本经属于"元始旧经"，在敦煌文书第 2440 号中为一卷，可能是在唐后期被分为两卷。在经名下有注说："此乃太上宝之于紫微台，众真藏之名山洞室，一曰秘藏于劳山之阴。"经中多次提到崂山，见上述。本经也属于葛巢甫所造构的道经，时间也应在晋末。

三、《仙公请问本行因缘众圣难》一卷。本经也是古灵宝经之一，《道藏》本名为《太上洞玄灵宝本行因缘经》一卷，《道藏通考》认定本经的造作时间是在六朝时期，实际上本经的造作年代可能也是在东晋时期。经中说："吴赤乌三年，岁在庚申，正月一日壬子，仙公登劳盛山，静斋念道。是日中时，有地仙道士三十三人，诣座烧香，礼经旋行。"[⑥] 唐时所撰《无上祕要》卷之四十七《斋戒品》

---

① 《太上洞玄灵宝五符序》，《中华道藏》第四册，第 59 页。
② 《太上洞玄灵宝五符序》，第 64 页。
③ 《太上洞玄灵宝五符序》，第 66 页。
④ 《太上洞玄灵宝五符序》，第 78 页。
⑤ 宋文同：《灵宝经义疏》，《中华道藏》第五册，第 510 页。
⑥ 《太上洞玄灵宝本行因缘经》，《中华道藏》第四册，第 131—133 页。

中引到本经内容："仙公登劳盛山,静斋念道。是日中时,有地仙道士三十三人诣座,烧香礼经都毕,各还仙处,安住如也。"①卷之八十四《得太清道人名品》又再次提到："乐子长,齐人,吴羌时受韩君灵宝五符,乃数天书藏于东海劳盛山中,为吴王所得。"②

这三部早期的古灵宝经,在提到崂山时言之凿凿,尤其是吴赤乌三年(240)正月,葛玄在崂山与33位道士说法,更是说得比较肯定。任颖厄《崂山道教史》中,注意到《太上洞玄灵宝本行因缘经》中的这段话,在书中对此段话评论道:"以上记载只不过(是)历代道士们惯用的托神传教的说法,半为神话,仅可参考。道经多传说为神造、神授、神传的现象,属于宗教神学的范畴,是道教内部宣教的需要,是信仰的产物,旨在为道经的产生涂抹一层神秘而神圣的色彩,吸引信徒信奉、诵念。我们未必相信这些说法,但应当尊重信徒的宗教感情。"③著者认为古灵宝经中关于崂山的这些记载是不可相信的。

关于葛玄是否在崂山对33为道士说法,王承文在《敦煌古灵宝经与晋唐道教》中提到这件事的时候,好像并没有怀疑,不过也可能著者写作的重心不在此,只是对经中内容加以援引而已,所以也没有去考辨。如果仔细考校的话,晋代的葛玄在崂山讲道,也并非没有可能。

首先,经中提到的吴赤乌三年。以吴的年号纪年,说明造经者可能深处孙吴所统辖之范围,同时也说明葛玄与孙吴的关系很密切。敦煌文书 P.2452 号《灵宝威仪经诀上》记有灵宝经的传授,文云:"太极真人称徐来勒,以己卯正月一日日中时,于会稽上虞山传太极左仙公葛玄,字孝先。玄于天台山传弟子郑思远、沙门竺法兰、释道微、吴先主孙权。思远后于马迹山传葛洪,仙公之从孙也,号曰抱朴子,著外内书典。郑君于是说先师公告曰:'我日所受上清三洞太真道经,吾去世之日,一通副名山洞台,一通传弟子,一通付吾家门子弟,世世录传至人。门宗弟子,并务五经,驰骋世业,志在流俗,无堪任录传者。吾当以一通封付名山五岳,及传弟子而已。吾去世后,家门子孙若有好道思存仙度者,子可以吾今上清道业众经传之。当缘子度道明识吾言。'抱朴子君建元六年三月三日,于罗浮山付(葛)世,世传好之子弟。"这部经,显然也是后来人所造作的。本经中提到的吴先主孙权为葛玄之弟子,虽然不一定符合事实,不过说明孙权的道教信仰,以及葛玄与孙权有比较密切的联系。经中说太极真人在会稽上虞山传葛玄道经也不会是历史事实,但反映出在会稽上虞山这个地区,道教的活动是相当活跃的。

---

① 《无上祕要》卷之四十七《斋戒品》,《中华道藏》第二十八册,第172页。
② 《无上祕要》卷之八十四《斋戒品》,第250页。
③ 任颖厄:《崂山道教史》,第19—20页。

同样，《太上洞玄灵宝本行因缘经》中说葛玄在崂山对 33 位道士说法，在一定程度上也说明了当时崂山地区确实可能有道教活动。

其次，魏晋时期，道教中出现了神（圣）山（Holy mountains）信仰，道教徒认为神仙都居住在这些神山之中，许多人热衷于到山中去寻找神仙，葛洪《神仙传》和六朝时期的一些小说都说明了这一点。在《太上洞玄灵宝本行因缘经》中，听法的道士问："前与上人俱入洞庭，看天王别宫，初登苍山，时见有一辈仙人，求随上人看戏，尽何等仙人？乃多如此。"葛玄回答说："彼仙人皆是诸名山洞室仙人，其已不多。子不见昆仑、蓬莱、钟山、嵩高、华岳、须弥、人（灵）岛诸大山洞室，仙人无数矣。"又问："不知洞庭通何处？"葛玄答："乃通此上诸大山及巨海、北酆、岱宗五岳，无所不通矣。"① 葛玄这里提到了当时一些名山，一些是虚构的，一些是确实存在的。葛玄所说的"诸大山及巨海、北酆、岱宗五岳"，说明当时道徒们对于到名山中去寻找神仙是颇为向往的。唐代佛教僧人释玄嶷在《甄正论》中说："汉明帝时，佛法被于中夏。至吴赤乌年，术人葛玄上书吴主孙权云：'佛法是西域之典，中国先有道教，请弘其法。'始创置一馆。此今观之滥觞也。"② 在这种信仰之风下与传播本土宗教的动力下，葛玄有可能远游道（an excursion）被认可的一些有仙人居住的"神山"（Holy mountains）③ 传扬道教。南朝成书的《葛仙公别传》有关于葛玄与吴太子孙登关系的记载，葛玄于嘉禾二年（233）正月朔日"辞太子而去"："一日，仙公辞吴主曰：'山林微贱，久藉恩庇，今当违远丹陛，恐未有再见期。愿陛下息兵子民，推诚惠物，永安宗社，长享太平。'吴主曰：'卿名隶丹台，岂久淹尘世者也。'嘉禾三年正月一日，登括苍山。"葛玄离开孙吴朝廷，外出山林传道和说法，他来到崂山并对学道者说法，并不是不可能。

第三，在本经中提到葛玄对道士们说法时，云："是时三侍臣同发愿：后生作道士，我为隐士，释道微、竺法兰愿为沙门，郑思远、张泰为道士，普志升仙度世，绝王务，死径升天堂，衣食天厨。我后生为隐士，兰、微为沙门，张郑为道士，俱入学道求仙。吾后为诸人作师，志大乘，行常斋诚读经，并赍珍宝诣大法师，受三洞大经，供养礼愿，斋诚行道，服食吐纳。因缘未尽，命过太阴，即生贤家，复为道士、沙门，复得同学，相为师徒，复受大经，斋戒行道，是故上圣眄目，觌真降教于我也。尔时兰、微、张、郑尽侍座，今日相随，是宿世之缘愿故尔。"④ 古灵宝经的造作者给葛玄安排了几个佛教弟子，意在通过佛教高僧来高度神化葛

---

① 《太上洞玄灵宝本行因缘经》，第 133 页。

② 释玄嶷：《甄正论》，《大正藏》第 52 册，第 568 页。

③ Kristofer Schipper、Franciscus Verellen，《道藏通考》Part I，The University of Chicago Press，2005，第 212 页。

④ 《太上洞玄灵宝本行因缘经》，第 132 页。

玄，这是在宣称葛玄所传承的灵宝经是既包容了佛教而又超越于佛教之上①。灵宝经中的这般记载，为很多佛教典籍所引用，如唐代法琳《破邪论》中说：

> 葛仙公告弟子曰："吾昔与释道微、竺法开、张太、郑思远等四人同时发愿，道微、法开等二人愿为沙门，张太、郑思远愿为道士。"《仙公起居注》云："于时生在葛尚书家，尚书年逾八十，始有此一子。时有沙门自称天竺僧，于市大买香，市人怪问，僧曰：'我昨夜梦见善思菩萨下生葛尚书家，吾将此香浴之。'到生时僧至烧香，右绕七匝沐浴而止。"②

法琳引用道经和葛玄之事，是为说明"道经师敬佛文"的，对经中所说的葛玄在崂山讲道说法、听法者中有佛教僧徒、贬低佛教等内容没有进行否定和批驳。或许这些事情是存在的，使得佛教徒没有办法否定，只好从道教徒这是在"敬佛文"的角度来为自己辩护。当然，这些内容也是六朝佛、道二教相斗的产物，也不能尽信，只能作为一种参考和作证。

总之，古灵宝经中的这些记载，不能说完全是道徒们造经时的一种神化，古灵宝经中屡屡提到崂山，说明崂山在当时道徒心中确实是想象中的具有神仙色彩的仙山。更有可能的是，在造作古灵宝经的时代，崂山地区已经有了道教活动。若这个推测成立的话，崂山当在晋代最早或在西晋时就有道教徒在活动，或者有道经传入。

四

自古灵宝经提出崂山之后，为后来的道经所沿袭。如唐末道士闾丘方远撰《太上洞玄灵宝大纲钞》说："天尊于龙汉劫初，从碧落天降大浮黎国，在大地东方说法，演灵宝自然天书五篇真文。至轩辕黄帝时，天真皇人是前劫成真，于峨眉山洞中，授黄帝守三一法，及黄帝赤书一篇，灵宝部中皆天书古象。黄帝道成，封此法于钟山，在西北，然后于仙都山升天。至尧时，禹父鲧治水，功用不就，尧举舜执政，殛鲧于羽山，在东欣州，用禹理水。禹伤先人理水，功不成见诛，日夜号泣，感神人绣衣使者，告禹曰：黄帝得道，封灵宝五符于钟山之阿，授汝而理水功就。禹遂诣钟山，斋心祈祝，感钟山真公授灵宝五法，皆备足。理水功成，会辜臣于会稽山，更演五符，及出五帝姓讳，共成三通。一通藏于洞庭包山，今林屋洞是也，

① 王承文：《敦煌古灵宝经与晋唐道教》第二章，第45页。
② 法琳：《破邪论》卷上，《大正藏》卷五二，第477—478页。

在吴县。吴王令龙威丈人取出后，火化归天。一通藏东海劳盛山，亦被吴王取出。"①

唐高宗时道士孟安排集的《道教义枢》说："洞玄是灵宝君所出，高上大圣所撰，今依元始天王告西王母，太上紫微宫中金格玉书，灵宝真文篇目，十部妙经，合三十六卷。按《太玄都四极明科》曰：'洞玄经，万劫一出。今封一通于太山，一通于劳盛山。'"②

《洞玄灵宝千真科》云："尔时，太极左仙公以吴赤乌三年正月一日，登劳盛山，精思念道。是日中时，有地仙道士三十三人，诣坐烧香。儵尔之时，乃有天钧伎乐万钟乐作。太上道君与诸圣，众天真皇人、扶乘千真、仙童玉女，乘空履虚，同时俱至。变所居处，床座庄严，太上道君依位而坐。"③

《太极葛仙公传》中详细编集了葛玄的事迹，其中也提到"赤乌二年正月一日，仙公登劳盛山，精思念道。是日中，感太上授以千真科戒，乃与众真演说劝诫未悟流传于世。时吴主于方山为仙公立洞玄观。"④

古灵宝经中所说的承传经书的韩众和乐子长，道经中也有一些记录。《上清道类事相》卷四《登真隐诀》条云："东海劳盛山北阴之室，有霍林仙人韩众，撰服御之方也。"⑤葛洪《神仙传》卷二《乐子长》云："乐子长者，齐人也。少好道，因到霍林山，遇仙人，授以服巨胜赤松散方。仙人告之曰：'蛇服此药，化为龙。人服此药，老成童。又能升云上下，改人形容，崇气益精，起死养生。子能行之，可以度世。'子长服之，年一百八十岁，色如少女。妻子九人，皆服其药，老者返少，小者不老。乃入海，登劳盛山而仙去也。"⑥葛洪的《抱朴子内篇》还记载了一篇《乐子长丹法》，云："又《乐子长丹法》，以曾青铅丹合汞及丹砂，著铜筩中，干瓦白滑石封之，于白砂中蒸之，八十日，服如小豆，三年仙矣。"⑦不知道这里所说的《乐子长丹法》与《神仙传》里提到的"巨胜赤松散方"是不是一个，不过看上去好像不太一样，说明乐子长的仙方还不止一种。《历世真仙体道通鉴》亦有乐子长传，云："乐子长，潜山真君是乐史之远祖。按《总仙记》曰：'真君名子长，齐人也。少好道，到霍林遇仙人韩众，受灵宝符，传巨胜、赤松散。真君服药，年一百八十岁，色如少女。妻子九人，皆服此药。入劳盛山升仙，住方丈之室。于神州受太玄生箓，以五芝为粮。太上补为修门郎，位亚神次。唐玄宗梦二十八仙，

①　闾丘方远撰：《太上洞玄灵宝大纲钞》，《中华道藏》第四册，第442—443页。
②　孟安排：《道教义枢》卷之二《三洞义第五》，《中华道藏》第五册，第553页。
③　《洞玄灵宝千真科》，《中华道藏》第四十二册，第57页。
④　《太极葛仙公传》，《中华道藏》第四十六册，第185页。
⑤　《上清道类事相》卷四，《中华道藏》第二十八册，第400页。
⑥　葛洪：《神仙传》卷二，《中华道藏》第四十五册，第23页。
⑦　葛洪：《抱朴子内篇》卷四，中华书局1985年版，第80页。

称星二十八宿。内真君是星宿，于潜山得道，号潜山真君。'"① 明末人黄宗昌所撰写的《崂山志》卷五"仙释"中，第一个提到的就是乐正子长，书云："不知何许人也，尝遇仙于崂山，授以巨胜赤散方，服之，年过百八十，颜如童，入崂深处，不知所终。"② 或许黄宗昌认为，乐子长是崂山第一位比较知名的道士，他对于乐子长的认识，或许正是从上面所引的资料所得来的。

可能是韩众、乐子长、葛玄与崂山的关系被说得太真切，也可能是出于对古灵宝经和所传的早期造经者的重视，崂山在道教中的地位似乎越来越重要。大概为六朝时期所出的《太上妙法本相经》中，言求道之士乐居崂山："夫为道也，身心力行，同时而到，不妄不想，专执不动，天雨飞石，火生焚地，地为之出黄泉，黄泉浦沸出，终不暂顾，斯是志士之尚道业也。乐居于劳山，徒有三千天魔，发山打锻槌掷，乱坠其侧，树木摧折，山崖崩缺，千万段数，亦如飞雪，石不能伤，完端不易，乐心不播，存念如故。"③ 甚至在后来所造道经中，太上老君也都来到过崂山。如宋人谢守灏所撰写的《混元圣纪》，记载太上老君在远游山泽时来到崂山："老君乃远游山泽，求炼神丹。行经劳山，果遇太一元君乘五色班麟，从官十人。老君从之间道，元君曰'道之要在乎还丹金液耳'，遂且授秘诀。"④ 谢守灏同时还编撰了《太上混元老子史略》三卷，其中再次提到这段话，云："老君乃远游山泽，求炼神仙。行经劳山，果遇太乙元君乘五色斑麟，侍官数十人，老君从之间道，元君曰'道之要者，在乎还丹金液耳'，遂具授秘诀。"⑤

这些记载都说明，在古灵宝经出现之后，崂山越来越受到道教的重视，更多的传说和仙人与崂山发生了联系。

作者简介：赵伟（1973—），青岛大学文学院教授，主要研究中国古代文学与宗教。

---

① 《历世真仙体道通鉴》卷三十四，《中华道藏》第四十七册，第446页。
② 《黄宗昌〈崂山志〉注释》卷五，中国海洋大学出版社2010年版，第129页。
③ 《太上妙法本相经》卷中《普言》，《中华道藏》第五册，第8页。
④ 谢守灏撰：《混元圣纪》，《中华道藏》第四十六册，第42页。
⑤ 谢守灏撰：《太上混元老子史略》，《中华道藏》第四十六册，第140—141页。

明清时期的即墨黄氏与佛教

任颖卮　邢学敏

摘要：即墨黄氏是明清时期的地方望族，家风良善，仕宦显赫，人才辈出。明清时期，该家族与佛教高僧憨山大师有着密切交往，并兴建了著名的崂山华严寺，其家族文化中有着浓重的佛教信仰因素，对青岛当地的佛教文化产生了重要影响。

关键词：即墨黄氏　憨山　华严寺

即墨黄氏是明清时期的地方望族，家风良善，仕宦显赫，人才辈出，其重要代表人物有万历年间的兵部尚书黄嘉善、勇保即墨城的良吏黄宗昌、忠于故朝的黄培，继父志续成《崂山志》的黄坦、载入循良传的黄贞麟、历经十载完成《崂山续志》的黄肇颚等等。总之，在治国理政、文章道德等各方面堪称楷模的即墨黄氏人物不胜枚举，其对即墨当地政治、经济、文化的积极作用更是代代相传、有口皆碑。本文将探讨即墨黄氏的佛教信仰问题，这是青岛佛教研究中不可错过的一笔宝贵财富。

一、即墨黄氏与高僧憨山大师的交游

憨山大师（1546.11.5—1623.1.15），法名德清，字澄印，号憨山。俗姓蔡，全椒（今属安徽省）人，憨山与云栖祩宏（1535—1615）、紫柏真可（1543—1603）、蕅益智旭（1599—1655）被誉为晚明"四大高僧"。万历十一年（1583），憨山大师来到崂山寻找《华严疏》提到的那罗延窟，欲在此安居修行。直到万历二十三年（1595），憨山大师因私创海印寺被贬戍雷州，他在崂山地区度过了他人生中非常重要的十二年。憨山大师精通文墨，兼阐儒释，为了弘扬佛教，积极与当地文人士大夫结缘。憨山最早结交的就是当地影响最大的黄氏家族，从而为憨山在当地站稳脚跟、弘扬佛教打下了坚实的基础。

黄氏兴起于明朝嘉靖年间的黄作孚，黄作孚（约1516—1586），字汝从，号切斋，嘉靖三十二年（1553）进士，时正值严嵩擅权，他洁身自好，拒绝笼络，后终因严嵩罢官。归后隐居崂山之浮山潮海观（又名朝阳观、浮山寺），荒草庵亦为其隐居之所。据传该庵因黄作孚居此又名黄草庵。晚年居家，与乡人讲求古礼，振兴墨邑文物，乐善好施，誉满乡里，著有《讱斋诗草》。万历十一至十二年（1583—1584），即墨大灾，颗粒不收，饿殍遍野。黄作孚拿出存粮，广设粥棚，使千人免被饿死。而憨山当时也"矫诏济饥"，二人或因此结识。万历十四年（1586），憨山做《重修灵山大觉禅寺记》，而该碑的书丹者正是黄作孚①。这大约可以看作憨山与黄氏家族最早的缘分了。憨山大师还曾为即墨黄氏做《和顺堂记》、《贺讱翁黄老先生乡邦推重序》等文章。

黄作孚之侄黄嘉善（1549—1624），字惟尚，号梓山，端庄伟然，过目能诵，万历五年（1577）进士，历陕西三边总督，官至兵部尚书，以文官司武职，守西部边防二十年，居功至伟，在即墨当地声誉甚高。憨山大师曾到黄府拜访，与黄嘉善谈佛品茶，其乐融融。黄嘉善作《谢憨山上人过访》②：

> 羡尔长干隐，来过五柳家。谈空时拂尘，烧竹旋烹茶。
> 片语成玄赏，千秋感岁华。不逢休惠早，那得见天花？

憨山被捕入狱后，黄嘉善等努力营救，并使人就狱中探之，见其在狱中从容赋诗，毫无忧惧之色。探者归，语于嘉善，嘉善叹服良久。

黄嘉善与憨山大师的朋友、四大高僧之一的达观大师也相契合。达观即紫柏大师（1543—1603），讳真可，号达观，吴江人，姓沈氏。万历十四年（1586）七月，真可携弟子道开等人由海路前往崂山会晤憨山，曾在崂山下脚院逗留，黄嘉善曾作《和憨山韵送达观禅士西游》诗四首：

《和憨山韵送达观禅士西游》③：

其一

数语怜君为我宽，乍逢首蓿共盘飧。云山飞锡飘蓬后，风雨连床会面难。
袖里烟霞随处满，眼中湖海向谁看。悬知杖履经行地，会使关门紫气寒。

其二

西去秦关路百重，飘然绽衲一萍踪。诗成明月应千首，屐蹑白云第几峰。

---

① 《村民盖房挖出"万历古碑"印证即墨曾有大觉寺》，http://news.bandao.cn/news_html/201207/20120702/news_20120702_1934080.shtml。

② 黄肇颚：《崂山续志》，山东省地图出版社2008年版，第284页。

③ 《即墨黄氏与崂山佛缘》，http://blog.sina.com.cn/s/blog_46098ef90102drsn.html。

草色咸阳空复绿，泥丸函谷为谁封。知君不问前朝事，到处常随听法龙。

其三

岁月逍遥一杖黎，翩翩独鹤任东西。乾坤何地非苍狗，踪迹从人试木鸡。

剑阁云寒流紫翠，峨眉春晓逗清凄。怀中抱得尼珠在，蜀道虽难自不迷。

其四

长夜思君梦欲浮，大江西去正悠悠。三年不共谭天麈，万里谁同载月舟。

赤杖几经白马寺，紫云故傍黑貂裘。法门不二元无住，早向蓬莱第一州。

黄嘉善之弟纳善，十九岁即皈依憨山，授以《楞严经》，两月成诵。"从此斋素，虽父母责之，不异其心，切志参究，胁不至席。"及憨山南归，纳善"乃对观音大士，破臂皮燃灯供养，求大士保予早归。自是火疮发痛，日夜危坐，持观音大士名号，三月乃愈。愈时，见疮痕结一大士像，眉目身衣，宛然如画，即其母妻亦未知也。"①《憨山大师梦游全集》卷15有《与黄子光》："时来安坐海印光中，与诸幻众，挥尘默谈顷间，贤伯仲氏炳然现我三昧也，惟幽居远市，闭户究心，山色在目，溪声满耳，未必不对法身而聆长舌耳。春来动定胜常，知坐进此道，欢喜无量，且云'爝然于中，有难对俗人言者'。诚哉此事，惟在自知自信，正如哑人食甘饮苦耳，其实何可吐露耶？寄去《大慧语录》②，幸时披剥，冀足下时与此老把臂共行，直使佛祖避舍三十。日来所作水月道场，空华佛事，随见影响。候庄严有绪，当迎杖焉，共升法殿也。右臂不仁久矣，不能公布作书，一语普告。"此信大约是万历十七年（1589）憨山大师回乡探母期间写给黄子光的。

另外，《憨山大师梦游全集》卷15还有《与黄梧山》、《与黄柏山》两封书信，由黄嘉善号梓山推测，黄梧山、黄柏山应为黄嘉善的同辈人。由他们与憨山大师的密切交游推测，该家族当有不少佛教信仰者。

二、黄宗昌父子建成崂山华严庵

华严庵的初创者是黄嘉善的侄子黄宗昌。黄宗昌（1587—1646），字长倩，号鹤岭，天启二年（1622）进士，曾任雄县、青苑县知县。崇祯初年，官授御史，曾连上二疏，弹劾逆党和枉法官吏，又奉旨巡按湖广，后因被排挤，于崇祯十年

---

①　《憨山大师梦游全集》卷53《憨山大师年谱》"十七年己丑条"。

②　宋代临济宗禅僧大慧宗杲（1089—1163）的语录，弟子雪峰蕴闻辑录，又称《大慧语录》、《大慧录》，凡30卷。南宋孝宗乾道八年（1172）奉旨刊行并入藏，现收入《大正藏》第47册、《嘉兴藏》（新文丰版）第1册。

（1637）罢归故里。对于华严庵的创建时间，黄宗昌的《崂山志》及以后黄肇颚的《崂山续志》都语焉不详，其余各资料大都笼统记为"明末"或"明末清初"。今试图在前人研究的基础上理清华严庵的创建脉络。

黄宗昌《崂山志·名胜》"华严庵"条原文如下。

> 余以那罗延窟西方哲人演教处，慨古迹无存，卜筑于斯。拓而大之，不使前有盛事，后无徵焉。余之不聪敬，而殆于时，抑或潜息其中乎？志未竟而毁于兵，天下之不使有成，即此可睹。上人慈沾真诚人也，可与图终。吾老矣，坦其继之。[①]

《华严疏·菩萨住处品》里对"那罗延窟"是这样描绘的："东海有处，名那罗延窟，从昔以来，诸菩萨众，于中止住。"万历十一年（1583），明代高僧憨山大师就曾慕名而来，在那罗延窟禅定修行。为了纪念这一佛教圣地与盛事，或为自己将来潜息其中计，黄宗昌决意在那罗延窟附近建造佛庵，并以此地见载于《华严经》而命名为华严庵。

华严庵第一次兴建即黄宗昌所指"卜筑于斯"，时间为天启六年（1626）[②]，庵址在那罗延窟洞北，坐落于华严洞前一块平地上。房屋坐北朝南，俯视那罗延洞清晰如在近前。崇祯初期，此华严庵即已倾塌。崇祯七年（1634）秋天，明末安徽著名文人曹臣在黄坦兄弟的陪同下游览崂山。游记中记载："俯视那罗延窟者，为华严洞。洞场可居，地余可构，侍御公（指黄宗昌）尝此葺茅居僧"[③]。此处所指即是华严庵第一次兴建后的遗迹。李恩浦先生经过实地考察发现，华严庵房体虽已荡然无存，但是以大条石砌筑的前墙及东山墙一隅基础尚存。房基前散置着许多加工好的方石及荒料，似乎是为施工所备，而不像是房屋坍塌后的杂乱石块。据此判断，它不是续建增加房屋栋数，而是准备在原来基础上重新修复，或已拓展了基座面积，尚未砌筑墙体，即黄氏"拓而大之"的意愿。由于此处已无平坦场地可供使用，于是只得另选新址。[④]

华严庵第二次兴建大约在明崇祯十六年（1643），即黄宗昌所指"拓而大之"，目的在于保持华严庵的佛教盛事，也有备于自己将来"潜息其中"。选择的新庵址在旧庵稍东、鱼鼓石西北两山峰之间的前坡一块开阔的平地上。李恩浦先生通过实地考察发现，新址除北端已建起护坡墙之外，未发现房基，场地上同样散置

---

① 黄宗昌：《崂山志》，新世纪出版社2003年版，第31页。
② 李恩浦：《于七起义》，青岛出版社1995年版，第216页。
③ 曹臣：《游崂山记》，见黄肇颚《崂山续志》，山东省地图出版社2008年版，第12页。
④ 李恩浦：《于七起义》，青岛出版社1995年版，第246页。

着很多方石，庙堂建造似未正式施工即告停止。①此址即在"那罗延窟之西北"，是为"古华严庵"，但"志未竟而毁于兵，庵以废"②。此次兵乱发生在崇祯十五年（1642），时即墨遭清兵围困，黄宗昌变卖家产充军饷，率众护城，抗击清兵。交战中，其次子黄基被清兵射死。两年后，郭尔标、黄大夏等率众起义，围困即墨城，知县仓皇逃走，黄宗昌亦纠合即墨士绅进行抵抗，起义军围城40余日后撤走。兵乱对黄宗昌的打击可想而知，无论经济上还是精力上恐怕都无力继续进行华严庵的建造了。两年后，黄宗昌便去世了。

黄宗昌长子坦继父遗志，第三次选址建庵。黄坦（1606—1689），字朗生，号惺庵。明崇祯十二年（1639）副榜，后为贡生，任浦江县知县，勤政清廉，洁己爱民，后以家事去任，宦囊如洗，幸赖士民助之而归。可能由于地势不利，为求安全，这次选址再次东移③，是为"今华严庵"。关于古、今华严庵的相对位置，康熙年间即墨文人黄宗崇记载："自那罗延窟东北下，有二道：其一西北上，为古华严旧址；其一迤折而东，约里许，稍得平势，石列而洞分，为今华严新构云。"④康熙年间即墨文人纪润云：华严庵"西南二、三里，有那罗延佛窟"⑤。顺治九年（1652），华严庵大殿落成。康熙二十七年（1688）又增建了藏书楼，前后共历30余年，方全部竣工。观音阁以西楼十二间，康熙二十七年（1688）建成，乾隆年间重新修葺过。黄坦致仕后，常习静于准提庵与华严庵间。一天，礼佛结束，退至小书室，对从者说："尔等姑退，吾欲少憩。"⑥久之不出，端坐而逝。黄坦"生于万历三十五年十二月二十七日辰时，卒于康熙二十八年六月初一日辰时，享年八十三岁"⑦。"准提、华严两庵，施地各千亩。两庵各供侍御、浦江两公木主于殿东北隅，示不忘，亦所以报也。"⑧建成初期的华严庵，"设经阁、禅室、僧寮之居，次第以举"⑨，布局基本齐全。乾隆年间，高密文人李宪暠⑩在《游崂山记》中详细记载了当时华严

① 李恩浦：《于七起义》，青岛出版社1995年版，第246页。
② 周肇颚：《崂山续志》，山东省地图出版社2008年版，第245页。
③ 李恩浦：《于七起义》，青岛出版社1995年版，第245—246页。
④ 黄宗崇：《慈沾上人浮屠记》，见黄肇颚《崂山续志》，山东省地图出版社2008年版，第245页。
⑤ 纪润：《劳山记》，见青岛市史志办公室编《青岛市志·崂山志》，新华出版社1997年版，第63页。
⑥ 黄肇颚：《崂山续志》，山东省地图出版社2008年版，第245页。
⑦ 黄守平：《黄氏家乘》卷14，山东文献集成影印本，山东大学出版社2007年版。
⑧ 周肇颚：《崂山续志》，山东省地图出版社2008年版，第245页。
⑨ 黄宗昌：《崂山志》，新世纪出版社2003年版，第51页。
⑩ 李宪暠（1739—1782），字叔白，号莲塘，高密人，诸生，有《定性斋集》。高密诗派的领袖"三李先生"之一，即清代翰林编修、监察御史、诗人、学者李元直的三子：李怀民、李宪暠、李宪乔。

庵的布局与结构：

> 道左方池畜金鱼，中架石桥，渡桥为塔院，院中之塔，即慈沾和尚葬所。塔前有堂，堂前
>
> 耐冬二株，径六七寸。
>
> 庵之庐舍凡四进：
>
> 第一进小房十二间；
>
> 第二进曰观音阁，阁下有大门，阁以西楼十二间，与阁相属；
>
> 第三进曰佛殿，殿前黄杨亦径六七寸，东西廊即禅堂，东廊之东曰知客寮，西廊之西曰库
>
> 房；正殿所供之佛，僧云本山那罗延佛，非如来也。
>
> 第四进曰大悲殿，殿之西曰祖师堂，檐下有泉，阶下有木兰、牡丹，殿之东曰客馆。
>
> 每进益高，石级处处华整。正殿所向，石桥通焉。直十二楼东偏，其内供韦驮。①

乾隆年间，观音殿、祖师堂及客房遭火灾焚毁殆尽，和尚洽源乃赴江南各处募化重修，重建后的观音殿和祖师堂皆为无斗拱单檐歇山式建筑，较原建筑更为壮观，故崂山当地有"人工华严寺，神工白云洞"之说。

三、其他黄氏族人与佛教

黄氏后代不乏信仰佛教者。黄宗昌堂侄黄培（1664—1669）遭文字狱案被杀后，其女年方及笄，带着父母画像出家崂山潮海院为尼，法号"喜岩"，后老死于巨峰前白云庵，今庵前白木槿系其亲手所植。

黄嘉善第五代孙黄立世，字卓峰，号柱山，乾隆十八年（1753）举人，与华严庵的大泽上人有交谊，曾作《华严庵大泽上人为言海上风雨状长歌赠之》。

嘉庆十四年（1809）春，黄嘉善第九代孙黄守恪游览崂山，晚抵华严庵，与庵中的性如上人夜谈三教。性如上人曾纂辑《内典》，"以一教而括二教之全，以一人而兼儒道之要"，黄守恪为其作《华严庵性如上人纂辑佛经序》。②

---

① 李宪曧：《游崂山记》，见黄肇颚《崂山续志》，山东省地图出版社2008年版，第20页。

② 黄守恪：《华严庵性如上人纂辑佛经序》，见黄肇颚《崂山续志》，山东省地图出版社2008年版，第249页。

黄宗昌第十代孙黄象辕（1864—1921），字子固，号百花草堂主人，清亡后杜门不出，以研修佛教为主要课业，潜研经籍，参禅理佛外旁及医卜星相、琴棋书画。书体以行书为主，内容多佛教教义。

总之，明清时期的即墨黄氏与青岛佛教有着较为密切的关系，佛教成为黄氏家学中的一大重要因素。可惜由于资料所限，即墨黄氏与佛教的研究还处于初级阶段，希望随着获得资料的不断增多，该研究能深入下去。

作者简介：任颖厄，青岛理工大学人文学院教授；邢学敏，青岛理工大学人文学院副教授。

责任编辑:贺　畅

图书在版编目(CIP)数据

青岛文化研究.第1辑/刘怀荣 主编;青岛地方文化研究中心 编.
　—北京:人民出版社,2016.1
ISBN 978－7－01－015728－3

Ⅰ.①青…　Ⅱ.①刘…②青…　Ⅲ.①文化史-研究-青岛市　Ⅳ.①K295.23

中国版本图书馆 CIP 数据核字(2015)第 318410 号

青岛文化研究

QINGDAO WENHUA YANJIU

第一辑

刘怀荣 主编　青岛地方文化研究中心 编

人民出版社 出版发行

(100706　北京市东城区隆福寺街 99 号)

北京中科印刷有限公司印刷　新华书店经销

2016 年 1 月第 1 版　2016 年 1 月北京第 1 次印刷
开本:787 毫米×1092 毫米 1/16　印张:13.75
字数:282 千字

ISBN 978－7－01－015728－3　定价:43.00 元

邮购地址 100706　北京市东城区隆福寺街 99 号
人民东方图书销售中心　电话 (010)65250042　65289539